西部地区农村金融发展研究：
问题、现状和路径

倪　瑛等／著

科学出版社

北　京

内 容 简 介

本书立足于农村经济特点和农村金融市场特征，以西部地区农村金融体系及其运行机制为研究重点，结合农村金融服务的现实需求，对农村金融的相关理论和实践进行系统的梳理和分析，研究了西部地区金融发展现状、存在的问题。全书基于层次分析法构建农村金融生态环境指标体系，用 DEA 方法对西部地区农村金融生态效率进行评估，并在此基础上提出具有可操作性的对策和建议。

本书可供金融学或经济学相关领域的研究者及相关专业的大学师生阅读，也可供对经济学科领域感兴趣的大众读者参阅。

图书在版编目（CIP）数据

西部地区农村金融发展研究：问题、现状和路径 / 倪瑛等著 . —北京：科学出版社，2016.12

ISBN 978-7-03-051109-6

Ⅰ.①西…　Ⅱ.①倪…　Ⅲ.①农村金融—经济发展—研究—西北地区②农村金融—经济发展—研究—西南地区　Ⅳ.① F832.35

中国版本图书馆CIP数据核字(2016)第295298号

责任编辑：郭勇斌　周　爽　欧晓娟 / 责任校对：赵桂芬
责任印制：张　伟 / 封面设计：众轩企划

科 学 出 版 社 出版
北京东黄城根北街 16 号
邮政编码：100717
http://www.sciencep.com

北京厚诚则铭印刷科技有限公司 印刷
科学出版社发行　各地新华书店经销
*

2016年12月第 一 版　开本：720×1000　1/16
2018年4月第二次印刷　印张：14 1/2
字数：292 000
定价：78.00元
（如有印装质量问题，我社负责调换）

前　言

　　农村金融发展一直是中国金融体系构建的重点和难点，特别是中央一号文件连续 13 年提出改革农村金融体制，政府出台了一系列相关政策和措施，促进农村经济发展，完善金融服务。金融已逐渐成为我国现代经济发展的核心。农村金融环境的优劣决定了农村经济发展的进程。农村金融体系的建立和运行效率，决定了农村经济发展的速度，对农业发展有着重要的助推作用。由于历史、文化、政策等原因，农村始终处于贫困的状态，农业和农民很难得到金融支持，被正规的金融体系排除在外。为了消除农民受到的金融排斥，加快农村经济的发展，促进区域协调发展，必须尽早实现金融公平，努力消除城乡良性互动的障碍。现有的农村金融体系的弊端日益明显，"三农"自身的弱质性使得部分正规金融机构望而却步，过高的金融成本和贷款风险使得现有的金融机构为了实现可持续发展纷纷选择退出农村市场，这种滞后的金融制度必将导致农村金融低效率甚至无效率地运行。本书立足于农村经济特点和农村金融市场特征，以西部地区农村金融体系及其运行机制作为研究重点，结合农村金融服务的现实需求，对农村金融的相关理论和实践进行系统地梳理和分析，并在此基础上提出具有可操作性的对策和建议。

　　本书具体包括以下研究内容。

　　（1）西部地区农村金融发展现状。从农村金融机构的经营状况与服务结构、农户的借贷情况、小额信贷的发展情况、金融产品和服务的种类、金融基础设施等方面考察目前西部地区农村金融发展现状。

　　（2）西部地区农村金融发展存在的问题。目前，西部地区农村存在金融机构功能定位不准确、金融抑制现象严重、农业保险体系发展滞后、农村金融产品创新不足等问题，同时信息不对称、交易成本高、经营风险大等因素也制约着农村金融发展。

　　（3）基于层次分析法（AHP）构造农村金融生态环境指标体系。在层次分析法的基础上，对金融生态环境指标进行定量判断。根据层次分析法指标构造层次分析模型。根据 Santy 等提出的一致矩阵法，采取两两相互比较，以提高准确度。根据专家建立的农村金融生态环境评价指标体系进行综合评价，构造判断矩阵。若判定矩阵通过一致性检验，则可以接受判定矩阵，在综合判定矩阵的情况下，得出金融生态环境指标体系中各指标的权重。

（4）西部地区农村金融生态效率 DEA 评估。利用 DEA 方法对农村金融生态效率进行测度的关键在于确定投入和产出变量。本书以农业就业率、农村总产值、第三产业产值、财政收入作为研究农村金融生态效率的投入要素，以银行存款余额和银行贷款余额作为产出要素，以西部地区各省市作为样本，对农村金融生态效率进行测度。

（5）构建新型农村金融体系。在上述定性、定量分析基础上，提出构建农村金融体系发展的措施，包括建立财税扶持农村金融机制，建立健全农业保险体系，创新农村金融产品，优化农村金融生态环境。从而扶持和培育农村的资本市场、保险市场，构建多元化农村金融发展机制。

农村金融问题具有复杂的历史性和现实性，本书的研究角度主要是从经济学角度进行分析研究，对其研究需要多学科系统深入的分析。书中的不足之处恳请专家和学者不吝指正。

笔　者

2016 年 9 月

目　　录

第1章 导　　论

农村金融发展不仅是金融问题，也是一个社会问题。农村金融体系的建立和完善，可以有效地为农村经济的发展提供保证。由于历史、文化、政策等原因，农村始终处于贫困的状态，农业的发展很难获得金融支持，贫困的农民被正规的金融体系排除在外。为了消除农民受到的金融排斥，加快农村经济的发展，改善农民的生活，必须尽早实现金融公平，使每个人都能获得合适的金融服务，改变区域化发展的格局，努力消除城乡良性互动的障碍。由于现有的农村金融体制还不完善，且农业容易受到自然环境的影响，过高的金融成本和贷款风险打击了金融机构的积极性，金融机构为了实现自身的营利和可持续发展更愿意贷款给高收入人群和大型企业，这种滞后的金融制度使得农村金融发展缓慢，支农效率低下。此外，中国金融业的发展更多地体现在"量"上，而"质"上提升不足。金融效率低下、信用环境差、生态体系脆弱、监管制度不完善，这一系列的问题日益凸显，禁锢了金融业深化发展和结构性升级的脚步。

我国是发展中国家，农村人口在我国总人口中占到了相当大的比例。根据第六次全国人口普查，农村人口占全国总人口的 50.32%。农业是我国经济的基础，事关我国未来发展战略方向，是实现和谐社会目标、贯彻科学发展观的关键因素。由于农业的特殊性，周期长、低产出，加上改革开放初期我国的发展战略中心集中于大城市，以重工业为导向，农村经济基础薄弱，农民生活水平低下，收入增长困难，公共服务不足。解决"三农"问题，促进城乡协调发展，关系到未来经济建设的格局，是推进社会主义现代化建设、全面建设小康社会的内在要求。

为了解决"三农"问题，促进农业经济发展，提高农民收入水平，农村金融体系亟待完善。农村金融的发展问题不仅是目前金融体系改革的需要，还与农民生活水平的提高和金融支持农业发展有关，是改变城乡二元发展格局的关键。农村金融体系的不完善和金融效率的低下制约了农村经济的发展，不但阻碍金融改革的进程，而且已经成为解决"三农"问题、实现城乡统筹发展和区域经济协调平衡发展目标的重要障碍。

1.1 农村金融发展背景

1.1.1 "三农"背景

新中国成立之初面临着内忧外困的局面，迅速发展经济，增强国家的经济实力是关乎国家生死存亡的头等大事。在当时的情况下推行工业化，是快速实现经济增长、推进现代化建设的必然选择。重工业的发展要求资本的支持和积累，然而历史上农业一直是我国的基础和发展重心，农业发展滞后会导致工业资本不足。土地改革以后富农阶级资本力量大为削弱，农村中已经基本上不存在具有一定规模的私人资本。因此，民间的农业资本向工业资本转化的渠道也被切断了。在这种背景下，国家调整发展战略，将资源由农村向城市倾斜，让农业为重工业的优先发展提供积累，也就成了必然的选择。

剪刀差是指在工农业产品的长期交换中，农产品价格低于其价值，工业品价格高于其价值，由这种不等价交换形成的剪刀状差距。由于在新中国成立后相当长的一段发展时期内工农业产品交换不对等，剪刀差幅度过大、时间过长，从根本上违背了价值规律，给我国农业的发展造成了严重的不良影响。剪刀差政策是造成我国二元经济社会结构的主要原因之一，如果说为了新中国成立初期经济的快速发展和工业的迅速推进，剪刀差政策是一个必然选择，那么在如今工业化已经进入成熟期，农业发展严重落后的情况下，适时改变剪刀差策略，大力发展农村经济，改善农民生活才是未来产业结构调整、促进经济发展的方向。

农村金融和城市商业金融不同，受到不完善的土地制度、农户房屋产权归属、农村金融信贷制度等政策的影响，加上与之匹配的法律规章制度的不完善，无论是希望在农村市场有所突破的商业资本，还是肩负支农减贫任务的国家正规金融机构，在农村金融市场中都面临着供给不足的困境，导致农村金融供给体系严重滞后于农户对金融服务的多样性需求，形成了农村地区生活贫困、收入低下的现状。

此外，正规金融机构低下的支农效率进一步加剧了农村金融的困境。农村金融正规金融机构以农业银行、农村信用社为主，虽然为农村作出了巨大的贡献，但是受限于农村金融体系的缺失，贷款成本居高不下，不良贷款率处于较高水平。农村金融与城市金融的不同在于很难以严格的标准限定农村信贷，受制于治理结构不完善、金融创新能力不足等原因，农村金融机构始终难以彻底解决中国农村金融资金外流、供给不足等问题。

目前的农村金融市场发展滞后，自由化程度低，熟人借贷的传统观念仍然根深蒂固，导致非正规金融组织在农村地区有着独特的优势。虽然这类农村非正规金融组织普遍缺少雄厚的资金和标准化的管理体制，但是他们对于农村信贷市场的信息优势和产品低成本，对正规金融机构提供金融服务具备较强的竞争力，这进一步降低了正规金融机构提供的金融服务覆盖面，不利于形成稳定的金融市场。

农业是一个生产周期长、低产出的行业，这种行业特点造成我国的农民收入较低，农村经济发展落后。改革开放以来，我国将发展重点集中在第二产业，生产要素和资源倾斜在大城市，造成农村和城市的发展差距越来越大；同时金融机构的趋利性导致金融资源集中在大型企业和高收入人群手中，资金很难注入农村金融市场。2004 年，温家宝同志在中央经济工作会议上指出，未来的工作重点要回到"三农"问题上来，实行工业反哺农业的方针，从政策上给予农业优惠。此后，中央一号文件连续 13 年聚焦"三农"，直接反映了政府的重视程度。为了推动农村经济增长，改变城乡二元发展结构，首要是完善农村金融市场，建立多层次、多方位的金融服务体系，使农民和贫困地区的个人也能享受到平等的金融权利。

1.1.2　二元经济格局下落后的农村金融体系

由于历史原因和二元经济思想的影响，国家形成了以大城市为发展重心、优先发展重工业、社会资源向城市倾斜的战略。在经济二元化的影响下，农村金融和城市金融也呈现出很大的差距，发展很不平衡。虽然经过多年的改革和实践，农村金融体系的构建工作已基本完成，农村金融市场逐渐形成了以政策性银行为主体，商业银行为补充的金融机构多元化布局。这些金融机构为农户和中小企业提供低成本、持续性政策金融服务，并形成了小额信贷风险监管机制和农业风险转移分摊机制。但是农村金融的基础仍然十分薄弱，已经成为最滞后的金融领域，制度安排的缺陷导致金融体系技术性、功能性的不足，运行效率低下，贷款风险增高。农村地区金融基础设施建设还不完善，金融服务覆盖率低；农村资金外流现象严重，商业资本在利益的驱使下撤离农村贫困地区，而正规金融机构的金融供给同样不足，造成农村地区出现严重的金融服务空白现象，一部分偏远地区乡镇地区甚至还没有任何金融机构。由于风险补偿机制和监管机制的缺失，贷款违约率上升，金融机构运营成本居高不下；同时金融机构缺乏制度创新和产品创新，落后的金融服务供给难以满足农户多层次、多样性、差异化的金融需求，使得农村金融成为阻碍整个社会进步的瓶颈，制约了农村经济的发展，不利于城乡良性互动和区域协调进步。

因此，为了改变农村的地位，构建新型农村金融体系，只有打破原来一味追求金融数量增长的传统发展模式，转变为从"质"上提高农村金融的效率；不仅要对农村金融体系内部的金融部门进行改革，还要从外部环境入手，完善金融制度体系，优化金融生态环境，破除金融排斥，扩大金融服务覆盖率，使得农村金融更好地服务于实体经济。只有改变农村金融传统的运行模式，积极优化农村经济环境、法律制度环境和社会文化环境，彻底扫清农村金融结构性升级的障碍，充分发挥农村金融对农村经济的支持作用，才能打破城乡经济二元结构化的局面。

1.2　法律文件

党的十七届三中全会形成的《中共中央关于推进农村改革若干重大问题的决定》（以下简称《决定》）提出，要"创新农村金融体制"，建立"资本充足、功能健全、服务完善、运行安全的农村金融体系"，做到"城乡基本公共服务均等化，实现城乡、区域协调发展，使广大农民平等参与现代化进程、共享改革发展成果"。《决定》为深化农村金融改革指明了方向，即必须加快建立普惠型的农村金融体系。

2004～2016年，中央一号文件连续13年聚焦"三农"问题。

2010年中央一号文件《关于加大统筹城乡发展力度进一步夯实农业农村发展基础的若干意见》提出应进一步完善普惠型农村金融政策支持体系。

2013年7月，国务院办公厅发布《关于金融支持经济结构调整和转型升级的指导意见》中，明确提出要加大对"三农"领域的支持力度，优化"三农"金融服务，推动政策性金融、商业性金融、民间金融共同发挥作用，促进农村经济增长。

2013年《求是》刊登周小川的文章，详细阐述了中国普惠金融发展的必要性。进入21世纪，我国的经济面临转型升级，要建立普惠金融体系，发展包容性金融，提高金融运行效率，扩展金融服务覆盖面。

2013年11月12日，党的十八届三中全会通过的《中共中央关于全面深化改革若干重大问题的决定》中正式提出"发展普惠金融，鼓励金融创新，丰富金融市场层次和产品"，还明确指示发展普惠金融要允许民间资本参与，提高整个金融体系的运行效率。

普惠金融体系应当使社会各个阶层和群体同等地享受到现代金融服务，同时金融机构的可持续性和营利性要求可以得到满足。然而，由于中国农村地区自然环境恶劣、农户收入低、居住分散、基础设施建设不完善，农业生产过程存在高风险、高成本，且抵押机制和激励机制的缺失使得农户很难得到贷款。

构建普惠金融体系，必须要有相应的政策扶持体系保证农村金融市场的健康发展。

　　近年来发布的金融政策大部分聚焦于如何发挥自身部门的职能，忽视了相互之间的协同效应，缺乏有效的联系；同时，政府的一些政策优惠只针对于特定的区域，对于金融市场的整体发展不利；而且对于金融机构的约束机制不完善，造成支农效率低下。在制定金融政策时，首先，应当注意实现政策、监管和金融方面的互相激励，起到促进作用。其次，对金融主体的市场行为进行一定的约束，也要避免政府对金融市场的过度干涉，达到政府监管和市场自由化发展均衡的状态。

　　政府文件或政策中关于农村金融的条款如表 1-1 所示。

表 1-1　政府文件或政策中关于农村金融的条款

文件号	文件名称	主要内容
银监发〔2006〕90 号	关于调整放宽农村地区银行业金融机构准入政策更好支持社会主义新农村建设的若干意见	农村地区银行业金融机构准入政策调整首批试点选择在四川、青海、甘肃、内蒙古、吉林、湖北 6 省（自治区）的农村地区开展；鼓励各类资本进入农村地区新设村镇银行，为当地农户提供金融服务
银监发〔2007〕5 号	关于印发《村镇银行管理暂行规定》的通知	村镇银行在农村地区设立的主要形式是为促进农业经济发展、提高农民收入提供金融服务的银行业金融机构；村镇银行依据国家有关规定，可代理传统金融机构的业务，如商业银行、保险公司和政策性银行等
银监发〔2007〕6 号	关于印发《贷款公司管理暂行规定》的通知	设立的专门为县域农民、农业和农村经济发展提供贷款服务的非银行业金融机构，必须坚持为农民、农业和农村经济发展服务的经营宗旨，贷款的投向主要用于支持农民、农业和农村经济发展
银监发〔2007〕7 号	关于印发《农村资金互助社管理暂行规定》的通知	建立农村资金互助社为社员提供存款、贷款、结算等业务的社区互助性银行业金融机构；资金应用于发放社员贷款，富余资金的可存放其他银行业金融机构，也可购买国债和金融债券
银监发〔2007〕8、9、10 号	关于印发《村镇银行组建审批工作指引》《贷款公司组建审批工作指引》《农村资金互助社组建审批工作指引》的通知	出台关于村镇银行、小额贷款公司、农村资金互助社等组建意见
银监发〔2007〕67 号	关于银行业金融机构大力发展农村小额贷款业务的指导意见	推进农村小额贷款创新；拓宽小额贷款投放的广度，将服务对象扩大到农村多种经营户、个体工商户及农村各类微小企业

续表

文件号	文件名称	主要内容
银监发〔2008〕23 号	关于小额贷款公司试点的指导意见	坚持为农民、农业和农村经济发展服务的原则下自主选择贷款对象；小额贷款公司发放贷款，应坚持"小额、分散"的原则，鼓励小额贷款公司面向农户和微型企业提供信贷服务，着力扩大客户数量和服务覆盖面
银监发〔2009〕48 号	关于印发《小额贷款公司改制设立村镇银行暂行规定》的通知	小额贷款公司改制设立村镇银行；未设村镇银行的县（市）及县（市）以下地区的小额贷款公司原则上优先改制
银发〔2010〕193 号	关于进一步做好中小企业金融服务工作的若干意见	研究小企业贷款网络在线审批，建立审批信息网络共享平台
银监办发〔2011〕36 号	关于全面做好农村金融服务工作的通知	发展适合农村特点和需要的微型金融服务；大力开展农村金融服务创新；着力探索"银行（社）＋企业＋农户＋合作社（协会）＋保险＋担保"信贷合作服务模式；探索农村财产抵（质）押制度，缓解农村抵押担保难问题
银监办发〔2011〕74 号	关于进一步推进空白乡镇基础金融服务工作的通知	提高现有机构网点的利用效率；灵活调配乡镇网点人力，适当增加服务频率；保证基础金融服务的商业可持续性
银监发〔2011〕94 号	关于支持商业银行进一步改进小型微型企业金融服务的补充通知	扩大中小企业金融服务网点覆盖面，将中小企业金融服务专营机构向社区、县域和大的集镇等基层延伸；鼓励和支持商业银行积极通过制度、产品和服务创新支持科技型中小企业成长；严格监管发债募集资金的流向，确保资金全部用于发放中小企业贷款；根据各行实际平均不良率适当放宽对小型、微型企业贷款不良率的容忍度；严格限制对中小企业收取财务顾问费、咨询费等费用
银监办发〔2012〕189 号	关于农村中小金融机构实施富民惠农金融创新工程的指导意见	对区域支柱行业和特色产业的金融服务创新；积极开发符合农村经济特点和农户消费习惯的金融产品、融资产品、小额信贷产品、担保方式、结算产品和服务渠道创新，服务渠道创新；完善区域信用评价体系
银监发〔2013〕37 号	关于进一步做好小微企业金融服务工作的指导意见	银行业金融机构应坚持商业可持续原则；提高小微企业贷款可获得性，拓宽小微企业金融服务覆盖面探索发放小微企业信用贷款，开办商业保理、金融租赁及定向信托等融资服务；充分利用互联网等新技术、新工具，研究发展网络融资平台，不断创新网络金融服务模式
国办发〔2014〕17 号	关于金融服务"三农"发展的若干意见	大力发展农村普惠金融；加快在农业大县、小微企业集中地区设立村镇银行；推动农村基础金融服务全覆盖；加大金融扶贫力度；引导加大涉农资金投放；创新农村金融产品和服务方式；加大对重点领域的金融支持；拓展农业保险的广度和深度；稳步培育发展农村资本市场；完善农村金融基础设施；加大对"三农"金融服务的政策支持

续表

文件号	文件名称	主要内容
银发〔2014〕65号	关于全面做好扶贫开发金融服务工作的指导意见	全面做好贫困地区的金融服务，到2020年使贫困地区初步建成全方位覆盖贫困地区各阶层和弱势群体的普惠金融体系
银监办发〔2014〕42号	关于做好2014年农村金融服务工作的通知	推进金融服务创新工程，提高农村金融服务普惠度；增加乡镇和社区服务网点，优化多种形式的简易便民服务；创新量体裁衣式的农村金融产品和服务方式
银监办发〔2014〕287号	关于印发加强农村商业银行三农金融服务机制建设监管指引的通知	推动农村商业银行进一步强化普惠金融理念；建立三农金融服务组织体系；县域新增存款应用于当地发放贷款，投向新型农业经营主体；加大产品创新力度，探索"三权"抵（质）押等有利于盘活三农资产的抵质押方式
国办发〔2015〕47号	关于支持农民工等人员返乡创业的意见	提升返乡创业的金融可获得性，鼓励银行业金融机构开发符合农民工等人员返乡创业需求特点的金融产品和金融服务；大力发展农村普惠金融，引导加大涉农资金投放
国办发〔2015〕49号	关于促进民营银行发展的指导意见	民营银行应当与现有商业银行实现互补发展，错位竞争；定位于服务实体经济特别是中小微企业、"三农"和社区；提高金融服务水平，以市场需求为导向，利用大数据、云计算、移动互联等新一代信息技术提供普惠金融服务
国发〔2015〕14号	关于落实《政府工作报告》重点工作部门分工的意见	加强多层次资本市场体系建设，发展服务农村中小企业的区域性股权市场；大力发展普惠金融，让所有市场主体都能分享金融服务的"雨露甘霖"
国发〔2015〕26号	关于2015年深化经济体制改革重点工作的意见	制定完善金融市场体系实施方案；在加强监管前提下，加快发展民营银行等中小金融机构；深化农村信用合作社改革；推出存款保险制度；出台促进互联网金融健康发展的指导意见；制定推进普惠金融发展规划

1.3　西部地区农村金融发展问题的研究意义

1.3.1　解决"三农"问题

农村金融改革一直是中国金融改革的重点和难点，在我国经济发展的历程中，农业始终处于极其重要的地位，因此农村金融在农村经济发展中的作用和地位一直受到政府和学术界的高度关注。我国作为一个农业大国，农村金融的发展关系到未来发展战略的选择。受城乡二元经济结构的影响，农村金融服务覆盖率低，有效供给不足，农民金融服务尤其是信贷服务的缺乏已经成为制约农村经济发展的瓶颈。而在新中国成立以来实行的剪刀差策略对农村经济的不良影响也逐渐显现出来，农业的发展对于资金的需求，以及农民生活水平提高对于小额信贷的需求得不到满足，凸显了农村金融体系的不健全和有效供给的不足。近年来我国进行的金融制度改革，目的就是要改变农村金融落后的现状。因此，能否解决"三农"问题，构建竞争性的金融市场，对于实现金融公平，建设社会主义新农村有着重要的意义和决定性的作用。

1.3.2　解决农村地区金融排斥

近年来，随着国内外学者对农村金融研究的深入，一些新颖的指导思想和创新研究被提出。这些研究成果对深化我国农村金融体制改革，构建农村金融市场提供了重要的理论参考和实证支持。构建适合我国农村发展国情，可以为贫困农村地区所有群体提供金融服务的普惠金融体系是非常复杂的系统性任务。近年来我国通过完善金融基础设施建设、提高金融服务覆盖率、扩张金融机构网点、建立政策银行提高支农效率、为农业发展提供优惠政策等一系列方式，试图推进农村金融市场的建设。但是目前来看，农村金融市场的金融排斥问题仍然十分严重，金融供需不平衡、农村资金外流是造成目前农村市场发展滞后的主要因素。另外，农村金融的高成本和低收益的特点打击了金融机构提供服务的积极性。只有解决农业和农民受到的金融排斥问题，进一步完善农村金融市场体系，才能真正构建起一个竞争性的金融市场，促进农村的经济发展，摆脱简单的累加式数量增长，实现内涵式的经济增长之路。在国家大力构建普惠金融体系的背景下，如何消除金融排斥，使得贫困农民可以获得资金改善生活是必须要解决的难题。对于农村金融排斥状况的深入研究有助于将金融发展和减少贫困结合起来，为解决农业资金外流、金融供给不足、放贷成本高等问题提供解决方法，为构建普惠农村金融市场提供新的视角，拓宽现阶段对农村金融、普惠金融理论的研究维度。

农村金融市场中存在的金融排斥问题不但会阻碍农村经济的发展，而且会影响城市与农村的和谐。现存的金融体系弊端越来越明显，金融制度的改革对未来金融业转型升级实现可持续发展具有重要意义。另外，通过对农村金融排斥状况的研究，还可以找到农村经济发展滞后的根本原因，为政府未来制定政策、解决"三农"问题、促进城乡协调发展提供指引，是完善农村金融市场、推进金融改革的内在要求，是最终实现现代化经济建设和社会发展目标的必然选择。

1.3.3　提高农民收入

农民贷款难的问题是因为受到了客观因素的影响。首先，我国农民数量大，生活条件普遍较差。农业生产过程中蕴含的风险大、周期长、产出水平较低，容易受到自然环境的影响；农民的信用水平和收入水平低下，造成贷款违约率上升；农村基础设施建设相对落后，金融环境差，信用体系不完善，等等。这些因素决定了对农民的信贷服务往往具有高成本、低收益和高风险的特点。其次，现有的法律制度体系并没有为金融支持农业发展提供保障，金融机构的服务目标发生偏移。农村市场资金外流严重，自由化程度低，缺少竞争性和活力。有效供给不足，农民的贷款需求难以得到满足。信用体系的缺失和信息不对称，加剧了逆向选择和道德风险发生的可能性。银行为了降低运行风险和交易成本，如何完善风险补偿机制和监管机制，发展抵押物替代机制，增强农民贷款的可能性，是实现自身可持续发展的关键。普惠金融市场的建立，使得农村中的每一个人都可以获得多样化的金融服务，高效的金融市场可以促进农村经济的发展，提高农业生产率，最终改善农民的收入水平。

1.3.4 金融扶贫

普惠金融在减少贫困、缩小贫富差距、延伸金融的广度和深度等方面有着重要的作用。普惠金融能够充分发挥金融的杠杆作用，鼓励金融机构加强金融产品和服务方式创新，引导信贷资源向贫困地区倾斜，并在贫困地区提供低成本、覆盖广、可持续的金融服务。普惠金融不是施舍或者平均，而是让每一个人在有金融需求时都能以合适的价格，享受合适的、方便的、高质量的金融服务。普惠金融是一个层次分明、主体丰富、结构稳健的金融服务体系，既惠及经济社会各方面，又能够保持整个金融体系稳定。

1.4 本书研究框架

本书首先立足于农村经济特点和农村金融市场特征，以农村金融体系及其运行机制为主线，结合农村金融服务的现实需求，对农村金融的相关理论和实践进行系统的梳理和分析。其次，从金融机构、生态环境、法规制度等方面考察西部农村地区的现状，找出目前农村金融体系下存在的问题。基于西部地区农村金融发展与农村经济发展的现状，采用层次分析法（Analytic Hierarchy Process, AHP）、数据包络分析法（Data Envelopment Analysis, DEA）等方法，实证研究构建生态体系指标，进而科学甄别现行农村金融体系的效率，并根据实证结果提出构建普惠型农村金融体系的保障措施。

本书的思路与框架见图1-1。

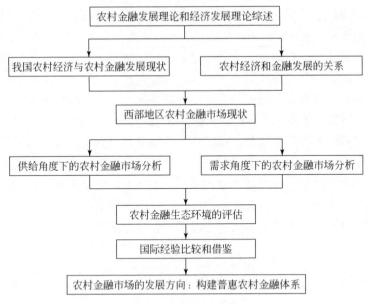

图 1-1　本书的思路与框架

　　本书的创新之处有以下几点：①将普惠金融理论和西部农村金融发展现实相结合，在理论分析和实证研究基础上，形成能指导我国农村金融体系的建立和完善的应用性理论，将填补农村金融发展理论的空白。②基于层次分析法及数据包络分析法对农村金融生态水平进行了实证分析，定性分析与定量分析相结合，为中国农村金融问题研究范式的转换和深化奠定基础，丰富农村金融的研究方法，丰富农村金融的实证文献和政策研究。③目前我国农村金融理论研究和实践操作中，总是沿着政府设计的农村金融发展路径，侧重于金融数量发展理论，一味盲目追求农村金融数量上的扩张，而忽视了结构性内涵式增长对农村金融效率的提升作用。本书旨在拓宽农村金融发展的新思路，为发展农村经济、建立农村普惠金融体系提供必要的理论支持。

第 2 章　农村金融理论综述

2.1　金融发展理论与金融抑制理论的内涵

2.1.1　金融发展理论和金融深化

金融发展理论的研究对象是金融发展和经济增长的关系。1956 年，Gurley 和 Shaw 发表了《金融中介机构和储蓄——投资》（*Financial Fntermediannies and the Saving—Investment Process*）。这篇文章的发表为后来金融发展理论的产生奠定了基础。1960 年，Gruley 和 Shaw 发表了《金融理论中的货币》(*Money in a Theory of Finance*)，提出金融资产是货币金融理论的研究对象。

金融发展理论提出以来，学者们对于金融发展和经济增长的关系持有不同的观点。约翰·格利和爱德华·肖（1960）提出金融发展和经济增长是相互促进的关系，金融资源使用效率的提高可以为经济增长提供动力。休斯·帕特里克（Patrick，1966）提到，需求追随和供给引导是两种金融发展和经济增长的关系模式。需求追随模式是指随着经济的增长，人们的收入和财富不断增加，对金融产品的需求也会随之扩张，这促进了金融的发展，推动了金融机构提供全面、多层次、多样化的金融服务和金融产品。供给引导模式则是指随着经济的不断发展，金融供给的数量也在增加。而金融供给的增长同时促进了投资和消费，反过来带动了经济的增长。不同的国家或地区需要根据自身的实际情况选择两种模式，在贫困或者经济落后的地区，供给引导模式应作为主要的金融发展模式，通过建立金融体系，完善金融基础设施建设，提高金融机构的供给效率和供给质量，促进经济增长；在经济发达的地区，金融体系比较完善，需求模式可以提高整个体系内的金融产品质量，促进金融服务多元化发展，带动金融发展。雷蒙德·戈德史密斯（1990）认为金融发展的过程同时也是金融结构变化的过程。金融结构的发展变化和趋势决定了未来金融发展的速度；同时一个国家的经济发展的水平、经济组成结构、金融服务质量、金融教育程度及财富分配等要素也会影响金融发展的效率和速度。

我国的学者同样对经济增长和金融发展的关系进行了实证检验，王广谦

（1997）对金融在经济增长中的贡献度进行了测算，发现金融增长可以明显地提高生产率，并在经济发展中起到关键作用。王纪全等（2007）认为金融结构对于经济增长有着显著影响，随着金融深化程度的增加，经济增长速度会相应加快。郭凯（2004）提到不能一味关注金融的发展速度，随着自由度的提升金融机构面临的竞争也会加大，反而不利于经济的快速增长。

金融发展理论认为金融发展和经济增长存在着高度相关的关系，因此，建立普惠金融体系，挖掘金融发展潜力，让各个群体都能得到金融服务，对于一个国家的经济增长有着重要的作用。

金融抑制理论和金融深化理论的提出为国际上提供了改革的思路和发展的经验，部分国家以该理论为基础开始了金融自由化的道路，但是结果不尽如人意，这些国家都出现了一些经济问题，如通货膨胀加剧、就业率降低等。20世纪90年代，托马斯·赫尔曼（Tomas Helman）和斯蒂格利茨（Stiglitz，1997）在信息经济学的基础上提出了"金融约束理论"，重新研究了在政府管制情况下的金融发展。金融约束理论要求政府要对存贷款利率进行管制，使利率保持在较低水平，使企业以较小的利息成本获得融资。推动金融体系提供多元化的金融服务，建立多层次、多元化的金融市场，促进经济增长和提高居民收入。

2.1.2　国外学者对农村金融抑制理论的研究

1. 国外学者对金融抑制理论的研究

20世纪80年代之后，农村金融市场论在农业补贴论的基础上发展成型。农村金融市场论强调利率市场化，反对政府对金融市场的控制和政策金融对市场的扭曲。在此理论的影响下，一些东南亚国家和拉美国家走上了金融自由化之路，纷纷放松了利率管制，依赖市场的自我调节机制发展经济。但是在金融自由化过程中，金融危机和市场失灵现象时有发生。国外学者在总结了发展经验和教训之后，认为金融抑制在信贷体制中发挥着重要作用，如可以避免市场上的非理性行为，经济部门可以更快地获得信贷。斯蒂格利茨提出"不完全信息市场上的信贷配额模型"，从微观角度对一些国家的金融市场进行了研究。农村金融市场的基本特征包括人口密度大、人口收入低、交易成本高、交易风险高、抵押担保机制不完善、季节因素大、市场分割，这些特征使得农村金融市场有其特殊性，阻碍了以利润为导向的金融机构进入，同时信息不对称和缺少抵押物的情况也使得金融机构的持续性发展受到考验。另外正规金融和非正规金融机构的同时存在、监管制度的不健全、资金供求不平衡、信用形式单一、利率管制等不利因素导致了农村金融市场混乱，金融效率低下。

2. 国内学者对农村金融市场发展问题的研究

近年来，很多国内学者对农村金融问题进行了细致的研究，从研究方向来看，大多集中于农村金融市场的发展、农村金融机构的效率、正规金融和非正规金融的差别、农村金融体制改革等方面。张杰（1998）认为，非正规金融是指不被政府监管，不被政策制度限制的非正规金融机构组成的金融体系。非正规金融机构包括民间集资、地下钱庄、私募基金等组织形式，是正规金融体系的重要补充。相比于正规金融机构，非正规金融机构拥有着更多的信息，已经成为了农民贷款融资的重要途径。何广文（2001）研究了正规金融机构的效率，认为基于成本风险的考虑，正规金融机构为贫困农民提供贷款的意愿并不强烈，导致农村金融市场的供需不平衡。

3. 国内学者对金融抑制问题的研究

中国是发展中国家，由于长期以来的城乡分割政策，经济发展水平区域化明显，金融体系不完善，不可避免地存在着金融抑制的现象。而农村地区存在着大量贫困人口，金融市场发展缓慢，导致金融抑制现象更为严重。国内学者对农村地区金融问题做了大量的细化研究，希望可以找到金融抑制的原因，从而为未来农村金融市场的发展、解决金融抑制问题提供改革的思路。皮建才（2007）认为过去的利率政策导致了严重的"金融抑制"。曹晨光（2007）认为目前农村金融市场上的金融供给严重不足，抑制了农村经济的发展。杜晓山（2009）通过构建金融抑制指标对农村地区考察，发现农村金融市场存在着信贷配给，金融机构在农村地区的市场化程度极低，金融抑制现象十分突出。农村金融必须进行制度改革才能改变金融抑制现象，政府给予引导和政策补贴对未来的金融发展方向进行调整。目前的农村金融服务供给体系效率低下，已经不适应未来农村发展的金融需求。应该在服务的种类和质量上提高有效供给，构建新型农村金融市场。王国华和李克强（2006）指出正规金融机构的金融服务存在着较高的壁垒，导致贫困的农民无法获得金融服务，转而向民间金融组织需求帮助，加剧了农村金融市场的风险。中国农村金融抑制的原因不在于利率管制，而在于其他制度性安排，提出通过制度改革深化农村金融，解决农村地区金融抑制问题和资金外流问题，扩大有效供给，构建新型农村金融服务体系。殷本杰（2006）认为金融约束可以提高农村金融体系的支农效率，从而解决金融抑制问题。高晓燕（2007）认为农村地区的经济体制改革是发展农村金融的关键，只有不断释放农民和农村的金融需求，才能逐渐消除金融抑制，发展农村经济。周家龙（2009）认为，农村金融在商业化的过程中，必须要扩大金融服务的服务深度和广度，真正实现金融机构的可持续发展，完善风险补偿机制和贷款监管机制，推动农村金融的协调发展。许玉晓和王家传（2007）指出制度创新是解决金融抑制的根本措施，并讨论了农业信贷制度在农村经济发展中的作用，提出要构建中国农村信贷市场，建设信用体系。范小云和郭步超（2009）在结合金融抑制理论和中国农村发展现状的基础上，提出推行利率市场化，对正规金融机构进行金融约束，同时充分发挥非正规金融机构的优势，提高支农效率。徐璋勇和王红莉（2009）在对陕西省2000多位农民的调查数据研究基础上，发现存在着严重的金融抑制现象，必须通过制度改革实现农村金融市场的供求平衡，解决农民的信贷约束问题。

2.1.3　农村金融排斥理论

金融排斥理论是引发普惠金融的一个重要源头。Link（2004）提出，金融排斥是指弱势群体无法从金融的体系中获得利益的一种情况，不仅包括渠道的不可获得还包括获得金融服务名义却无法真正享有的缺点。1993年英国金融地理学家 Leyshon 和 Thrift（1993）在研究金融地理学时，提出一个新的名词"Financial Exclusion"，国内的专家学者在引入这个概念时，将其译为金融排斥、金融排除或金融排异。随着对这一理论研究的深入，这一名词逐渐作为"金融排斥"这一概念为人们所接受。关于金融排斥的概念，目前还没有统一的定论，国内外专家学者们普遍认为金融排斥是人们缺少享受和使用金融产品和服务的一种状态。从金融排斥的角度出发，可以更深一层地了解发展普惠金融的急迫性。

田霖（2013）认为我国金融发展水平区域差异明显，尤其是农村地区，金融发展水平严重落后于农民、农村中小企业的金融需求。此外，通过实证检验了我国农村地区的金融排斥程度十分严重，农村的经济发展水平、收入状况、金融教育的普及等因素都造成了金融排斥。何德旭和苗文龙（2015）提到我国农村金融市场发展供求不平衡，传统金融机构服务供给不足，农民的金融需求难以得到满足。谭露和黄明华（2009）从成本和收益的角度出发，研究了农村金融机构的供给偏好，指出金融机构的营利性原则导致了金融排斥的加剧。

Kempson 等（2005）认为，由于信息不对称，金融机构在面向贫困阶层放贷时会提高准入门槛，过滤一些信用状况差、收入低的客户，这一策略进一步恶化了贫困人群的金融排斥程度，这一现象被称为银行费用贫困陷阱。随着经济发展和科学技术的提高，金融服务设备和技术也在不断更新。一些客户因为对高新技术或新型设备不了解而放弃使用金融服务。马九杰和沈杰（2010）在我国金融排斥现状的基础上探讨了构建普惠金融体系的路径。他们认为首先要扩大金融服务的供给和覆盖面，在农村设立更多的金融机构；其次增强金融产品的创新，完善金融服务，提供适合农民需求的金融产品。田霖（2011）认为解决农村金融排斥的关键在于金融服务体系的改善，并从农村金融机构覆盖率、农业贷款比例等指标验证了这一点。金融机构的"理性人"选择导致了金融排斥的加剧，同时农村薄弱的产业基础和恶劣的环境深化了这一结果。为了改变这种情况，她提出了 3 点建议，一是政府要加大对农村的支持力度，发挥在农村金融市场建设中的指导作用；二是支持设立农村金融机构，完善法律法规监管制度，建设农村征信系统；三是转变农村金融发展的思路。

2.2　农村金融理论

农村金融是现代金融服务体系的重要组成部分。关于农村金融的内涵，我国的学者有着不同的结论。黄光伟（2008）从 3 个方面来分析农村金融的形式，从服务对象上来说，农村金融是指服务于农民和农村中小微企业的金融服务；从地域上来说是农村地区的货币流通和信用活动；从产业上来看是以服务农业为基础，在生产、消费、分配等环节起作用的金融活动。李军（2008）认为农村金融是指以促进农村经济发展，提高农民收入为目标，提供多样化的金融服务、金融产品，以及为提供服务存在的金融机构、政府等一系列制度架构和调控机制的总称。结合学者们的研究基础，笔者将农村金融定义为：为满足农村金融市场发展需求，提供完善金融功能的金融服务、金融制度、金融产品等一系列金融活动总称和相关制度安排。通过以上可以看出，农村金融不仅包括提供服务的金融机构，还包括所提供的各种金融服务和制度安排。在我国的农村金融市场中，金融服务主体为大型商业银行、政策性银行、农村资金互助社和小额贷款公司；另外还包括一些非正规金融组织，如地下钱庄、典当行、合会等。农村金融的需求者有农民、农村中小企业。

农村金融和其他金融形势相比有其特殊性，主要体现在：第一，农村金融具有高风险。农业与其他产业相比，更容易受到自然环境、气候条件和市场波动的影响，导致产出的不确定。农村金融和农村经济发展有着直接的关系，造成了其不确定性和高风险性的特征。第二，政策性。由于农业的低产出性、周期长等特点，农村金融市场很难获得融资，必须得到政府政策性外部资金的注入或补贴，才能保证农村金融需求得到满足。此外，高风险的特征也让金融机构的经营意愿不强烈，这就需要政策性资金的注入或政策性机构的支持。第三，公共品的特征。农村金融的社会目标是促进农村经济的发展，提高农民的收入，为农民、农业提供全面的金融服务，使得市场内的所有人公平地享受到金融权利。从这一点来说，农村金融的发展可以提高整个国家居民的福利和生活水平，因此具有公共品的性质。由于长期以来实施的对农村直接信贷供给政策的失败，再加上正规金融机构不愿向农村低收入者和贫困者发放贷款，使农村金融市场出现了很大的制度真空，从农业信贷补贴论到农业金融市场论，农村金融发展先后经历了政府失灵和市场失灵。20世纪90年代后，人们逐步认识到，培育有效率的金融市场仍需要一些社会性的、非市场的要素来支持。农村金融体系是指以服务于农村金融需求为目标，以信贷交易的形成为标志，包括农村金融机构、农村金融制度、农村金融体制、农村金融工具等内容。衡量农村金融体系完整性、有效性的标准是农村金融市场上的供给与需求平衡程度。经验研究和实证研究表明，农村金融市场长期处于卖方市场，但总体上向满足更多农户信贷需求的态势转化。

中国农村金融体系具有二元结构性。关于二元结构有两种含义，一种是金融抑制理论下的金融市场分割现象，即从整个金融体系和城乡二元结构的维度进行划分，把中国金融体系划分为农村金融体系和城市金融体系。另一种是从农村金融体系内部进行划分，把中国农村金融体系划分为正规农村金融体系和非正规农村金融体系。

2.2.1　农业信贷补贴论

农业信贷补贴论建立在一个前提下：贫困农户没有储蓄。由于农业的低产出和不确定性，导致农村地区普遍存在资金匮乏的现象。一些传统的金融机构，如商业银行并不愿意把贷款借给农民，他们宁愿借给收益性更高的大企业。为了促进农村金融的发展，解决资金不足的问题，必须有非营利性的专业金融机构为农村市场提供外部援助。此外，政府应该对农业实行优惠政策，农业贷款利率应该低于其他贷款。在1980年之前，此理论一直在农村金融理论中处于领导地位。在农业信贷补贴论的指导下，世界上的部分国家开始发展农村金融市场。一些发展中国家通过设立专门的农村金融机构，通过政策注入外部资金推动农业发展。在1980年之后，陆续有学者对农业信贷补贴论提出质疑，认为理论假设太苛刻。亚当斯和布洛克（2003）认为，在政府的政策管制下金融机构的活力不足，融资效率低，不利于农村金融市场的发展。首先，在信贷补贴论的基础上，国家必须对农业信贷实行补贴，这种低利率的农业贷款必定会扩大农户对信贷的需求，在信贷数量一定的情况下，国家必定会实行信贷配给，使得农业贷款的覆盖率降低，低息补贴贷款被集中在少数农户手中，并没有起到减缓贫困的社会效应；其次，信贷补贴的情况下农业贷款利率较低，农户并没有太大的意愿进行储蓄存款，这种情况下农村金融机构的资金来源渠道匮乏，对农村金融的营利和可持续发展带来问题，最终导致金融机构的破产；最后，政策性资金的注入，使金融机构并没有动力对借款者所获得的信贷资金的使用情况实行有效监督，进而造成贷款回收率的降低，不利于营造健康的农村金融生态环境。

2.2.2　农业金融市场论

随着研究的进一步深入，20 世纪 80 年代，学者们逐渐意识到农业信贷补贴论的局限性，同时受到金融深化和金融抑制理论的影响，农业金融市场论取代了农业信贷补贴论，成为农村金融发展的主流理论。农业金融市场论的前提假设和农业信贷补贴论相反，认为农村居民是拥有储蓄意愿和储蓄能力的，只要有储蓄的机会，农村居民便会进行储蓄行为。但是政府对农村金融的控制和管制，阻碍了农村金融的发展，降低了农民进行储蓄的积极性，造成农村金融资金匮乏。政府在发展农村金融时应实行利率的市场化改革，防止政策性金融扭曲农村金融市场资源配置，同时可以调动金融机构营利的积极性，从而解决农村市场的资金问题。非正规农村金融的存在具有一定的合理性，能够促进农村地区储蓄向投资转化，因此不应该对非正规金融进行完全的限制，应加强对其进行引导和管理，使其成为正规农村金融机构的重要补充。

虽然在结合了金融深化理论的基础上对于市场机制的作用进行了细化的研究，但是农业金融市场论也具有自身的局限性，具体表现在：在农村金融市场发展落后的国家和地区取消政府对农村金融的监管和干预会给农村金融市场带来动荡和不稳定；由于信息的不对称性，如果完全依赖市场的自我调节，最终市场会失灵，不利于农村金融市场的发展；如果在利率市场化的情况下，利率上升会造成农民的贷款成本提高，同时由于资本市场的不完善，担保品的缺失会打击农民贷款的积极性；一个国家或地区的农村金融的市场化要求必须要有健全的农村金融法律体系，而有些国家的法律条件并不完善，不利于完善的农村金融市场机制的建立。

2.2.3　不完全竞争市场论

拉丁美洲和亚洲国家在 20 世纪 90 年代发生的金融风暴表明，市场机制有其自身的弊端，人们重新认识到政府对金融市场干预的必要性和重要性。因此，针对农村金融发展理论，有些经济学家也开始认识到农业金融市场论的不足之处，认为必须要依靠政府对农村金融市场进行干预和控制。基于此，斯蒂格利茨提出了"不完全竞争市场论"。不完全竞争市场论认为作为一个不完全竞争的市场的农村金融市场，参与市场的主体的信息是不充分的，依靠市场机制不能使农村金融完全满足市场的需求，因此政府有必要介入农村金融市场，对市场机制失败的部分加以补救。不完全竞争市场论要求政府需要对利率进行一定的控制，同时控制通货膨胀率，防止实际利率为负情况的发生，并通过利率控制防止信用配置和过度信用需求等问题的产生。政府应鼓励借款者以小组联保等互助合作的方式进行借款，防止因为信息的不对称造成的贷款回收率低等情况的发生，确保农村金融机构的可持续运营。政府应进入农村金融市场进行一定的限制，保障和促进先进入农村的正规金融机构的发展，还要加强对非正规农村金融机构的管理和引导，促进其效率的提高。

斯蒂格利茨通过对中小企业的融资现状的研究，发现由于经营战略、信贷标准上的差别，传统的金融机构贷款给小企业的意愿并不强烈。他认为，农业的低产出和低收益降低了金融机构贷款的动力，政府的财政补贴十分必要。农村金融市场的信息不对称问题十分严重，此外农村市场的信用体系也不完善，农村信贷机构发放的贷款存在着难以收回的可能性。政府可以通过担保融资或小组贷款的方式降低风险；在推行利率市场化改革时，应当循序渐进，避免出现利率过低导致农村金融市场混乱。

农村金融理论发展过程中的这三大分支都提到了关于政府在农村金融发展过程中所承担的作用。农业信贷补贴论过分强调政府在农村金融市场中干预和管制的必要性，政府的低利率管制在初期的确加快了农村经济的增长，但同样会导致信贷配给下金融效率的降低，不利于金融机构发展的可持续性。农业金融市场论主张利率自由化，但是只依赖市场自由调节的功能，贷款成本的上升和担保品的缺失反而会影响农民的资金需求。不完全竞争市场论在信息经济学的理论基础上，主张政府应当适当干预农村金融市场，通过贷款互助小组等方式改善资金回收率低的状况。

2.2.4　农村经济发展和金融支持

学术界对于金融发展对经济增长之间关系的争论由来已久，以 Schumpeter 为代表的"供给引导"假说认为，企业通过金融体系下的融资，在生产过程中创新技术，促进经济的增长；而"需求追随"假说坚持经济的增长提高了人们的生活和收入水平，扩大了人们对于金融的需求。Patrick 在以上两种观点下提出了第三种可能，即"供给引导"与"需求追随"可能发生在经济发展的不同阶段。Link（2004）通过对不同的发达国家和发展中国家经济和金融数据的实证检验，认为经济的增长和金融发展互为因果关系，两者互相促进。Claessens（2006）在对非洲国家经济增长和金融发展之间的联系进行了格兰杰因果关系检验之后，发现两者之间的因果关系并不明显。

对于农村金融市场存在的问题和缺陷，王曙光（2013）认为，目前我国农村资金的供求不平衡。资金外流现象严重，并且金融效率低下，导致农村金融市场的萎靡。农民融资难的原因在于恶劣的生存环境、履约机制缺失、信用体系不完善，提高了金融机构的潜在交易风险。彭川西等（2001）认为农村金融体系难以适应现代农业的发展需求，阻碍了农业的发展。农村金融市场中包含着巨大的交易风险，这是源于信息不对称、农民的信用风险和农村合作金融的效率低下。何广文（2006）指出，农民和农村中小企业融资难、缺乏流动资金的原因在于封闭的金融环境和严格的金融监管，为了实现农业的快速发展，必须调整金融机构的经营策略，扩大农村地区的覆盖面，重塑农村金融体系。殷俊华（2006）研究了农村小额信贷发展和金融体系演进的关系，指出了民间金融在目前农村金融发展中存在的问题。他认为农村金融供给和需求的不平衡造成了农民难以获得金融服务，现行的金融体系难以满足农村经济发展的需要。刘卫柏（2012）认为农村金融市场功能缺失，难以有效地提供金融服务和产品，导致资金大量外流。

何广文（2003）认为，农村金融机构的坏账率较高，导致其发展的可持续性和营利性受到威胁。为了解决这一问题，需要基于农村金融需求，调整金融机构的业务结构；重组整个农村金融组织系统，构建需求导向性的普惠金融体系。彭克强（2007）提出应该引导和鼓励民间金融作为普惠金融体系的重要组成部分，形成多种金融机构互相竞争、相互促进的环境，增强金融生态活力。熊学萍等（2007）认为，我国的农村金融市场远远没有达到帕累托最优，资金使用效率低，流转速度慢，必须建立农业风险内控制度，在政府的引导和推动下实现金融发展和经济增长的有机结合和良性互动。

另外一部分学者研究了金融支持经济的相关关系。林毅夫计算了农村金融相关率（Financial Interelations Ratio, FIR）指标后，得出金融发展可以提高农民收入的观点。农村地区资金匮乏是由于区域发展不平衡、资金流动性差、金融市场发育不足等原因造成的，重新构建农村金融市场很有必要。罗恩平（2005）指出，农村金融机构应当尽快建立金融风险分散机制和补偿机制，推动利率市场化改革，促进金融产品的创新。周国良（2007）认为，当前我国农村金融市场金融错配现象十分严重，农村金融供给难以适应快速增长的金融需求，表现为农民或中小企业很难从金融机构获得融资。焦瑾璞等（2015）认为，普惠金融商业化的发展，可以为弱势群体提供全功能的金融服务，减少贫困的发生，改善人们的生活条件。周小川（2013）提到金融和公共服务之间的关系，由于农村金融基础薄弱、资金匮乏、服务成本高、金融机构覆盖面少，农民和中小企业贷款难的问题严重；金融秩序和监管急需加强，金融产品和服务需要创新。发展普惠金融要更好地发挥金融促进经济的作用，改善民生。

2.2.5　农村金融与农村经济关系研究综述

由于发达国家相对于发展中国家的发展进程较快，在实现农业化向工业化转变的过程中积累了相对较多的经验，它们关于农村金融与农村经济发展相关性方面的研究也先于发展中国家；而发展中国家在寻找适应本国发展的农村金融道路方面也作出了较多的有益探索。总体而言，国外在考察农村金融与农村经济发展之间相关关系的过程中，一方面直接考察农村金融与农村经济增长之间的关联性，另一方面则从侧面验证农村金融在转变农村贫困状况方面的效率。

von Pischke 等（1987）对农村金融的发展和农村经济增长之间的关系进行了研究，发现非市场因素对农村金融市场的干扰会造成市场失灵，反而对经济增长起到反作用。King 和 Levine（1993）发现发展中国家的政策性金融会制约农村经济的发展。他通过对 80 个国家样本的研究，得出金融发展和经济增长存在着相互促进的作用，随着金融效率的提高，经济增长的速度加快。由此可见，政府过多的介入只会降低市场的运行效率，导致农村金融市场无法提供有效的供给，阻碍经济的增长。除了政府的影响外，对于那些发展不完善、机制不健全的农村金融市场，很难为经济的发展提供金融支持。由于起步较晚，发展中国家的金融基础设施不完善，相应的金融配套体系缺失，金融广度和深度不够，使得农村金融市场的资源配置功能低下，不仅金融机构的支农效率受到影响，同时扭曲了农村信贷市场，阻碍了农村经济增长的速度。除此之外，另外一部分学者持相反的观点，他们认为金融的发展和经济的增长有着密切的关系。McKinnon（1973）发现随着农村金融的不断发展，市场交易成本随之下降，资金的使用效率不断提高，信贷市场的活力不断增强，资本流动性加大。这种竞争性的金融市场最终会提高农民的收入，促进经济的增长。Pitt 等（2003）则进一步指出农村金融机构能够通过社会动员吸引储蓄从而实现合理的资本配置，进而促进本区域的经济发展，虽然这一过程相对复杂。他们使用中国和印度非正规金融机构发展的数据进行的研究结果表明，非正规金融机构能够促进农村经济的发展。这显然是对限制非正规金融机构发展政策的一次"驳斥"。针对农村金融降低贫困问题的研究结论较前者比较乐观，因为大多数研究结果都表明，发展农村金融有助于降低农村区域的贫困程度。

Dollar 和 Kraay（2002）通过对不同国家经济与贫困的数据验证了经济增长可以提高人们的收入，从而减缓贫困。同时，世界银行（World Bank，2001）发布的研究报告也证明金融的发展可以提高整个社会的福利，提高人们收入的同时使他们获得投资脱离贫困的机会，缓解了社会收入差距。由于国家、地区、收入的差异，金融对贫困的减缓效应也不尽相同。Burgess 和 Pande（2005）通过对银行业发展数据的研究进行实证检验，发现金融机构的进入改善了农村金融市场的效率，提高了农业产出。Department for International Development（DFID，2004）通过研究得出了农村金融对贫困减缓的两种作用路径，第一种是通过信贷服务为农民提供投资资金，从而提高其生产力和收入，摆脱贫困；

第二种是为农民提供储蓄、保险服务，降低农业生产过程中可能发生的风险损失，拥有稳定的资金渠道。邱杰和杨林（2009）针对中国 1978～2007 年的农村金融数据进行了实证检验，结果显示农村金融发展，随着金融服务覆盖面的扩大，农村金融市场表明农村金融供给有助于提高农村经济增长。寇凤梅等（2012）对两者进行了格兰杰因果关系检验，发现长期来看金融发展和经济增长之间存在着显著的协整关系，并且金融规模越大、金融供给越多，经济增长的速度越快。而短期来看两者虽然也存在着关系，但是农村金融规模的影响作用不明显。

　　国内方面，何广文（2003）较早地对中国当前农村金融市场进行了论述，并指出滞后的农村金融供给体系难以满足多样性的金融需求，制约了农村经济的发展。贾峤等（2007）使用金融相关率测度了中国农村金融的深化程度，发现金融相关率和经济增长存在着密切的正相关关系。因此，深化农村金融相关率，对农村金融市场进行制度创新和改革是推动农村经济发展的重要措施。谢琼等（2009）、熊德平等（2009）阐述了正规金融机构和非正规金融机构的区别，认为正规金融机构提供的金融服务不足，没有真正发挥其支农的作用。中国农村金融服务体系发展滞后，有效供给不足，难以对农村经济提供足够的金融支持。孙勇智和孙启明（2013）认为中国农村金融市场信息不对称严重，导致信贷配给成为金融市场的常态，影响了金融运行效率，难以充分发挥信贷的支持作用。周艳丽和卢炳福（2011）考察了政府主导的金融结构调整对农村市场的影响，认为政府主导下的金融体系缺乏竞争性，降低了金融市场的运行效率。因此推行普惠金融体系，应该要推行市场化，摆脱政策性因素对金融市场的影响，构建一个具有竞争性的金融服务体系。邓莉和冉光和（2005）认为金融规模会影响经济发展的速度，这种规模效应不仅可以帮助农民获得更高的收入，同时可以促进金融市场的规范化运行。但是目前中国农村的金融规模普遍不足，无法对农村金融起到支持的作用。罗富民（2007）指出中国在发展农村金融时过于注重金融规模的积累，忽视了金融体系效率的提升和金融服务质量上的提高。王广谦（1997）细分了金融规模和金融效率指标，通过实证研究得出金融效率的提升和金融规模的增加，农民的收入会随之提高。刘旦（2007）的研究也给出了金融规模可以影响农民收入的结论。吴永兴和唐青生（2013）针对中国农村地区金融与农村经济发展相关性的研究表明，财政政策可以有效地提高农民的收入，促进经济的增长。而农村小额贷款在短期内难以影响农村的经济，对农民收入的增长不存在明显的正向效应。杜婕和霍焰（2013）对财政政策给农村信贷带来的影响进行了实证研究，发现政策性金融可以显著提高农民的收入，同时会降低金融市场的效率，此外，对农民收入的提升作用呈现出了区域差异性变化。周小斌和李秉龙（2003）、温涛等（2005）

分别采用不同的实证方法考察了农村金融和农业产出的关系，结果都显示两者存在着正相关关系。裴辉儒（2010）运用面板模型对中国各省（自治区、直辖市）的数据进行实证分析，发现长期来看农村经济发展和信贷不存在显著的相关关系。温涛等（2005）的研究结果表明农村小额信贷的发展并不能够促进农民收入增加，金融发展对农民增收具有明显的负效应。

从以上研究成果可以看到，在实证研究中学者们利用的数据较为全面翔实，其结论与现代金融研究结果基本一致，但在实证方法上综合运用多种实证方法研究的成果较少。将农村金融对农民收入影响隐含在农村金融与农村经济增长相关关系之中，鲜有直接证明农村金融与农民收入相关关系的实证文献，特别是农村非正规金融对农民收入影响的相关文献，这为笔者的进一步研究提供一定空间。学者们对农村金融发展中政府角色的探讨给笔者很多启示，让我们得以继续思考中国政府在农村金融的发展中应该扮演的角色。

2.3   农村小额信贷研究

2.3.1   小额信贷概念

世界银行扶贫协商小组将小额信贷解释为向低收入群体提供满足他们的资金需求的金融服务，如存款、贷款。由于国内外发展阶段、国情不同，国内关于小额信贷的定义略有不同。姚先斌和程恩江（1998）研究认为小额信贷指的是为贫困人群提供存款、贷款两方面的金融服务。杜晓山（2009）认为小额信贷的服务模式有多种，如个人信贷、小微企业信贷和村银行信贷等。焦瑾璞和杨骏（2006）指出小额信贷与正规金融体系有所区别，当低收入群体由于缺少抵押物而无法获得贷款时，小额信贷通过自身特殊的风险管理技术，向有资金需求的客户提供可持续的金融服务。吴晓灵（2013）认为，小额信贷是一种有效的扶贫方式和金融创新，在帮助贫困群体、增加就业方面发挥着重要的作用。

小额信贷的效用成为了国内外学者们关注的焦点，一些学者研究发现，小额信贷通过自身的风险管理、制度创新可以一定程度上克服由于信息不对称所引起的逆向选择、道德风险等问题，提高资金使用效率，帮助更多的低收入人群、家庭和小微企业摆脱发展困境，稳定经济的增长。

国际范围内，学者们以小额信贷的可持续性研究为基础，分析小额信贷项目的财务状况，并从成本和财务两个方面来探讨可持续的可能性。Roy Morgan Research（2003）认为，由于受到政策及自身发展规模的限制，一些小额信贷机构往往难以达到帮助贫困群体的目标。因此小额信贷机构可以和其他金融机构联合向低收入群体提供金融服务，帮助改善生活条件。埃塞俄比亚国内小额信贷的发展速度十分迅速，小额信贷金融机构的影响范围逐渐扩大。Leyshon 和 Thrift（1993）利用随机前沿分析对小额信贷的效率进行了实证检验，发现小额信贷机构的资金效率随着覆盖面的扩大而减小，覆盖面和效率呈负相关关系。Peachery 和 Roe（2004）使用多元线性回归模型对小额信贷机构的绩效进行实证检验，发现随着金融服务多样性的增加和公司规模的扩大，小额信贷机构的效率也随之提高。Pagano（1993）通过面板数据模型对拉各斯多家小额信贷机构进行分析，发现随着贷款回收率、贷款数量和负债权益比率的升高，机构发展的规模也随之扩大。

与此同时，国内学者的研究焦点则集中于小额信贷风险管理和国外经验的借鉴方面。胡金焱和张乐（2004）研究发现，通过小组贷款、还款安排制度等措施，可以一定程度上消除信息不对称所带来的影响，解决逆向选择和道德风险等问题，帮助金融机构实现扩大经营规模的目标。杜晓山（2006）认为利率市场化改革可以为小额信贷的健康发展营造有利环境，同时加强市场监管，充分发挥小额信贷的反贫困功能，促进社会的和谐发展。通过借鉴世界银行普惠金融指标体系，从金融机构的服务边界和持续能力两个方面，考察小额信贷机构资金使用效率。在政府管制之外的小额信贷不但可以完成自我发展的目标，同时可以满足农民的资金需求，实现社会的进步。而政府主导下的小额信贷项目不但发展效率低下，而且往往会将迫切渴望资金但是自身条件差的农户排除在外，不能真正满足贫困群体的存、贷款需求。他在对小额信贷可持续发展的影响因素进行研究后，发现信用风险的降低有利于小额信贷机构实现可持续发展的目标，同时提出了解决措施，比如，小额贷款新模式，强化机构风险管理，借款人激励机制，加强借款人的金融意识教育，等等。

2.3.2　农村小额信贷担保

从目前对信贷担保方面的研究来看，国内学者大部分都是从担保的角度上来分析农户贷款难的原因，以及如何去解决其贷款难的问题，针对这些问题如何去构建信用担保体系。林毅夫认为"龙头企业担保公司＋银行农户"的金融创新方式，可以很好地改善农民贷款难的问题。熊学萍指出，从农村信贷市场来看，该市场是失灵的，因此需要政府的引导和扶持，鼓励涉农企业加大对贷款担保的支持力度，建立农村信贷风险管理和激励机制，拓展企业对"三农"的业务范围。丁志国等（2011）认为，为了解决农户无法从正规金融机构得到信贷的问题，首先应该加强农村担保体系的建设，构建多层次的信贷市场。其次，中介担保机构和金融机构应该紧密合作，消除信息不对称所带来的负面影响。政府应当发挥积极的引导作用，鼓励更多的正规金融机构参与到农村金融市场中来，形成一个竞争性的金融体系。同时创新担保制度，扩大抵押物的范围。熊诗忠指出，担保制度和组织形式亟待创新。如今的农村金融市场处于失灵状态，政府应当给予足够的财政补助，加大对信贷担保中介机构的培育工作。叶海燕认为应该加强农村信用体系的建设，建立贷款后续监督机制，完善风险防范机制，促进农村金融市场朝着健康的方向发展。

（1）农户信贷担保的功能研究。何广文研究发现，引入中介机构为农户提供担保可以缓解由信息不对称带来的矛盾。因为相比于正规的金融机构，中介组织拥有更多的信息渠道，所受到的信息不对称影响程度要小得多。在中介机构的监督下，农户发生违约的风险被有效控制，交易成本大大降低，信贷交易契约的自履行机制得到增强。李毅和向党（2008）认为由于农村信用系统的不完善，信息不对称状况严重，金融机构为农户提供小额信贷的意愿并不强烈，造成农村金融市场的信贷约束现象。而信贷担保不仅可以消除信息不对称，还可以降低融资过程中的交易成本。而交易成本的下降同时可以吸引更多的金融机构参与到信贷市场中，拓展了信贷市场的职能，有利于竞争性金融市场的构建。

（2）农户信贷担保模式的研究。林毅夫认为，小组贷款的形式可以很好地控制信贷风险，降低违约的概率。肖宗富等（2007）在对农村地区进行实地考察之后，指出如何完善农村信贷担保机制和监督机制是发展金融市场的关键。必须要引入多方连带责任机制，找到合适的抵押物进行制度创新。他认为过高的抵押担保交易成本一定程度上阻碍了信贷担保市场的发展，必须通过制度上的改革，完善农村征信系统来降低交易成本所产生的影响，缓解信贷供需矛盾，拓展担保抵押市场的职能，促进金融市场的全面发展。高凌云和刘钟欣（2008）在对山东一些企业的担保体系进行考察之后，认为担保体系的完善有助于提高农村贫困群体的信用状况，缓解信息不对称所导致的一系列矛盾，降低逆向选择和道德风险发生的概率。同时可以促进社会上的闲散资金流入农村金融市场，建立融资新渠道。刘平青（2004）提到，为了完善农村担保贷款制度，应当充分发挥政府的引导作用，鼓励涉农企业加大对贷款担保的支持力度，建立农村信贷风险管理和激励机制，拓展企业对"三农"的业务范围。

2.4　农村金融市场问题研究

2.4.1　农村金融供给研究

由于农村金融市场的特殊性，农村金融需求主体收入水平低、信息不对称程度高并且缺乏有效的担保抵押物，再加之农业生产具有较大的自然及市场风险，相对于农村金融需求的分析，金融供给在理论界与实践工作中受到格外的关注。

目前在对农村金融供给的研究中，主要的观点集中于 3 个方面：一是农村金融供给主体的研究，二是金融供给创新，三是金融机构的运行机制及供给效率。

对农村金融供给主体的研究中，Hoff 和 Stiglitz（1990）认为，农村金融市场不仅包括那些政策性正规金融机构，一些非正规的金融机构同样是重要的组成部分。这些非正规金融机构拥有着更多的信息，资金使用效率更高。乡村银行在信息上的优势保证了其农村金融市场中的地位，连带责任机制有效地降低了贷款风险。Berger 和 Udell（2002）研究认为，正规金融机构在市场交易性贷款上效率更高，而小型非正规金融机构在发放关系型信贷中更有优势。不管是大型正规金融机构，还是小型非正规金融机构，都可以为农村金融市场提供金融供给。农村金融市场主体应当充分发挥各自的优势，提高资金贷款使用效率和有效供给。Fuentes（1996）将正规金融机构视为放贷的委托人，来自乡村社区的成员为放贷代理人，代理人筛选出好的借款人并收集借款人信息，贷款到期之后收回贷款并获得相应回报。他建立了一个委托代理模型，指出了其中的激励相容问题，并设计出了对代理人的最优补偿计划。Floro 和 Ray（1997）指出，民间放贷人的存在影响了非正规金融和正规金融的合作，同时扰乱了金融市场的正常运行。Varghese（2004）在金融机构与借款人存在信息不对称假定条件下，比较了直接向借款人放贷与建立和民间放贷人互联再放贷的收益情况，得到了两者实现金融互联的激励相容条件。因为农村正规金融机构希望掌握更多的借款人信息，和非正规金融机构的合作有利于降低信息成本，提高自身的收益。

既然大型正规金融机构与众多灵活便捷的非正规金融机构具有各自的优势，那么在结合各自的优势上是否可以通过创新形成新的范式，为金融市场提供更有效的金融服务，成为了一个现实的问题。此时微型金融作为一个新的服务形式出现，它可被视为农村金融供给的创新，可以为贫困人群提供更合适、低成本的小额信贷，在低端市场上有着更为广泛的基础，主要向农村市场发放短期无担保的信贷。目前，微型金融被认为是一种重要的金融体系组成部分，可以成为正规金融的补充，在放贷及扶贫方面起到了显著的作用。

微型金融可以改善贫困人群的生活条件，减缓贫困。Stiglitz 和 Weizz（1981）研究了微型金融的减贫运行机制，认为微型金融可以从多个方面缓解社会分配不均导致的贫困状况。首先，微型金融可以明显地增强购买力，使得农民有能力去消费和投资，加快了社会的发展。其次，微型金融对投资效率的提高也是十分明显的，便于投资和消费的可持续增长。Gibson（2008）发现，微型金融的推行对于贫困人群的收入水平有着显著的影响，微型金融项目的实施给低收入群体的生活条件带来了改善。Link（2004）认为微型金融的发展可以消除信息不对称所带来的道德风险问题，小组贷款和激励机制极大地提高了资金使用效率，金融机构的收益性也得到了保障，这对于实现可持续发展有着重要的意义。

对取得巨大成功的孟加拉乡村银行的研究发现，微型金融之所以成功是采取了创新性的运作机制：小组联保及连带责任、贷款发放次序、分期付款、强制储蓄及动态的信用激励。Ghatak 等（1999）指出，小组贷款中的连带责任机制有效地避免了道德风险的发生。由于农村普遍缺乏抵押物，这种相互监督不仅有利于降低运营成本，还有效缓解了信贷配给现象。Bastelaer 和 Leathers（2006）认为小组联保贷款可以降低金融机构的成本，降低违约风险。

Allen（2005）认为连带责任机制和小组联保贷款等方式有效地降低了发生违约的概率，保证了金融机构的正常运行。Bastelaer（1999）认为社会资本可以帮助微型金融机构降低运营成本。Quinones 和 Seibel（2000）通过对乡村银行的研究，发现社会资本的运用是金融机构取得成功的关键。Karlan（2001）认为社会资本可以提高借款人的还款比例，有效完成对借款人的监督，识别违约发生的原因是由于客观因素还是故意违约。

2.4.2　农村金融需求研究

农村金融需求具有众多普遍存在的显著特征，包括周期性、额度小、缺乏抵押物及信息不对称、高风险厌恶等，这些特点对农村金融市场会造成怎样的影响引起了国外学者的长期关注。Stiglitz 和 Weiss（1981）认为由于农村金融市场中存在信息不对称的状况，导致逆向选择和道德风险问题严重，农户的融资需求得不到满足。Braverman 和 Guasch（1989）认为，农业生产具有很强的季节性特征，而融资需求一定程度上保持了时间上的一致性，因此，金融机构与借款农户之间存在很大的协同风险。Besley 和 Coate（1995）指出，农村金融市场缺乏抵押物及担保中介机构，导致了潜在的违约风险。Hoff 和 Stiglitz（1997）认为信息不对称、风险补偿机制的不健全及缺乏合适的抵押物是制约农村金融市场发展的重要因素。Drabenstott 和 Meeker（1997）以美国农村为研究对象，分析了美国农村金融需求的三大特点，并强调了金融发展对农业经济的促进作用。Kon 和 Storey（2003）发现，由于金融机构在授信过程中存在信息甄别机制的缺陷，从而会使得贷款申请者低估自己成功获得贷款的概率，导致"无信心申贷"。Boucher 等（2008）认为当利率过高，交易成本太大时，农户的金融需求降低，形成了需求型金融抑制。从理性人的假设前提考虑，农户和农村中小型企业信贷行为受到预期投资收益率的影响，以实现自身利益最大化为目标。因此，是否选择借贷及选择什么种类的贷款都应视为在特定条件下的经济个体最优化选择行为。农户的借贷行为一方面取决于预期收益率，另一方面取决于自身的偏好。Iqbal（1986）通过实证发现，农业生产技术先进、资金充足的地区的农户拥有更强烈的融资需求。

在信贷方式选择上，学者们认为农村金融市场存在着明显的分隔现象，即从正规金融机构获得贷款和从非正规金融机构获得贷款两种方式。Kochar（1997）以市场分割为前提，建立农户信贷选择行为模型，分析农民进行贷款的影响因素。Pal（2002）将农户的信贷选择分为 4 种情况：不借款、只从正规部门借款、只从非正规部门借款、从非正规部门及正规部门都借款，并进一步实证分析了农户借贷选择的影响因素。Giné（2005）通过建立最优选择模型，得到农户选择贷款的决定因素，发现利率的高低和投资预期收益会影响到农户贷款的热情，并进行实证分析。

2.4.3　政府在农村金融中的地位和作用

在农村金融市场中，政府对金融市场的控制和引导将直接影响到一个国家金融整体的发展方向。政府在农村金融市场发展中所应当承担的责任及管制可能带来的弊端是经济学理论长期争论的焦点，一部分人认为政府的干预和管制可以维持市场的稳定，不至于陷入市场失灵状态；而相反的观点认为政府干预下市场的资源自我配置功能受到限制，导致金融错配和低效率运行。对政府的角色和作用的界定一直处于争论中，一是农业信贷补贴论下的"政府主导观"。该理论提到由于农业的弱质型和季节性，农村经济发展落后，农民收入水平低，农村金融市场落后，监管制度和管理机制不完善，需要金融部门提供强有力的金融支持。然而在储蓄能力低并且缺乏抵押物，存在金融高风险、高成本及低收益特征的环境下商业性金融机构的贷款意愿并不强烈。同时，民间金融的金融服务利率比较高，加剧了借贷农户的还款负担。在农业生产效率低的情况下，农民无法通过融资改善自身的生活条件。因此，该理论认为应该发挥政府在农村金融发展及扶持农业部门发展中的主导作用：首先，通过建立专门的政策性金融机构加大对农村的直接投入；其次，对市场利率进行控制，降低融资成本；再次，加强对非正规金融机构的监管，规范金融市场，鼓励更多的金融机构进入农村，扩大金融有效供给。但是该理论观点忽略了金融机构的营利目标，导致不良贷款增多，金融机构过度依赖外部资金的注入。更重要的一点是，长期的低利率状态可能导致金融排斥现象。

二是农业金融市场论下的"政府退出观"。20 世纪 80 年代，在肖和麦金农提出的金融深化理论基础上，学者们认识到农村储蓄规模不断加大，从而逐渐形成了依靠市场机制配置农村金融资源的思想。该理论思想主要从农村金融市场运行效率的角度切入，指出政府的过度干预往往会导致市场失灵，致使金融市场资金使用效率低下。主张减少政府的干预、推行利率市场化、放宽农村金融市场准入门槛、使民间金融合法化。该理论对传统的政府主导观念产生了颇具影响力的冲击，并掀起了金融自由化发展的浪潮。

三是不完全竞争市场论下的"政府介入观"。Stiglitz 和 Weiss（1981）指出由于农村金融市场中存在严重的信息不对称现象，市场处于失灵状态，为了提高市场的运行效率政府必须进行引导和介入，纠正市场的信息不对称状况从而避免市场的混乱。该理论认为政府应该发挥以下作用：首先，维护农村金融市场稳定，对金融市场进行有效的监管，构建各个金融机构协调发展的格局；其次，鼓励借款人通过合作或引入中介机构提供担保，从而弥补由信息不对称可能造成的不良后果；有序地推动农村金融市场利率市场化；最后，扶持中小型金融机构发展，保留具有特殊性目的政策性金融机构。

2.4.4　解决农村金融问题的探讨

（1）供需角度。韩俊等（2007）指出由于利率管制的存在，利率长期维持在市场均衡利率之下。这种低利率往往会导致金融排斥的产生，同时降低了金融市场的效率。当金融机构的收益达不到预期，或者难以弥补经营成本和风险成本时，其提供金融服务的动力就会不足。董晓林和吴昌景（2008）认为，由于土地是最普遍的抵押物，而土地的国家所有导致农民无法通过土地获得信贷。农业贷款的固定成本居高不下，金融机构为了实现自身的利益和可持续发展，不愿对农民放贷。因此，完善农村的抵押物机制是发展农村金融市场的关键。

林毅夫研究发现，农村金融系统在资金供给上并无问题。农村金融机构可以提供足够的贷款，农户之所以难以获得信贷，根本原因在于农户难以提供足够的抵押物；加上其信用状况差，容易导致贷款逾期难以收回的风险，降低了金融机构放贷的意愿。熊学萍（2012）运用博弈和均衡分析方法分析了农村信贷难的原因。他认为，农户贷款难问题是在农村信贷市场失灵这个大背景下的必然结果。许玉晓和王家传（2007）从农村的信贷市场、保险发展、监管法律环境等几个方面分析了目前农村金融体系存在的问题。他们认为随着国家政策对于"三农"问题的聚焦，农村金融市场对于资金的需求加大，这进一步加剧了供需矛盾，具体表现为农村金融市场需求多样性与所提供的金融服务单一结构性矛盾，信贷期限结构性矛盾、金融供求总量矛盾等。

张杰（2003）研究发现，我国农民融资时有着固定的模式，在农业收入不足以维持基本日常生活开支时，农民会优先想到通过其他非农方式增加收入，其次才寻求信贷方面的支持。而农民通常习惯优先争取低成本的国家财政补贴和农贷，其次考虑成本较高的民间借贷，在前两者难以满足需求时才会考虑银行贷款，农村金融市场存在着严重的信息不对称状况。万广华等（2003）通过对农户的实地调查与访谈，发现农户的借贷行为会随着所处地区的经济水平表现出差异，抵押资产价值、交易费用、受教育程度会对农户的借贷行为造成影响。赵志刚和巴曙松（2011）认为，我国农村信贷市场上存在着严重的信息不对称，导致农村资金外流，金融机构运营成本增加，不良贷款率升高。如果不能解决信息不对称的障碍，那么将会给我国农村金融市场的发展带来较大的影响。谢平（2003）发现农村金融市场存在着信贷配给的现象，并在微观的基础上分析信贷配给产生的原因，解释金融机构在信贷市场上的一些行为特征，为我国农村金融市场的建设提供思路。

何广文（2003）认为，由于农村资金大量外流，加上农户普遍缺乏可以担保的抵押物，金融机构在营利性的目标和风险考量之下并不愿意为农户提供信贷支持。为了满足农户的信贷资金需求，必须完善农村金融体系，建立以需求为导向的金融机构布局。周立（2004）通过对广东省农村的实地调查，发现现存的金融体系下农民的生产和生活方面融资需求很难得到满足，金融供给明显落后于农民日益多样化的需求；同时农村正规金融机构所能发挥的作用也十分有限，广大农民很难从农村金融体系中得到资金支持，只能求助于民间金融机构和小额信贷组织。他提出必须根据不同地区的实际情况，构建满足多样化需求的金融供给机构，通过制度创新扩大金融供给，引导更多的金融机构参与到农村金融市场中，充分发挥政策性金融的作用，推动经济的发展。根据我国农村市场的特征，供需双方的实际情况，他认为应重点通过体制和机制创新来解决我国农村金融供不应求问题。我国农村金融市场存在严重的信贷配给现象，农民的贷款需求得不到满足。我国农村金融供求失衡表现为农村一方面大量资金外流，另一方面却信贷供应不足，然后分析是什么原因导致我国出现了农村金融供求失衡的局面，最后提出要解决我国农村金融供求失衡的问题，需要以农村金融需求为导向，积极推进农村金融组织的多元化、布局的合理化、金融业务活动的多元化、允许民间金融在可控的秩序框架内运作。我国农村金融供求中存在问题包括：官方主导的正规金融机构供给不足和非正规金融制度发育不良并存，金融市场发展还不完善，目前的金融机构功能存在异化，产品结构单一，服务不足导致存在缺口等方面的问题。他认为，要解决上述问题，应当以满足农村金融需求为根本方向、积极推进农村金融组织的多元化，完善市场体系，加大金融服务产品供给，采取有力措施吸引农村资金回流，实现农村资金的良性循环、减少农村资金流失，一方面保证地方政府对地方金融的合理监管，另一方面又不能因为政府干预造成农村金融资金难以合理利用，产生浪费。

何广文从农村金融供给和需求两个方面进行分析，得出金融服务覆盖的扩大和有效供给的增加是构建多层次金融体系的关键。正规金融、民间金融、政策金融有着各自的优势，在农村金融的发展中应该通过不同形式金融的合作来达到运行效率的最优。熊学萍（2012）分析了农村金融供求矛盾的原因，指出要解决农村金融供求失衡，一是引入多元化的农村金融主体，建立新型金融机构，鼓励开展多样化的农村金融活动，扩大金融服务范围，建立多层次的农村金融体系；二是从健全法律规章制度，把非正规金融纳入到监管体系中，发挥不同金融服务形式的作用；三是要积极发展农村合作组织，提高农村经济收益率；四是积极发挥政府引导作用，保证市场的稳定。

（2）农业保险方面。谢平和徐忠（2013）认为保险业的风险防范、保障功能有利于金融市场的正常运行，推动构建多层次农村金融市场，开展多样化的金融服务，提高整个市场的金融效率，促进现代农村金融服务体系的发展和创新。度国柱和李军（2003）在研究中讨论了农业保险在农村金融发展中的作用，指出为了改善农村市场环境，增强农村金融对经济发展的支持作用，必须要充分发挥保险的保障作用，促进与金融产业的有机结合，改善信用环境，加大培育信用力度。皮立波和度国柱（2000）探讨了保险业在构建现代农村金融体系建设中的作用，并提出要促进农村金融体系建设：一要健全和完善政府推动与政策引导发展机制；二是完善农业巨灾风险转移与再保险保障机制；三是进一步建设与完善农村信用体系；四是建立农村金融机构协调发展机制；五是鼓励保险机构与农村基层合作组织的创建。

（3）信息不对称方面。目前国内农村金融市场由于信用系统不健全，信息不对称状况严重，农户履约机制不完善，导致金融机构融资交易成本升高，放贷意愿不强烈，金融市场信贷约束程度比较严重。国内学者从信息不对称的角度出发，通过研究发现信息不对称的深层次原因，并提出了很多有益的建议。

周国良（2007）认为，农村市场的信息表现出了很大的不可获得性，银行很难从农户那里得到真实的信息。周脉伏等（2004）从信息经济学和契约理论两个方面对农村信息不对称进行了研究，发现农村市场信息的不可获得性很大一部分原因源自于自然环境的约束。由于居住在贫困地区的农户往往分布得十分分散，地域偏远，造成金融机构交易成本上升。引入中介机构进行担保或者提供合适的抵押物可以解决农户贷款难的问题。齐春宇（2008）认为，中介机构可以降低交易成本，帮助农户顺利地获得贷款，降低发生风险的概率。

谭露和黄明华（2009）通过对银行的考察，发现由信息不对称所引起的逆向选择和道德风险会阻碍金融机构的正常运行。推行利率市场化并不能使金融机构获得盈利，政府应当采取措施降低信息不对称带来的风险，鼓励更多的金融机构参与农村金融市场，提供多样性的金融服务。殷俊华（2006）认为小额信贷公司之所以运营成本居高不下，根本原因在于信息不对称，并针对问题提出了相应的解决措施。徐少君和金雪军（2009）基于我国农村金融体系中存在的问题，从信息不对称的视角分析，认为完善信用体系建设，健全监督机制是保证金融机构可持续发展的关键。何广文通过构建声誉模型来研究农户的借贷行为，发现农业保险和中介担保可以有效降低其违约概率。金正庆认为在农村市场中，信息不对称导致金融供给不足。彭川西等（2001）从信息经济学的角度，分析我国农村金融市场中存在的逆向选择和道德风险问题，并针对这两种情况提出了解决措施，一是建立风险激励机制，二是完善信用系统。通过两种措施共同降低信息不对称的负面影响。刘锡良（2005）认为首先应当健全金融组织体系，促进服务机构多元化，其次应当建立风险防范机制，加强信用体系建设，完善金融政策措施，最后要正确引导民间借贷。

2.5 普惠金融

根据 CGAP 的定义，普惠金融是指所有处在工作年龄中的成年人都可以获得金融机构的储蓄、保险、信贷等金融服务的状态。普惠金融的内涵包括，金融服务的可获得性和金融服务的使用性两个方面。可获得性取决于金融服务的供给覆盖度，如金融机构的数量、ATM 机的分布；使用性由供给和需求决定。普惠金融的对象不仅仅包括那些被金融体系排斥在外的人群，还包括没有充分使用金融服务的人群。从这一点上可以看出，普惠金融不只是金融排斥的对立面，还有更深层次的含义。Beck 和 Levine（2004）从金融服务的可获得性和使用性两个方面构建了金融包容指标，这些指标包括银行网点数量、ATM 机的分布密度、银行账户的数量等，这些指标为后来 FAS 数据库的建立提供了参考。Chan（2004）从不同的维度构建了金融包容指标体系，并在借鉴联合国人类发展指数的基础上，通过计算金融包容指数来衡量一个地区的金融包容水平。之后国内学者以此为依据，分别在各自的研究中构建金融包容视角下的指标评价体系。

在 20 世纪 70 年代，巴西、孟加拉国开始出现小额信贷形式的金融服务。由尤努斯创立的格莱珉银行取得了巨大的成功，小组贷款模式下成员之间负有连带责任，保证了信贷项目的运行效率。在孟加拉格莱珉银行的刺激下，无数金融机构纷纷效仿。

20 世纪 90 年代，国际上兴起了一股减贫的热潮。越来越多的国家和金融机构认识到，为贫困群体提供的产品不应仅限于贷款，包括储蓄、保险、转账等一系列的金融服务都应当纳入到扶贫的金融体系中，金融产品多元化已经成为趋势。在之后的近 30 年里，微型金融发展迅速，贫困者作为服务客户主体已经体现出自身的发展潜力和可行性。但是微型金融在正规金融体系中的地位仍然不够明显，想要建立一个普惠性质的金融体系，仍然存在着许多障碍。

如今，普惠金融正在逐渐取代微型金融的地位，即从分散的微型金融机构到完整的金融体系转变。即低收入者和贫困群体不再被边缘化，同样可以参与到金融市场中。联合国在2005年国际小额信贷年提出了建设普惠金融体系的构想，人们开始意识到微型金融的重要性，以及使贫困者纳入到金融服务体系的必要性。

2009年，在二十国集团的号召下，金融普惠专家组成立，其目的是为了推广普惠金融体系，资助中小企业的发展，建立世界范围内的普惠金融合作机制。普惠金融已经成为了全球性的共识，在此国际背景下，中国也应当顺应普惠金融的趋势，参与到建设普惠金融体系的工作中。

在经济发展水平落后、资本市场发展不完善、法律监管体系不健全的国家，财富和金融资源更容易聚集在富人手中，金融深化的作用并不明显，经济增长更多地源于金融包容的发展。只有扩大金融服务覆盖面，将中小企业和贫困者纳入金融市场，金融机构才能更好地发挥资源配置、风险管理的职能。而且随着金融包容水平的提高和普惠金融体系的完善，金融市场上的信息不对称状况才能得到改善，中小企业的融资难问题才能得到解决，低收入者才能更好地享受金融服务。

2.5.1　普惠金融维度的划分

关于普惠金融的核心维度，较为流行的划分是将普惠金融指标分为可获得性（Access）、使用情况（Usage）、服务质量（Quality）3个维度。二十国集团的普惠金融基本指标、国际货币基金组织的金融可获得性调查及普惠金融联盟的普惠金融核心指标体系等国际主流普惠金融评估均采用3个维度的划分，只是在具体指标设置上有所不同。从文献看，多数学者由于数据可获得性的原因，一般采用可获得性和使用情况两个维度的指标，部分学者直接使用账户数、ATM机数量、信用卡使用情况等单个指标衡量普惠金融。

2.5.2　普惠金融影响因素的研究

许多研究表明，教育背景显著正向影响了普惠金融对象对于使用正规渠道金融服务的决策（Allen et al.，2005）。国内的研究多从城乡收入差距及二元金融结构等方面关注农村金融的制度性安排作用（王曙光等，2011；于春敏等，2013）。张世春（2010）的研究进一步支持了关于"政府的公共政策、社会保障项目等扶持性政策是影响普惠金融发展的关键因素"的观点。实证研究的方法主要有：①分位数回归方法。即构建普惠金融及其影响因素之间的回归方程，然后通过回归结果进行分析，得出定量结论；虽然此法可将各影响因素全部纳入统一分析框架中，根据回归结果分析各驱动因素对普惠金融的实际影响程度，但缺点是各因素间常存在严重多重共线性，且诸多消除多重共线性方法很难奏效，故讨论各因素对普惠金融的单独影响十分困难（梁锐等，2008）。②采用 Probit 和 Logit 模型。即分类评定模型，由于其概率表达式的显性特点，模型的求解速度快，应用方便，能够在一定程度上克服模型事后预测事前事件的缺陷。国内学者以储蓄排除、贷款排除和基本保险排除作为代理变量，通过对农户个人信息、农户家庭特征和农户接触金融服务便利程度的主观感受三大类 11 个因素加以分析，得出收入是影响普惠金融的最重要因素的结论（徐少君等，2009）。

2.5.3　普惠农村金融体系

"普惠金融体系"这个概念来源于英文"Inclusive Financial System"。随着社会的发展，人们意识到目前的金融体系存在着极大的缺陷，贫困人群往往缺乏获得金融服务的途径和能力。如何建立一个可以公平地为社会所有群体提供金融服务的普惠金融体系，成为了学者们关注的焦点。2005 年，联合国在推广国际小额信贷年时首次提出了构建普惠金融体系。后来小额信贷的成功经验表明，小额信贷机构可以在正规金融体系中起到很好的补充，它们在对农民和中小企业贷款方面的效率更高。普惠金融要求正规金融机构，包括国有银行和大型商业银行必须发挥自身的优势，为农户提供多样化的金融服务，达到促进农村经济发展、改善农民生活的社会目标。换言之，普惠金融是小额信贷和微型金融的延伸，旨在构建一个多层次、多样化、功能完善、覆盖广泛的金融体系。

焦瑾璞第一次使用了普惠金融这个名词，后来一些学者还将其翻译为包容性金融。在国际上英国是最早推行普惠金融体系的国家，其中英国政府设立了普惠金融专项基金对该国的实施工作进行指导和规划。直到现在国际上并没有对普惠金融作出一个规范的定义，有的学者将其看作金融排斥的对立面。目前的观点普遍认为，普惠金融体系应该提高每个人获得金融服务的能力，而不是仅仅提供一个获取金融服务的途径。这种能力包括贫困群体管理资金的能力、金融技能和知识的提高。由于数据的不可获得性，关于普惠金融的研究更多地集中于银行的存款、贷款方面，而其他关于民间金融、微型金融的研究有待进一步考证。

2.5.4　普惠金融发展目标

普惠金融体系的目标在于使社会所有群体获得平等地享受金融服务的机会，消除贫困地区存在的金融排斥现象，构建一个多层次、多样化的金融服务体系，促进经济的发展，提高人们的生活水平。这不仅是普惠金融体系的发展目标，也是根本的宗旨。著名的国际组织金融普惠联盟（AFI）大力推广普惠金融体系的理念，指出普惠金融可以帮助受到金融排斥的群体获得使用金融服务的机会，加强社会的稳定性和经济发展的活力。

（1）由于目前的金融市场尚不能为每个主体提供公平、公开的交易机会，资金借贷并非完全由资金需求者的预期偿还能力决定，金融排斥问题无处不在。普惠金融体系的提出正是由于金融排斥阻碍了经济的发展稳定，因此设计有效的普惠金融政策体系必须能够解决金融排斥问题，而非不可持续的金融救助和补贴政策。

（2）到2020年我国要全面建成小康社会，关键指标是精准扶贫、精准脱贫。构建普惠金融体系，对于完善现代金融体系，有效运用金融手段促进经济可持续发展，帮助农村和城市地区低收入群体提高生活水平、降低贫困程度、缩小贫富和城乡差距具有重要的意义。

（3）世界银行一直在敦促各国建立普惠金融政策体系，到2020年实现为所有工作年龄的成人普及金融服务的目标。"十三五"期间中国经济将步入由高速增长转向中高速增长的新常态。国民经济以转型升级、提质增效作为主线，将推动我国实现从要素投入型增长向创新驱动型增长转变。随着经济新常态和"互联网+"时代的到来，对金融和资本市场更加依赖，普惠金融是对现有金融体系的补充和完善。在国际认可的战略框架和指标设计原则下，着眼西部地区实际，设立清晰、合理、有效的普惠金融战略目标，并建立一套与之相匹配的指标体系，是一项具有重要理论和实践意义的基础性工作。通过建立普惠金融指标体系，可以客观和科学地反映中国普惠金融发展的实际状况，为制定普惠金融政策提供决策依据。

2.5.5 对构建普惠金融的讨论

自2005年联合国第一次提出普惠金融体系（Inclusive Financial System）以来，人们开始意识到普惠金融的必要性。世界银行扶贫协商小组（CGAP）、金融普惠联盟、国际金融公司（IFC）、经济合作与发展组织（OECD）、亚洲开发银行（ADB）等重要国际组织及各国专家学者对其展开了深入的研究与讨论，推动了包括中国在内的很多发展中国家在实践层面上的推广与尝试，目前已成为农村金融领域关注的焦点。

现有的研究与讨论主要集中在普惠金融的内涵、构建普惠金融体系的意义及策略上。普惠金融体系是2005年国际小额信贷年重要成果之一，世界银行扶贫协商小组对其给出的定义是，可以为社会所有群体提供低成本、可获得、可持续的金融服务体系。联合国经济和社会事务部（DESA）及资本发展基金（UNCDF）2006年发布了题为 Building Inclusive Financial Sectors for

Development 的报告。该报告详细地讨论了构建普惠金融体系的必要性、意义、挑战及构建思路，强调了"普惠金融"取代"微型金融"意味着要改变以往微型金融被边缘化的局面，将其融入整个金融体系，成为一个国家金融体系的重要组成部分。同时指出，虽然普惠金融能帮助贫困及低收入人群提高收入、改善生活、获得金融服务，但是发展中国家构建普惠金融体系的成本是巨大的。在普惠金融部门构建上，不仅政府政策、立法及监管要发挥应有的促进作用，还要设计一个促进多方利益相关主体保持长期合作的发展策略，其中包括政府部门、正规金融机构、小型金融机构和民间组织等。2006 年以来，我国启动了新一轮的农村金融改革与制度创新，改革重点从存量转向增量，充分汲取了国外在微型金融及构建普惠金融体系上的成功经验及发展理念，对我国农村金融市场产生了深远的影响。从目前国内外的研究和实践中仍可以看出，构建一个功能完善、全方位、多层次，可以支持新农村建设并促进农村紧急发展，并最终惠及所有社会阶层，主要是广大低收入人群的普惠金融体系还需要在借鉴其他国家发展的经验基础上结合自身的国情实现突破。

（1）继续加强农村金融基础设施建设。在信息化和网络化的现代金融体系中，那些处于边远贫困地区的人群，由于金融基础设施还没有覆盖到该地区，缺乏获得金融服务的手段，导致被排除在主流金融体系外。为了构建普惠金融体系，必须加强农村地区金融基础设施建设，填补金融服务覆盖上的空白。比如，扩大网络、手机、电话的使用度，使得农民可以有多种途径享受金融服务；普及金融教育和知识，帮助农民掌握更多的信息。这样，金融机构的营销活动才能更好地在农村地区开展，交易成本随之降低。

（2）建立农村经济的自我发展机制，促进金融经济协调发展。农村经济的增长是实现农村金融改革、发展农村金融市场的原动力，金融市场的产生和发展同样离不开相应的经济环境作支撑。为了构建普惠型的农村金融体系，必须要解决阻碍农村经济发展的不利因素，提高农业的生产附加值和农民的个人收入，扩大金融需求。同时农业由于自身的特性，受到季节环境的影响较大，提高农业抗风险的能力同样十分重要。

（3）完善农村金融服务体系，创新农村金融产品。我国农村金融市场存在着市场分割，正规金融和非正规金融相互对立。大型金融机构依靠政策补贴和政府扶持形成了垄断，小型金融机构很难有生存空间，市场缺乏必要的竞争。为完善我国农村金融服务体系，必须要发展多样化、多层次的金融组织，形成竞争性的金融市场，推行利率市场化，通过制度创新，积极稳步地建立更多新型农村金融机构，如小额贷款公司、乡村银行和农村资金互助设等组织。规范农村金融生态环境，构建功能完善、多元化的金融体系。

（4）实施有差别的政策，调整发展策略。由于我国农村地区存在较为明显的地区差异，在推行构建金融体系时必须充分考虑其特点，不同地区农村所面临的影响因素也不相同，国家应当根据实际情况制定不同的政策支持与发展目标，从而达到使各个地区协调发展。对于经济相对发达、市场完善的地区，应以提高金融效率和金融深度为主要措施，促进经济发展，形成经济与金融协调发展的良性互动；针对经济落后、金融市场不发达的地区，应当扩大金融基础设施建设，完善法律制度体系，增加金融供给。

（5）改善农村金融生态环境。金融生态环境是指金融生存和发展及各类基础条件的总和，主要涵盖稳定的经济环境、良好的信用环境、协调有序的市场环境和规范的法律制度环境。同样的，农村金融生态环境会受到经济、政治、环境等多方面的影响，是一个相互依存和协调发展的动态金融系统。一个稳定的金融生态环境可以影响到金融效率的高低，换句话说，金融的高效运行离不开健康的环境作基础，反过来可以推动生态环境的改善。农村金融生态环境的改善是消除农村金融抑制的关键前提，构建完善的农村金融体系需要一个稳定的农村金融生态环境。

第 3 章　国内外农村金融体系

3.1　中国农村金融体系的演变历程

在国家经济发展的过程中，农村金融体系的作用十分关键，它是一个国家整体金融体系的重要构成部分，通过与农村具体经济环境相结合，所延伸出来的不同于城市经济金融体系的金融系统，它既有农村经济的特点，也有整体金融体系的特点。一个国家在进行农村金融体系建设时，会对本国的整体经济环境、经济体制、经济发展的水平程度及具体的农村特殊因素等进行仔细的分析、考察，从而决定使用何种农村金融体系。

在新中国成立之前，我国已经出现了农村金融机构的萌芽。1923 年 6 月，河北省香河县组织成立的"中国华洋义贩救灾总会"，是我国成立的第一个农村信用合作社。虽然在此之前也有农村信用合作社组织产生，但是由于自身及社会环境的原因，成立不久就因为经营困难而倒闭关门，这些都不能作为最早的农村信用合作社。而河北省香河县所成立的农村信用合作社却存在的时间较长，它的建立及经营模式对我国以后发展的信用合作起到了良好的示范和推动作用，并且其信用组织形式、规章制度及经营管理理念等都被后来的农村信用合作社借鉴。

当时的社会经济环境非常混乱，城市工商业由于战争及帝国主义压迫的影响，完全发展不起来，商业银行的信贷资金需要选择对象，在这种环境下，商业银行把农村信用合作组织纳入自己的合作范围。1934 年，南京的国民政府为了改善经济环境，专门颁布"合作社法"，通过法令把全国大多数合作组织纳入了监管范围。虽然一直处于战争之中，但是到 1949 年 2 月，在国民党的统治范围内存在的各个类型的合作组织数量达到 17 万个左右，组织人数超过 2400 万人，其中信用合作社占 31%。合作事业在当时有一定的发展，但是由于当时的社会性质及经济环境的影响，农民很难从中受益，不能掌握合作社的主导权。这些组织完全由地主、土豪劣绅把控，成为他们剥削贫困人群、农民的工具。因为这些原因，大多数信用合作组织失去了名义上的信用，没有得到农民的支持，产生不久就解散关门了。

20 世纪 20 ～ 30 年代的农村合作运动的产生和发展，对我国的农村金融的发展作出了一定的贡献，一定程度上促进了农业的发展，对以往的农村借贷关系做出了一定的改变和调整。但是在当时的社会环境下，所有制没有得到有效的、彻底的变革，再加上合作社自身的不足即资金缺乏，以及农民的知识文化程度不够，农村合作运动效果不是特别明显。

中国的农村信用合作社受社会政治经济环境的影响艰难地发展。我国目前存在的农村信用合作社都是在中国共产党的领导下，通过政府科学引导，遵循马克思主义合作经济理论，并根据中国的具体国情所产生和不断发展起来的。1927年湖北黄冈的农民协会成立的信用合作社，拥有悠久的历史，到今天经历了 90年的风雨。在这 90 年里，信用合作社经历过各种恶劣的经济环境，从小到大，聚少成多，不断发展，在全国范围内构成了庞大的信用合作网络，凸显农村金融体系中信用合作社的地位。

在发展农村经济的过程中，中国共产党颁布了一些重要的文件，把发展农村信用合作社作为一个重要的问题，根据中国革命的不同历史时期，对农村信用合作社任务和作用有不同的认识和侧重点，不断赋予农村信用合作社新的使命。农村信用合作社不同于传统的农村借贷形式，它把农民、工人的闲散资金集中起来并从国家取得贷款的支持，把资金贷给需要资金的人，从而满足其对贷款的需求，为他们供给发展工农业生产与商品流通的资本，使广大农户获取信贷，解决资本缺乏及因无资金而低价出卖农产品的困难，也有利于彻底消灭高利贷，进一步发展农村经济，改善工农生活。通过把农业信用合作、农业供销合作及农业生产互助合作有机结合起来，使得农村金融与国家的经济建设产生紧密的联系，从而促使小农经济面貌从根本上发生变化，促进合作经济的发展。1947 年，在中国共产党领导的解放区内，信用合作社发展至 880 多个，为新中国成立后农村金融发展打下了良好的基础。

尽管在探索农村经济发展的道路上我国不断地做出努力，但是我国国情的复杂性及人们的认识上的局限性，这些因素导致外来的农村经济模式难以直接使用，伴随复杂的国情，农村金融体系没能在我国迅速地发展起来。回顾总结60 年来的农村金融体系的演变历程，对于下一步的农村金融体系的构建具有重要借鉴意义。

自新中国成立后在农村金融体系的建设方面，我国经历了复杂的发展过程，可分为以下几个阶段（刘仁伍，2006）。

1. 第一阶段：农村金融体系的艰难探索（1949 ～ 1978 年）

（1）新中国成立初期信用社普遍建立和"农行""二建二撤"的反复。新中国成立初期农村高利贷活动非常盛行，为了对这种现象进行打击，需要制定政策对高利贷活动进行打击，从而充分保护广大农民群众的利益，促进农村经济发展。1951 年 5 月，信用合作组织在全国范围内迅速的建立，并开始初步运行。信用合作社、信用部、信用互助小组及在农村普遍存在的农村私人借贷，是信用合作组织存在的几种形式。这些形式的产生及范围的扩大丰富了我国的农村信用合作事业，农村信用合作事业进入大发展阶段。到 1956 年年底，全国信用合作社达到 10.3 万个，入社的农户近 1 亿户，吸收农户储蓄存款 4.32 亿元，发放贷款达到 10.23 亿元，其中生产贷款占 42.4%，设备贷款占 8.9%。农村信用合作社不断发展，到 1958 年，中国人民银行宣布对农村信用合作社进行管理。之前的这段时间，农村信用合作社成功地在组织农村的闲散资金、进行农村发展建设方面发挥了作用，而且打击了存在于农村地区的高利贷行为，可以说是居功至伟。1951 年 7 月至 1952 年 7 月，农业合作银行经历了成立与撤销的过程。为了促进农业合作化的发展，给农业发展提供贷款，1955 年 3 月中国农业银行成立，专门致力于农业合作化的发展，提供国家的财政拨款及长期的贷款。因与中国人民银行的职责很难协调，1957 年 4 月被撤销。

（2）农村金融管理的"下放与收回"。1958 年，信用合作社和中国人民银行营业所成为人民公社的组成部分。1959 年，成为生产大队的组成部分，改为信用分部。由于这项规定，原本较为独立的信用化被大大削弱，信用关系难以得到满足，截至 1962 年，信用社储蓄额不增反降，从 21 亿元下降到 9.7 亿元。鉴于此，1962 年 11 月国家明确信用社的业务统一归中国人民银行领导和监督，信用社资金独立，信用社资产属社员集体所有。信用社不断发展，到 1965 年，信用社储蓄存款额大幅提高，达到 48 亿元，贷款也有所上升，达到 2.7 亿元。这些都致力于解决贫下中农的生产问题，帮助贫困下中农改变经济状况。

（3）对信用合作社的管理随着"文化大革命"中中国农业银行的建立与撤销，也相应进行了管理的集中与下放。针对农村资金的使用情况，为了避免资金的浪费及不合法不合规使用，国家应该对农村资金的使用情况进行系统的监管，对各项资金进行统筹安排，保持农村资金的合理使用。1963 年 11 月到 1965 年 12 月，中国农业银行经历了成立与撤销，虽然只持续了短短两年，但是中央的统筹管理，对于农村资金的使用效率的提高，以及规范化作出了重要的贡献，对农业发展也是影响颇深。1967～1970 年，这段时间在大队建立信用站，把核算的职能赋予公社进行统一开展。这项规定使得农村信用合作社的运行十分混乱，找不到负责人，财务不清，各项规章都得不到遵守，社员及服务对象都难以获得生产生活所需的资金，使得农村信用合作社面临崩溃。从 1970 年停止"贫下中农管理"到 1975 年，农村信用合作社的存款从 76 亿元增加到 135 亿元，贷款由 19 亿元增加到 27 亿元。

1977 年 11 月，国务院通过《关于整顿和加强银行工作的几项规定》，把农村信用合作社归为集体金融组织一类。农村信用合作社是主要针对农村服务的金融机构。农村信用合作社严重脱离了社员群众，通过"双重性"的管理理念对农村信用合作社进行有效的管理，增加集中程度，使得农村金融丧失了自身的特性，合作金融更加具备"银行化"的趋势，也基本上失去集体经济组织的性质。

在这一时期，受到"大跃进"和"文化大革命"等一系列政治运动的影响，农村信用合作社的组织管理模式受到冲击，农村金融服务体系的发展基本处于停滞状态。全国金融系统内部运行状况：农村信用合作社和营业所受公社和生产大队领导，盈亏由其核算，财务管理和业务经营受其管理丧失独立性，信用合作制被扭曲，资金被大量挤占和挪用。金融生态环境：在这一阶段，我国的金融服务是为了无产阶级建设服务，金融发展丧失了独立性与秩序性，中国人民银行被划入财政部，而基层的各级人民银行也被纳入革委会进行监督管理。农村信用合作社在"四清运动"以后，业务发展缓慢，亏损严重。金融体系本身和金融生态环境构成完整的金融生态系统：这一时期农村信用合作社实行所社合一，由贫下中农管理，后又变成中国人民银行的基层机构，严重脱离了群众，集体所有的合作金融组织性质完全丧失。

1958 年开展人民公社化运动，这一时期把"两放""三统""一包"作为农村信用合作社发展的指导方针。农村信用合作社很难发挥自身最基本的职能，丧失了农村信用合作社经济最基本的独立性。立足于当时的情况，国家于 1962 年对农村信用合作社经济进行恢复，目的是使农村信用合作社职能能有效发挥，农村经济得到恢复，但 1963 年中国农业银行再次成立，并于 1965 年与中国人民银行进行再次合并，农村信用合作社再次被撤销。至此这一时期的农村信用合作社和中国农业银行完全走上了"官办"道路，丧失了合作性质。自新中国成立到改革开放前，虽然农村金融体制几经反复，但中国人民银行作为"大一统"的垄断地位未曾改变，这一金融体制和这一时期高度集中的计划经济体制是相适应的，总的来说在这一时期对农村发展发挥了积极作用。

2. 第二阶段：农村金融体系初步建立阶段（1979 ～ 1993 年）

1978 年，可以说是中国经济翻天覆地的一年，党的十一届三中全会以后，中国开始了改革开放的进程，中国经济也走上了新的发展轨道。正如 1979 年 10 月，邓小平同志在省、直辖市的书记座谈会上指出："要把银行作为发展经济、技术革新的杠杆，必须把银行办成真正的银行，银行的职能是抓经济，不能仅仅是算账当会计。"

1978 年，改革开放正式展开，首先体现在对内改革方面，针对农业发展进行改革，解决家庭生产生活问题。家庭联产承包责任制在农村逐步开展，作为试点，起到了重要的模范带头作用，农业发展加快，农村生产力大大提高，针对一系列好的变化，国家逐步摸索构建多元化的农村金融体制。

全国金融系统内部运行状况：①伴随着家庭联产承包责任制的推行，农业保险的必要性越加凸显，但经营范围窄，不能满足农业生产和农村发展需要，使得从 1982～1983 年全国金融系统的实际经营亏损严重。②伴随着家庭联产承包责任制的推行，放开了对民间信用的管制，民间金融开始活跃。农村合作基金会的出现代替了人民公社，这种带有民间性和合作制特点的合作金融组织展现出了强大的生命力，以原来的集体资金为主，吸收农民资金，为乡镇企业的崛起、民营经济的发展提供了创业资金，并得到政府的大力支持。

金融生态环境：① 1983 发布的《关于中国人民银行专门行使中央银行职能的决定》，明确提出中国人民银行对我国的宏观经济稳定、汇率及利率等稳定负责，对我国的金融系统进行领导，对我国金融的运行起到至关重要的作用。中国人民银行受国务院直接领导，统筹全国金融事务。由此以中国人民银行为核心、各类专业银行及各类金融机构交相辉映的金融体系初步建立。②自 1979 年以后，国家开始重视利率的杠杆作用，根据经济实际需要增加利率档次，先后 3 次调整利率水平，向专业银行下放利率管理权，并从 1980 年实行加息罚息制度，改变了计划经济时代管理权高度集中的状态。③针对改革开放的配套措施中央银行加强了外汇的集中管理，首先打破一家独大的局面，打造了多元化的外汇经营机构，这一阶段实行浮动汇率政策，灵活调整，鼓励出口；其次实行外汇留存，加强对外汇的管理，根据需要发行债券对外借款。

金融体系本身和金融生态环境构成完整的金融生态系统：①为了解决专业银行业务网点覆盖范围及数量上的不足，邮电部与中国银行签订了《开办邮政储蓄的协议》，主观上对抑制经济过热起到了作用，但客观上只存不贷的功能设置，造成了农村资金外流的不利效应。②作为农村金融系统的主体，农村信用合作社自 1979 年作为中国农业银行的基层机构成立以来，一直没有体现其独立经营的合作经济性质，这一方面是由于管理体制的问题，另一方面涉及政策等相关因素。1981 年，中国农业银行发布了《关于改革农村信用合作社体制，搞活信用合作社的意见》，该意见在利率和信贷方面充分体现出合作经济性质，1984 年，在《关于改革信用合作社管理体制的报告》中，指出需要把农村信用合作社作为能自负盈亏，能够独立经营的金融机构组织。经过这几轮的改革，农村信用合作社的经营自主权逐步扩大，摆脱了政社合一的体制，但与合作金融组织还有巨大差距，亏损局面没有明显改变。

1979 年，国务院提出"因地制宜支持商品经济发展，活跃农村经济"，中国农业银行的业务范围得到扩大，一定程度上支持了农村家庭联产承包责任制的发展，支持了农村经济和乡村家庭手工业的起步与发展。在这一阶段，管理上有所放松，地方机构权限有所增加，对自身机构的约束有所降低，在这种环境下，金融机构都有所发展，数量上不断扩张，各类金融机构形成了多元化的金融服务体系。

（1）农村正规金融迅速发展。为了促进农村商品经济发展，不断提高农民收入，我国于 1979 年对中国农业银行进行了恢复。在 1984 年 8 月，国务院批准了对农村信用合作社经济的特点进行了规范。政策措施明确提出，建议农村信用合作社真正成为合作金融组织的一个着力点，并通过中国农业银行的领导及监督管理，独立开展存贷款业务。

（2）非正规金融积极活跃。这一时期，随着财政体制的改革深化，微观主体经济活动的资金来源由过去的财政资金为主转化为以信贷资金为主，为了促进经济的发展并提供融资支持，政府加快了金融业改革与发展步伐，对金融业的管制也相当宽松。除了国有专业银行不断扩大业务和地域规模并不断深入，农村居民之间的自由借贷也开始活跃起来，农村金融机构内部也获得更大的发展空间，各类金融服务机构逐步建立和成长起来，甚至出现了准组织化的民间金融组织，具体包括 3 种形式：农村合作基金会、农经服务公司及农经服务站。例如，在1983 年下半年，江苏、四川、山东、广东、浙江、辽宁、湖北等地通过建立农村合作基金会等渠道，灵活运用集体资金相结合，建立农业发展基金并与承包责任制更加完善地结合起来，从而减少农村生产资金短缺问题，并不断扩大对农业的投入，不断提高农业发展的潜力。

诞生于农村地区的新型金融组织对活跃农村经济发挥了积极作用，受到广大农村地区农民和基层政府的欢迎，也得到中央政府的肯定。1984 年，中央一号文件提出："农民和集体的资金可以在不同的地域内自由地流动，但必须是有组织的。"1991 年党的十三届八中全会更是肯定了这种金融组织在农村经济发展中的积极作用，明确要求各地要继续办好农村合作基金会。

（3）农村非银行金融机构获得了发展。为了调剂经济主体内部资金，提高资金的使用效率，一些乡镇企业与村办企业成立了财务公司，如 1988 年成立的中国农村发展信托投资公司（简称中农信，隶属于财政部），运用政府特别提款方式，支持农业重点建设项目；在坚持"金融为本、服务乡镇"战略方针下，服务于实业投资领域，建立乡镇企业发展基金（淄博乡镇企业基金会和宁波乡镇企业基金会），代理发行乡镇企业债券，以及推动乡镇企业股份化，累计向农村地区投入资金 50 多亿元。截至 1993 年，中农信的资产规模已经高达到 98.5 亿元，实现利润 1.84 亿元，出口创汇 3334 万美元。

3. 第三阶段：农村金融体系初步形成阶段（1994～1996 年）

1992 年以后我国确立了建立社会主义市场经济体制的改革目标，农村经济的市场化改革不断加快，这一时期注重转换中央银行职能、建立适应市场经济的农村金融服务体系的深化改革。

全国金融系统内部运行状况：① 1994 年《关于组建中国农业发展银行的通知》，规定中国农业发展银行接受央行的监督，保本经营、自负盈亏，主要履行粮棉油等政策性资金的供应与管理职能。②中国人民银行在 1994 年明确了职责的改变，初步实现了政策性金融和商业性金融的分离。自 1994 年 1 月 1 日起，在外汇管理上，实行以市场为基础的浮动汇率制度，并对内资企业实行有条件的外汇兑换。

金融生态环境：《中华人民共和国保险法》《中华人民共和国中国人民银行法》《中华人民共和国商业银行法》《中华人民共和国担保法》《中华人民共和国票据法》等金融法律法规的颁布，为金融事业健康、规范发展提供了法律依据。党的十四大指出我国经济体制改革的目标是建立社会主义市场经济体制。针对农村金融，则指出必须以合作性金融作为金融体系发展的基础，辅以商业性和政策性金融合作分工的金融体系的工作指导。1996 年又出台了细化针对性的《农村金融体制改革的决定》，要求进一步完善多元化参与的农村金融体系。

金融生态系统：①中国农业银行在政策性业务剥离出去后，正式转变为国有商业银行，商业化改造步伐大大加快，确立以工商企业为主要服务对象的经济策略，全面推行经营目标责任制，对信贷资金规模经营，集中管理贷款的审批权限。② 1996 年，农村信用合作社与中国农业银行在隶属关系上正式实现了脱钩，农村信用合作社在发展上更加独立，可以针对自身及所面临的农业发展状况主动地、有效地探索出适合自身发展的道路，农村信用合作社也逐步向商业化运行迈进。

"合作性金融基础上，政策性金融机构及商业性金融机构的有效分工协作"是农村金融体制改革的主要内容，也是这一阶段农村金融体系改革的关键。

（1）组建农业发展银行。为了使农村金融资源能够有效地运用，促进农业不断发展，中国农业发展银行于 1994 年 11 月成立，目的就在于对农村资源进行合理的优化配置。本着不与商业性金融机构竞争、不以盈利为目标、保本经营的原则，主要承担国家赋予的政策性业务。同年 6 月 30 日，中国农业银行和中国工商银行划转了 2500 亿元的政策性贷款及负债。

（2）农村信用合作社与中国农业银行"脱钩"，进一步理顺农村信用合作社管理体制。农村信用合作社产生的原因就在于服务农村金融的发展需要，随着农村信用合作社的不断发展，对农村金融的影响不断加深，在农村金融中具有非常重要的地位。但是，体制性矛盾也相继暴露出来。农村信用合作社受中国农业银行的领导和监督，但二者都是具有独立法人资格和不同经济利益的金融机构，存在诸如资金、利益等方面的冲突，既阻碍了中国农业银行向商业银行转变，也不利于农村信用合作社的进一步成长与壮大。根据国务院关于金融体制改革的决定，对农村信用合作社的管理体制进行改革，主要内容是强化农村信用合作社的合作金融性质，组建县联社；中国农业银行不再领导管理农村信用合作社，由县联社具体负责农村信用合作社的业务管理，中国人民银行承担对农村信用合作社的金融监管；按照"组织上的群众性、管理上的民主性和经营上的灵活性"原则来完善对农村信用合作社的管理与经营；同时，自上而下成立了全国、省、地市农村金融体制改革领导小组，逐步对农村信用合作社和县联社进行合作制规范。到 1996 年，基本实现了农村信用合作社与中国农业银行的脱钩。

（3）加快中国农业银行商业化改革。对中国农业银行原有的政策性业务进行分离，使得中国农业银行商业化经营速度不断加快，具备企业发展的特点，即自主经营、自负盈亏、自担风险及自我约束，促使中国农业银行的效益得到提高，增强进一步发展的实力。

自此我国形成了分工较为有效的农村金融机构。这种结构主要包括以下几个方面：中国农业银行、农村信用合作社、中国农业发展银行及农村合作基金会。这些都针对不同的农村金融方面发挥各自的职能。中国农业银行是主要针对工商业发展的商业性金融机构，农村信用合作社主要为农户提供基础的金融服务，中国农业发展银行则是政策性的金融机构，服务于农业发展各方面的需要，农村合作基金会则是为乡村集体经济服务。

4. 第四阶段：农村金融体系规范整顿阶段（1997～2003 年）

在这一阶段，我国由于面临着亚洲金融风暴及自身通货紧缩的影响，把构建合作性金融作为发展的基础，在此基础上加强商业性金融与政策性金融的配合和支持，更加注重突出深化金融体系改革为重点工作同时强化对金融风险控制，但客观上造成了农村信用合作社对金融市场垄断的负面影响。

金融系统内部运行情况表现为：①在指导思想上作出对农村信用合作社进行改革从而使其走出困境的意图，从原本的"金融合作"向"金融风向的控制"转变。2000 年，中国人民银行充分吸收在江苏开展试点工作中所面临的问题及经验教训，对农村信用合作社改革进行调整，具体包括：首先针对一个区域内的各级农村信用合作社，对各级农村信用合作社进行整合，成立统一的法人机构，并成立高级别的省级农村信用合作社。其次是农村信用合作社开展现代金融企业模式，改组商业银行。② 1996 年以后，市场改革的步伐大大加快，保险公司向商业化转向，而农业保险成本高、风险高、周期长等属性使得一般商业保险公司望而却步，农业保险发展面临困境。

金融生态环境：① 2003 年先后对《中华人民共和国中国人民银行法》《中华人民共和国商业银行法》做出修改并通过了《中华人民共和国银行业监督管理办法》，这 3 部法律的修改与出台，顺应了金融市场改革的需要，标志着中国金融法制史上的新阶段（齐亚莉，2006）。②自 1998 年，中国人民银行转变调控经济的模式，将货币供给量作为经济发展控制通货膨胀的手段，对国有商业银行的贷款规模限制进行取消，实行以资产负债额为主要标准的风险管理，"计划指导、自求平衡、比例管理、间接调控"的原则。③作为转变调控经济的补充，中国人民银行自 1998 年连续 4 次降息，银行的法定储备金率从 13% 降为 8%。

金融生态系统：①农村合作基金会对于农村的治理措施基本上来说是科学合理的，中央基本保持肯定的态度，1997 年国家开始对金融风险加大了关注，这主要是因为亚洲金融风暴的爆发。国家针对农村金融风险问题，通过采取关闭农村合作基金会的方式，对农村金融进行全方位的整改。1999 年在正式文件中明确取缔非正规金融活动，对经营不善的农村合作基金会首次明确破产处置，2002 年中国人民银行依法对取缔区内非法金融机构，严格规范民间借贷行为（李娜，2007）做出规定，这主要体现在《严厉取缔打击地下钱庄及高利贷的通知》中。② 1997 年 7 月，亚洲爆发了金融风暴，紧接着 8 月份，我国就针对当时的经济情况召开中央金融工作会议开展"国有商业银行收缩县以下机构"工作。四大国有商业银行全部有序地从农村市场撤出，撤销了县以下经营网点。决策实施后国有大型商业银行退出了农村金融市场，农村的余下营业网点，也被收归了贷款权，自此中国农业银行向城市发展，业务非农化严重，农村正规金融服务不足的矛盾更加激烈。③国务院力求对农村经济的金融扶持效果，于 1998 年、2002 年先后两次明确对中国农业发展银行的业务范围进行调整，指定其专司粮棉油的资金管理职能，从事粮肉的产业获得了发展的空间，获得了融资的渠道，对中国农业发展银行业务范围的收窄进行适当的规范，对农业发展对于金融政策的需求进行恰当的限制。

由于亚洲金融风暴的严重影响和中国经济形势急剧变化，外延式金融发展模式面临严峻的挑战。外延式金融发展模式是以"忽视内涵性增长、注重数量与规模扩张"为自身的特点。具体所面临的挑战包括：一是农村金融机构不能维持自身发展所需要的资金，连年亏损；二是金融机构之间的无序竞争，基层政府严重干预农村金融机构业务活动。例如，地方政府因农村合作基金会强大的融资能力而加大了行政干预力度，农村合作基金会监督机制弱化，风险管理水平低下，过度追求高收益而进行的盲目资金的投放使得非农化趋势非常严重。

针对比较混乱金融秩序的局面，中央政府采取了一系列规范、治理与整顿措施。首先，商业银行的风险管理与控制机制得到强化。为了改变以往的我国商业银行过度注重数量规模的扩张而不注重对其风险的管理，逐步向注重风险管理转变，把四大国有商业银行县与县以下网点进行撤并，严格根据效率原则布置整合网点，符合要求保留下来的农村营业网点也争取多吸收少放贷，使得农村资金提高。少量的农村信贷业务也是服务于那些资产优良的产业化龙头企业，机构总数由 1995 年的 65 970 个减少到 1999 年的 56 539 个，减少了 9431 个，撤并率为 14.3%。其次，取缔农村合作基金会。尽管政府采取种种措施化解农村合作基金会运行中各种问题与矛盾，但不能解决根本性的深层次矛盾，出现挤兑风潮，1999 年 1 月中央发布三号文件，在全国统一取缔农村合作基金会。

5. 第五阶段：农村金融体系以农村信用合作社为突破口的市场化改革阶段（2004 年至今）

党的十六大以来，在"三农"问题方面实现了一系列重大突破，农村金融改革迎来了最好的历史时期，尤其是从 2006 年开始，农村金融改革将重点放在增量上，把体制外的改革作为发展的突破口，寻求新型的发展机会，在农村进行建立新型金融机构的探索。

全国金融系统内部运行状况：① 2005 年 12 月的《关于推进社会主义新农村建设的若干意见》提出，"扩大邮政储蓄资金的自主运用范围，引导邮政储蓄资金返还农村"。作为我国的第五大商业银行，中国邮政储蓄银行分支机构覆盖全国主要乡镇，具有为农民服务的网点优势，成为沟通城乡经济的最大金融网络。面对邮政储蓄的农村资金外流局面，从 2002 年到 2004 年，央行 3 次下调邮政储蓄存款利率，结束了邮政储蓄资金只存不贷，长期高额存利差的局面。② 2004 年 7 月，针对国务院提出的要求，中国农业发展银行审慎地进行了业务范围的调整，积极地做好粮食流通领域的贷款工作。在职能范围扩大的同时，资金来源在中国人民银行的推动下，也进行了政策性的调整，中国农业发展银行可以通过市场化的发行债券，同业拆借企业存款，邮政存款等方式开展市场融资。这些调整改善了中国农业发展银行的负债结构，增强了业务盈利能力。

金融生态环境：① 2003 年中国保监会制定了《建立农业保险制度的初步方案》来针对农业保险不断萎缩的局面，为农业生产和农民收入提供基本的安全保障实践步伐大大加快。2004 年，中国第一家外资农业保险公司——法国安盟保险集团成都分公司落户，中国第一家股份制农业专业保险公司——上海安信农业保险公司运营。2007 年中央财政为首批政策性农业试点的省份注资 10 亿元，建立五大种植品种农业保险，进一步扩大农业保险覆盖面。② 2007 年，在全国金融工作会议上，明确指出中国农业银行一定要认清自身的定位，针对所服务区域内的"三农"状况，充分发挥自身的优势，从而发挥自身的作用。在这种背景下，中国农业银行提出了以经营县域为重点的"蓝海"战略，制定了《总体实施方案》并确定在福建、安徽等省份开展试点，在 2008 年又增加了甘肃、四川等 6 省进行"三农"金融事业改革试点。

金融生态系统：①自 2004 年到 2008 年，中央一号文件连续指出要就加快农村信用合作社多种模式的实践探索，涌现出一批村镇银行、贷款公司等一批新型的农村金融机构。中国人民银行于 2005 年在山西、内蒙古、四川等 5 个地区开展"只存不贷"的小额贷款公司局部试点，至 2007 年共计成立 31 家新型农村金融机构，形成多元化有序竞争的市场格局（于明霞，2007）。②在江苏试点农村信用合作社的改革后，2003 年颁布《深化农村信用社改革试点方案》，当中将农村信用合作社的改革的试点工作扩大到吉林、山东、浙江等 8 个地区，并强调两个问题的解决：一是产权制度的改革，完善法人治理结构，明晰产权关系；二是改革信用管理体制，将管理权转让给地方政府。2004 年国务院又将北京等 21 个省（自治区、直辖区）作为进一步深化农村信用合作社改革试点地区，至 2007 年全国农村信用合作社的新管理体制框架基本构建。在这一轮的全国农村金融改革中，国家提供大力支持，包括灵活的利率政策、政策支持、税收减免等，部分地区农村信用合作社向股份制、合作制、商业银行改革。特别是在此次改革中对长期经营不善、严重资不抵债的高风险农村信用合作社首次实现了退出机制，形成新的管理监督机制，经营营利能力明显提高（彭宽胜，2005）。

此时农村信用合作社已经成为农村金融市场、金融体系中的一个重要的组成部分。但是，农村信用合作社的发展受到自身经营条件的制约，农村信用合作社对农业方面的支持也就大大下降了，同时在背负政策性支农后，财务上变得不可持续。

农村金融体系的完善与发展迫在眉睫，经过不断地讨论，确立了以农村信用合作社为核心的农村金融体系，不断促进农村金融体系的完善，使得农村金融实现可持续发展，2000 年 7 月国务院通过了对江苏省农村信用合作社进行改革的方案，确定把江苏省作为全国最早的开展农村信用合作社改革的试点。2003 年 6 月国家发布了《关于深化农村信用社改革试点方案的通知》，针对浙江、山东、江西、贵州、吉林、重庆、陕西、江苏等 8 个省（直辖市）各自不同的情况，开展不同的农村信用合作社改革。2003 年 11 月，国务院通过了上述 8 省（直辖市）

的信用社改革方案。2004 年 8 月，江苏省成立了吴江农村商业银行，这是全国成立的第四家农村商业银行，也是江苏省农村商业银行改革后成立的第一家。2004 年 8 月 17 日，国务院宣布更加进一步推动农村信用合作社工作改革，本着自愿参加、严格审核的原则，继续深入农村信用合作社改革工作的落实，进一步把北京等 21 个省（自治区、直辖市）①作为新的一批进行农村信用改革的试点，促进农村信用合作社改革的全面开展。

此次农村信用合作社改革采取了以产权制度改革为基础的综合措施：一是政府采取专项票据贴现及再贷款等方式投入 1500 亿元来化解农村信用合作社的不良资产和历史包袱问题；二是把法人作为单位，对农村信用合作社产权制度进行改造，合理界定产权关系，对法人治理进行优化，合理界定各类情况，对产权进行系统的改造；三是对管理和监管的权限进行分离，银行类监管机构负责农村信用合作社的监管工作，保证其合理、依法地运行，而省级政府负责对农村信用合作社进行管理；四是保持农村信用合作社贷款利率的有效合理浮动，允许其在贷款基准利率的 1.0～2.0 倍范围内浮动；五是实行财政补贴和税收减免措施。

与此同时，对农村金融体制进行改革，具体表现在邮政储蓄、小额信贷试点工作等方面。为了促进农村经济发展，减少资金流出农村，中央银行在 2002 年降低了邮政储蓄转存款利率，从 1996 年的 10.53% 下降到 4.347%；2003 年 7 月，邮政储蓄划分老、新账户，分别按照 4.131% 和 1.89% 利率计息；2004 年 8 月 1 日中央银行对邮政储蓄转存款利率进行进一步的调整，之前的转存款继续执行 4.131% 的利率，而新增存款则自主运用，并要求原有存款分 5 年逐步转出。

3.2   国外农村金融体系

3.2.1   美国农村金融体系：多元组织复合型

美国是世界上农业最为发达的国家之一，具体表现在其农业机械化程度非常高，先进科技在农业领域的应用十分广泛，并且拥有良好的农民组织化程度，这些肯定与美国的金融体系是密不可分的。美国的农村金融体系在基础设施、各部门分工配合及先进的农业技术、管理技术方面都明显地领先于我国，可以说美国的农村金融体系经历了长时间的发展已经非常完善，成熟完善的农村金融体系为美国农业的发展提供了资金保障。我国与美国农村金融相比较，由于

①   北京、天津、河北、山西、内蒙古、辽宁、黑龙江、上海、安徽、福建、河南、湖北、湖南、广东、广西、四川、云南、甘肃、宁夏、青海、新疆等 21 个省（自治区、直辖市）。

发展时间较晚，农业基础设施、农村建设、制度建设及农民的素质方面都与美国存在着较大的差距，美国金融体系的完善程度及应对问题的灵活性，都值得我国认真地借鉴，可以说虽然暂时差距明显，但通过分析美国 20 世纪初期农村金融的发展环境及各方面条件，可以找出与我国当前农村金融发展相类似的地方，从而认真的学习及借鉴，把美国农村金融体系的构成优势结合中国国情，更好地发挥出来。

美国的农村金融是根据自身的国情而发展起来的，它受到本国国民经济、政治制度、金融体系及农业经济的影响，具有自身的特点，它由几方面构成，具体包括：商业性金融机构、政府农贷机构及农业信贷系统。其中，商业性金融机构发挥基础性地位，在此基础上，农业信贷系统发挥主导作用，而政府农贷机构也有重要的作用。其中，商业性金融机构包括商业银行、人寿保险公司及个人和经销商的贷款；合作金融农业信贷又存在 3 种类型：联邦土地银行、联邦中间信贷银行、合作社银行；农场主家庭管理局、电气化管理局、农产品信贷公司和小企业管理局是充分发挥农村金融政策的 4 个组成机构。

1. 复合制的合作金融农业信贷体系

与美国国家政治体制和整个金融体系相适应，美国构建复合制的合作金融农业信贷体系（徐更生，2007）。最初，通过国家政府对其出资和领导，促成农村金融合作组织的建立，在这种自上而下的方式下，农村合作金融组织逐步转向农场主拥有的机构，国家政府逐渐退出。联邦中间信贷银行、联邦土地银行、合作社银行构成了目前的美国合作金融农业信贷体系，而联邦政府管理机构也对农村合作金融进行了有效的监管，前者包括美国农业信贷公司、农业信贷委员会、农业信贷管理局，后者包括农业信贷基金公司和农业信贷体系资本公司，形成比较独立的农业信贷体系。这 3 类合作金融机构分别是：

（1）联邦土地银行及其联邦土地银行协会。1916 年，美国政府制定《农业信贷法》（Federal Farm Loan Act of 1916），在全国创办了 12 家联邦土地银行（与美联储类似），并根据自己的服务范围确定了 12 个农业信贷区，联邦土地银行协会由借款人组成，作为基层组织，为个体农场主提供生产所用的长期贷款。

（2）联邦中间信贷银行及其农业生产信贷协会。它们是美国最重要的农业信用合作系统。根据《中间信贷法》（Intermediate Credit Act of 1923），1923 年美国政府在 12 个信用区建立 12 家联邦中间信贷银行。1933 年，联邦中间信贷银行把农业生产信贷协会作为自身的基层组织。这个协会是由借款人组成的，旨在办理中短期贷款，从而使农业生产信贷系统更加完善，主要解决农民中短期贷款难的问题。

（3）合作社银行（Bank for Cooperatives）。在美国合作金融系统之中，合作银行系统是一个重要的构成部分。1933 年，美国大幅扩大农业合作银行的覆盖范围，在 12 个农业信贷区都设立了农业合作社银行，并且配合设立一家中央合作社银行，为合作社发展提供资金需要，促进合作社经济的发展。

2. 多元化的政策性农村金融体系

美国的《农业信贷法》规定，美国的政策性金融体系是由联邦政府组织构建的，旨在建立分工合理的金融体系，成立为农业发展提供贷款支持的金融机构，从而促进美国农村金融的良好运行。美国政策性金融体系是由农场主家庭管理局、农村电气化管理局、农产品信贷公司及小企业管理局构成，旨在通过控制农业信贷资金规模从而控制农业的发展规模及以后的发展方向。通过提供信贷资金及服务，使得农村金融政策能够充分贯彻落实，从而有效的控制农业发展规模。它们把来源于政府的资本金、预算拨款、借款及贷款周转资金等提供到那些需要资金的人手中，而这些人不能从商业银行或者其他贷款机构获得生产所需要的资金，这主要是因为受到了商业银行和其他贷款机构服务范围的限制。这些政策性金融机构具有自己的服务特点，在贷款对象上各有侧重。

（1）农场主家庭管理局（Farmer Home Administration）1946 年成立，是直属于美国农业部，前身是农业重振管理局，旨在改善农民生活、改进农业生产。不同于商业银行和以盈利为目的的农业信贷机构，旨在帮助农村及偏远地区、贫困人群解决生产生活资金短缺问题，目前信贷领域扩展到改良乡村社区、促进乡村建设和环境保护提供资金，对有些公益性项目给予无偿拨款。

（2）农村电气化管理局。1935 年成立，隶属于美国农业部，成立的目的就是为了提高农村公共设施与环境，向农村非盈利农村电业合作社和农场等借款人发放贷款，用于架设电线、组建农村电网、购买有关设备及农村通信设施等，提高农村电气化水平，发展农村电力事业、发展农村通信、缩小农村和城市的差别。

（3）农产品信贷公司。1933 年成立，隶属于美国农业部，旨在应对自然灾害和农业危机，负责向因受自然灾害而减产的农场发放补贴，还负责管理实施价格和收入支持计划，进行价格支持，调控农业生产，避免农业的生产波动给农业生产者造成影响。其资金运用形式主要是提供贷款和支付补贴，主要包括农产品抵押贷款、仓储干燥和其他处理设备贷款、灾害补贴和差价补贴等。

（4）小企业管理局。1953 年宣布成立，致力于解决正常渠道无法获得贷款的小企业和贫困人群的资金问题，由美国国会成立的一个独立的贷款机构，具备相对独立的职能。对所从事的农产品加储藏及为农场提供服务的企业经营进行扶持，以促进和帮助农村小企业的发展，维护小企业的利益。与农民家计局分工协作是：如果小农场借款人经济状况不好且贷款额度小，则由农民家计局提供资金支持，当小农场借款人经济地位得到改善，其更多的贷款需求则由小企业管理局提供（孙兆康，1988）。

3. 农村信贷的主力军——商业银行等机构

美国农业信贷市场上的放款者有 7 类，它们在 1988 年初农场主债务总额中的比重如下：商业银行占债务总额的 28.4%；人寿保险公司 4.0%；其他私人信贷机构 19.0%；农业信贷体系 24.8%；农场主家庭管理局 15.3%；农产品信贷公司 5.6%；小企业管理局约占 1.0%。也就是说，在美国农业信贷市场上，占主要地位的仍然是私人信贷机构，农场主所欠的债务总额中有一半以上（53.4%）是属于它们的，其次是合作社性质的农业信贷体系（24.8%），政府信贷机构所占份额最少为 21.9%。

4. 政府与市场融为一体的农业保险体系

美国农业保险体系经历从“单轨制”到“双轨制”再到“单轨制”的演进。早期美国农业保险由私营保险公司提供，但由于农业保险的风险巨大，其经营的农作物保险均以失败而告终。为帮助农民应付农业生产面临的风险，美国政府一直积极参与了农作物保险计划。现行的美国农业保险完全由商业保险公司经营和代理，当然商业保险公司经营时，也会得到政府提供的经营管理费和保险费补贴等有力支持（中国赴美农业保险考察团，2002）。美国农作物保险的运行分 3 个层次：第一层为联邦农作物保险公司（风险管理局），主要负责全国性险种条款制定、风险控制、向私营保险公司提供再保险支持等；第二层为有经营农险资格的私营保险公司，它们与风险管理局签订协议，并承诺执行风险管理局的各项规定；第三层是农作物保险的代理人和查勘核损人，美国农作物保险主要通过代理人销售，他们负责具体业务的实施。

美国农村金融体系具备以下特点。

1）农村资金相对独立运行且用于农业农村

这是美国农村金融体系的独到之处。尽管美国农村金融体系复杂，但始终围绕如何满足农业发展的信贷需求而进行，实现了农村资本的相对独立运行并且用于农业、农村。首先，对于农村商业银行而言，为了防止可能将农贷资金转移到其他领域，对它们的农贷款利率提供利率补贴。其次，对于合作金融农业信贷体系，从资本金来源、资金来源、行政管理等方面形成比较独立的农业信贷体系，和联邦储备系统及各联邦储备银行之间没有隶属关系，只是受联邦储备系统的宏观调控。联邦和各区的农业信用委员会（1985 年根据《农业信贷修正案》的规定，由农业信贷管理局董事会代替该系统的决策机构），制定全部方针政策，发挥着类似联邦储备银行的作用，农业信贷管理局负责具体执行、日常督促和全面协调。各农业信贷区内设立农贷专业银行，它们是独自经营的实体，在农业信贷管理局的监督管理下自成系统，保证了农贷专业银行的独立性，从而有效地保持了农业资金运行的相对独立性。最后，主要是农村政策性金融机构都直接属于美国农业部，非常有利直接实施政府农业政策。

2）机构多元化、分工较合理

商业银行主要经营生产性的短期贷款和一些期限不长的中期贷款，联邦土地银行专门向农场主提供长期抵押贷款，联邦中间信贷银行则向为农民服务的金融机构提供资金，而政府农贷机构主要办理具有社会公益性质的农业项目的投资，从而形成了一个职责明确、分工协作的金融体系，保证了整个体系的成功运作。

3）有效沟通金融市场

首先，美国合作农业信贷系统从资本金到信贷资金均有广泛外部来源。政府提供创办资本金，自上而下依法建立农业信贷系统；业务和营运均为借款人自下而上自行管理，可发行债券和票据筹集信贷基金；借款人交纳股金与取得成员资格和实际使用贷款联系起来。其次，发达的商业金融、保险公司已经成为美国农村金融不可缺少的重要组成部分，可以低成本、快速、大量从金融市场筹集所需的农村资金。最后，政策性金融机构可在金融市场上发行债券进行筹集。总之，农村金融体系的三大机构都非常容易从金融市场筹集所需资金，从而保障农村资金来源，有效满足农业、农村对资金的各种需求。

4）政府持续强大的资金、政策支持

美国在农村信贷的发展初期，为了促进信贷事业的发展，政府给了大量的拨款。比如，美国联邦土地银行最初的股金主要是政府拨款，占总股金80%，而政府农贷机构的资金绝大部分来源于财政的拨款或借款。又如，农产品信贷公司其基金全部由国库拨付；在金融机构的营运过程中，国会和政府还必须为合作金融和政府农贷机构提供债券的担保、拨付款项弥补商业银行的农贷收益差和政府农村金融机构的政策性亏损。

5）丰富完备的农村金融法律体系

美国历来重视各方面（包括金融方面）的立法，强调用法律的手段调节各种关系，针对农村金融也不例外，美国制定了大量关于农村金融方面的法律，形成了完备的农村金融法律体系，有专门的法律如《联邦农业贷款法案》《农业信用法案》等，更多的是把农村金融的运作融合到其他的相关法律体系中，从而使农村金融运作有章可循、有法可依，避免了因行政干预和领导人更换等造成的不规范、不合理现象。

3.2.2　德国农村金融体系：合作金融主导型

德国农村金融体系包括德意志联邦银行、农业地产抵押银行、德意志合作银行、中央合作银行及 2855 家大众和莱弗艾森银行、300 家地方储蓄银行等。德意志联邦银行是德国银行体系的最高机关，它的独立性很强，不归联邦财政部领导。信贷银行主要向农户提供短期和中期贷款；地方储蓄银行不是以营利为导向的，可向农民提供略低于市场利率的贷款，主要是有抵押的贷款，资金来源主要是吸收存款。

合作银行是由土地抵押银行的利息中抽取一部分作为自有资金成立起来的，另一部分来自农民自有资金及其所交纳合作基金。这是以法律强制手段推行的，以土地作为抵押物，如果银行经营不好，农民有义务继续向银行交钱，一般 10 年左右，银行有了自我发展能力，农民就可以不交钱了。农民对合作银行进行监督，可通过农民自己的代表影响银行的决策，影响银行对农业贷款的利率，特别是对银行盈利的使用农民代表有很重要的发言权。

农业地产抵押银行的自有资产也是来自农民，是以农民的地产作为抵押而获得的。但农民个人对地产抵押银行不享有产权，也不能以个人名义参与银行管理，银行盈利不能分，但农民可以从银行取得贴息贷款和中长期低息贷款。抵押银行因有地产作为抵押，信誉较好，比较容易取得资金，发行的债券也比较容易卖出。

德国是世界合作金融组织的发源地，早在 19 世纪 50 年代雷发翼就创立了农村信用合作社，也就是沿用至今的雷发翼合作银行，1889 年德国就有了合作社立法，1895 年组建了德国中央合作银行，并建立了德国合作社协会。100 多年来，信用合作组织先后传播到世界各地，成为一个具有世界规模的运动，德国的合作金融组织独具特色（中国人民银行合作金融机构监管司赴德国考察团，2000）。

（1）合作金融组织占有重要的地位。德国合作社组织门类齐全、群众基础广泛，有金融、农业、非农业、消费品住房等各类合作社 7000 多家，个人持股者（个体社员）近 2000 万名。其中合作金融组织最为发达，呈三角形结构，顶层为德国中央合作银行，中间是数十家区域性合作银行，底层是 2500 家地方合作银行及 18 700 个分支机构及其营业网点，拥有个体社员 1460 万的德国合作银行体系是欧洲最大的合作银行体系，1998 年年底，德国合作银行系统总资产达 16 593 亿马克，占德国银行总资产的 20% 以上，而合作银行系统的各项存款余额在市场份额中占 6%，其中个人储蓄存款余额的市场份额为 30%。

（2）规模庞大的德国中央合作银行。德国中央合作银行是德国合作银行体系的中央金融机构，其任务是推动德国合作体系的发展，它不仅为地方合作银行及其私人客户和中小型公司客户服务，还为与其有直接业务往来的德国公司、外国公司及其他机构提供广泛且不断更新的银行产品及金融服务。1998年年底，德国中央合作银行拥有总资产4378亿马克，是德国十大银行之一，在海外设有25家分支机构。

（3）自下而上入股、自上而下服务体系。德国有三级合作银行体系，各级合作银行都是独立法人的经济实体。地方合作银行由农民、城市居民、个体私营企业、合作社企业和其他中小企业入股组成，区域性合作银行由地方合作银行入股组成，由地方合作银行拥有，中央合作银行由区域性合作银行和地方合作银行入股组成，地方合作银行通过区域性合作控股公司拥有49.7%的股份，地方合作银行直接入股2.9%，区域性合作银行拥有30%的股份，其他合作社拥有13%的股份，其他机构有4.4%的股份（中国人民银行合作金融机构监管司赴德国考察团，2000）。三级合作银行不存在隶属关系，中央合作银行对地方合作银行也没有行业管理职能，但有各种金融服务职能，包括资金调剂融通、系统资金支付结算服务、开发提供各类银行产品及提供证券、保险、租赁国际业务等金融服务。

（4）完善、灵活、现代化的经营管理。德国是信用合作制度比较完善的国家，合作金融的经营管理体现在"五化"上：第一，组织结构的集团化。德国合作金融体系是由"三级经营"和"二级经营"体系组成的混合性金融体系，而且德国中央银行、区域中心合作银行和信用合作社各自独立核算、自主经营，都是独立的法人企业。同时，德国信用合作组织结构又为集团化，通过下一级向上一级持股，各机构组成合作银行集团，既调动了各层次合作银行的积极性，又发挥了整体功能。第二，组织形式的股份化。在表决方式上，德国的合作金融机构突破了传统意义上的"一人一票"制，对入股较多的社员适当增加了票数。在分配方式上，也打破了股金不分红的做法。第三，活动领域的国际化。随着全球经济一体化和金融业务国际化的发展，德国合作银行也将其"触角"伸向他国，在国外广泛发展代理行或直接建立分支机构，建立国外业务网络，开拓国际金融市场。第四，经营方式的商业化。德国的现代合作金融组织在向社员提供各种服务的同时，追逐利润，出现向营利性金融企业发展的倾向，而日益加强，营利水平也越来越高。第五，管理手段的法制化。德国合作银行严格按照《合作社法》而设立，在业务经营上接受《信贷法》《商业银行法》的制约。

3.2.3　日本农村金融体系：金融寓于产业型

日本与我国同属东亚地区，农村也都以小农户生产为单位，都是典型的人多地少的国家，农业在经济社会中仍有重要地位。同时通过政府主导的农村金融体系，农村金融为农业、农村经济的发展提供了强大的支持，为日本农业经济的发展做出了重要贡献，尤其是日本的农村合作金融，是公认的比较成功的典型代表之一。因此考察日本的农村金融体系，对于我国农村金融体系的改革与发展有较强的借鉴意义。

日本的农村金融体系由合作金融和政府财政支持的政策性金融及一般商业金融组成，其中合作金融占主要地位。

1）日本农村合作金融

与世界上大多数国家的合作金融不同，日本合作金融组织不是一个独立的系统，而是依附于"农村协同组合"（简称为农协），是农协之中的一个具有独立融资功能的部门。第二次世界大战后日本针对人多地少的状况，为了避免因农业的自然弱势特征而造成土地集中，1947 年颁布并实施了《农村协同组合法》，规定农协"所从事的各项事业是最大限度地为组合员（即加入农协的农户）做贡献，不以营利为目的"。基于农户的资金需求，农协的金融部门随之产生。

日本信用合作体系由基层农协、信农联、农林中央金库 3 级机构组成。3 级机构之间是自下而上生成的：由农户入股参加农协，农协入股参加信农联，信农联再作为会员入股参加农林中央金库。三级机构之间独立经营，独立核算，自负盈亏，但在经济上和职能上互相联系，互相配合，上一级组织对下一级组织负有组织、提供信息和在资金发生困难时予以支持的责任。其资金来源主要是吸收农村存款，服务对象原则上限定在农协系统内部作为会员的农户和农业团体，不以盈利为目的。

基层农协是合作金融体系的基层组织，农协贷款以会员的生活和生产需求为主，会员贷款不用担保，不以盈利为目的，贷款利率相较其他贷款有不同程度的优惠，国家对农协的贷款给予利息补贴。农协最高权力机构是会员大会，会员是"一人一权"，充分保证了合作金融的合作、互助性质。信农联是都道府县一级农业协同组合联合会中专门经营信用业务的机构，在基层农协和农林中央金库间起承上启下作用：它接受所属各基层农协及其他农业团体的入股或存款（按规定，基层农协的剩余资金，应按定期存款的 30%、活期存款的 15% 上存信农联），用存贷款业务调节基层农协之间的资金余缺之外，用来满足农、林、渔业有关企业的金融需求。农林中央金库是农协合作金融系统的最高机构，在 1923 年成立之初是一个半官方组织（日本政府出资 20 亿日元），1959 年农林中央金库偿还了全部政府出资，成为纯粹的民间专业金融组织，职能是协调全国信农联的资金活动，按照国家法令营运资金，同时负责向信农联提供信息咨询，指导信农联的工作。

2）日本农村政策性金融

根据《农林渔金融公库法》日本政府 1945 年全额出资设立了农林渔金融公库，以满足第二次世界大战后经济重建初期国内粮食产量需求，其资金来源包括资本金、借款和政府的财政补贴，主要业务是向生产性基础设施及农业技术基础项目提供资金，并对农林渔经营提供贷款，它是合作金融和商业金融的补充，服务于其他金融机构不能或者不愿提供贷款的领域。贷款特征是长期、低息，平均贷款期限 20 年，最长可达 55 年。贷款利率一般不变，在贷款人偿债能力出现问题时，还可以申请减息，由此造成的利息损失由政府补贴。

3）完善的风险防范机制

金融风险的防范一开始就受到日本政府十分重视。政府通过自己的职权参与到农村信用保证制度的建立之中，针对农协经营损失和债务进行相应的补偿，农协组织之间根据情况进行相互的援助，农林中央金库把农协组织中 10% 的吸收存款作为专项储备，以此使得农协组织流动性有所提高，针对农协会员强提供强制的保险，但是农协会员在相应的存款后则不需要支付保险费用，也可以获得相应的保险。政府的监管厅对农村金融进行相应的监管，对金融组织使用资金的情况进行监管，促使其经营的合法性。

针对农业保险，日本政府直接参与农业保险计划，力求稳定农民的生产情绪，把自然灾害对农业生产的影响降到最低。通过政策强制对农民生产数量及农场的数额进行规定，强制保险的实施，政府负担参与保险的农民所交保费的不少于 50% 的保险费用。

日本农村金融体系具有以下特点。

（1）合作金融在农村金融体系中居于主导地位。合作金融作为农户自己的金融组织，在资金来源和资金利用方面都首先满足会员的需求，并且其分支机构几乎覆盖了农村全部的金融市场。合作金融坚持"需求追随型"的发展战略，在农业经济发展的每个阶段，根据会员的资金需求特点，创新金融服务，提供有针对性的产品，极大地满足了会员的资金需求，在农村信贷市场中居于主要地位，见表 3-1。

表 3-1　日本各渠道农贷

		1960	1970	1980	1990	2000	2005
银行等一般金融机构	绝对量 /亿日元	535	2 363	6 104	11 930	13 287	7 517
	比例 /%	9.2	4.86	4.20	6.29	5.67	3.6
农协系统	绝对量 /亿日元	3 815	38 529	113 584	139 060	196 308	183 899
	比例 /%	65.3	79.28	78.13	73.36	83.85	88.03
财政资金	绝对量 /亿日元	1 494	7 706	25 679	38 561	24 571	17 478
	比例 /%	25.5	15.86	17.67	20.35	10.48	8.37
合计 /亿日元		5 844	48 598	145 367	189 551	234 166	208 894

资料来源：夏书亮（2008）

（2）合作性和政策性相配合的典型特征。农村合作金融服务主要是在一般的资金需求方面，与商业性金融相比较，能以较低的门槛提供资金，并能以较低的成本，促进农业的发展，以改变弱势产业的薄弱条件，农业的基础地位在很大程度上提高。而对于市场失灵和金融合作也是无法提供支持的部分资金则是由财政政策提供的，这些资金主要是为了解决资金需求，针对融资时间长，收入相对较低或高风险的融资需求。金融合作和政策性金融市场产生的劳动分工明确，服务于不同的金融需求，财政在农村金融发展中起着至关重要的作用。

（3）政府对农村金融体系强有力支持。农业是国民经济的基础，作为弱势产业，政府已经提供了各种形式的支持农村金融的发展。日本是明显的"政府主导型"的农村金融体系，政府对农业提供全面的支持，包括法律支持补贴，税收优惠等。日本政府在 1945 年和 1947 年分别通过建立财政政策和有关法律在金融体系运行上来支持金融合作，由政府财政补贴的农村合作金融组织进行农业贷款的运行并设立独立的基金，用来弥补金融机构的合作存款和所得税优惠所带来的损失。总之，日本政府通过自己的信用大大降低了农村金融贷款的交易成本，并通过资金和政策支持，创造出农村金融发展的良好环境。

3.2.4　印度农村金融体系

印度农村金融具有以下几点特色。

（1）农村合作金融。包括初级农业信用合作社、中心合作银行和联邦合作银行，以及初级土地开发银行和中心土地开发银行两个系统。前者办理中短期农贷，后者办理长期农贷。

（2）商业银行。商业银行根据规定的指标在农村广设机构，投放资金，是农村信贷活动中的骨干。其信贷资金的 40% 投放给包括农业、小型工业等农贷部门，其中信贷资金的 16% 投放给农业部门。同时自 1978 年以来，商业银行依法经营的农村信贷和农村合作金融机构同样豁免税收。对承担的低息扶贫贷款，给予财政补贴。

（3）地区农村银行。地区农村银行由各级政府出资，于 1975 年成立。在一定区域内为无力按商业原则得到贷款的小农、小手工业者提供低息贷款，具有扶助贫苦农民生产自救的性质，现已成为遍布全印度农村的专业银行。

（4）农业信贷和开发公司、国家农业和农村发展银行。农业信贷和开发公司成立于 1963 年，是印度储备银行的附属机构，统筹运用来自政府和储备银行的资金，特别是外资，为农业基建项目提供中间信贷。国家农业和农村发展银行成立于 1982 年，并接管上述公司和储备银行的全部农贷业务，统筹资金为各农贷银行提供中间信贷和进行监督检查，成为了全国最高一级的农村信贷机构，也是印度整个农村金融体系的总后盾。

总的来说，"印度的农村金融是多系统、多渠道的。既有合作金融，又有商业银行和农村银行；既有基层信贷单位又有最高机构。各自发挥其自身的功能，为印度的农村信贷资金的流通做出了贡献"。

3.2.5　泰国农村金融体系

泰国政府通过把农业生产合作社划归国有管理，体现出泰国政府对农业的重视，而且泰国政府大量吸引外资，并成立有利于农业贷款的基金，增加对农业生产的投入，确保农业生产稳定高效发展。与此同时，泰国政府根据自身的国情，把钱物相结合，创新出实物贷款，具有国家鲜明的特点。泰国农村金融体系由以下几个机构组成。

（1）合作银行。合作银行建立的目的是通过资金援助，帮助农民、农民协会和农业合作社发展生产和提高经营管理的能力。合作银行通过与生产农具的工业企业合作，监督农业企业给农户提供的农业生产资料及产品是良好的、先进的，为农业生产发展提供质量保证，并提供有效的贷款，使得农户能买得起这些农具及生产资料，并且提供的价格便宜。

（2）公共货栈。该机构的主要任务是向低收入的团体销售政府津贴的大米，以提高稻农的收入。

（3）农村信用合作社。泰国农业信用合作包括土地合作社、信用合作社、消费合作社、销售合作社等多种形式。其中农村信用合作社主要目的是为农民提供贷款便利，信用合作社的经营是与供销合作相结合的，将收集的农产品储存在仓库里待价而沽。

（4）商业银行。20 世纪 80 年代以后，泰国的商业银行发展迅速。这些商业银行不仅服务于城市地区，也给农村地区、农业发展提供了有效的资金保证。不仅提供贷款给农业发展，还提供各种金融服务，对泰国农村地区金融发展做出了重要贡献，也为泰国农业发展提供了充分的资金保证。

（5）泰国银行。泰国银行成立于 1942 年，是泰国的中央银行。它向商业银行提供 3 种贷款：一是贷款窗口，这种方式是根据政府或政府担保的债权提供借款；二是再贷款窗口，这项贷款只对经批准的期票提供资金，一般利率较低；三是买入商业银行在再购买市场出售的政府债券。此外，泰国银行还向农业和农业合作社银行提供支持，按农行存贷款轧差的借差（即放款大于存款的资金缺口），增拨信贷资金，而且期限比较长。

3.3　台湾地区农村金融体系：农村资金保障型

60 多年来，台湾地区的发展模式不同于大陆，但是在向市场经济转变的过程中，对农村金融的重视及扶持却是十分重视的，努力促进农村金融的发展，把农村金融作为生产结构调整，推动农业生产现代化和农产品市场现代化的重要手段，逐步形成独具特色的完善农村金融体系。当前，我国的市场经济不断发展，针对与台湾地区共同的文化传统及历史，大陆可以从台湾地区发展农村金融中获得宝贵的经验，并不断改进，促成自身的又好又快发展。

目前台湾地区农业金融体系，主要由农业金融行政管理机构、商业性金融机构、合作性金融机构、服务性金融机构组成。农业金融行政管理机构，包括 3 个部分，台湾地区"央行农业金融规划委员会"，台湾地区"行政院农业委员会"，省、县（市）政府。台湾地区"央行农业金融规划委员会"，负责对农业的财政政策进行制定和规划，并对农业金融体系、农业贷款计划、农业贷款利率和农业资金等事项进行合理的分配。台湾地区"行政院农业委员会"是由"农业发展局"并通过台湾地区"最高法院"执行农业发展，为农业金融服务提供保障，主要处理专案政策性贷款的相关问题，成立于 1984 年，这是中美农业基金贷款计划制定和推广活动的一个重要部分。台湾地区"林业厅"与"农业部"负责农业贷款，促进农业规划的具体落实，而对于农业、渔业和农业贷款和贷款业务审查则需要每年进行。

商业性金融包括专业农村金融机构和兼业的商业金融，后者包括一些非农村的商业银行，20 世纪 70 年代，它们在农村金融市场中占有重要地位，目前业务日益缩小，一般对农村办理抵押贷款，期限较短。前者包括"中国农民银行"和"台湾土地银行"，"中国农民银行"为农业专业银行，为供给农业信用、繁荣农村经济、改善农产运销、增加农民收益，负有调节农村金融及供应农、林、渔、牧的生产及有关事业所需资金的责任，代管农业发展基金贷款业务，以及办理多项政策性贷款业务与自办的农贷业务。"台湾土地银行"为台湾当局指定唯一办理不动产信用兼农业使用的专业银行，旨在配合推行住宅、农业及土地政策发展国民经济建设为目的。

合作性金融机构包括 3 家，第一家是合作金库银行，它由台湾地区产业金库于 1946 年改组成立，为调剂合作事业暨农渔业金融，辅导农渔业健全发展，并配合政府农渔业政策致力于农、林、渔、牧之生产、运销、服务所需资金的融通。第二家是农会信用部，它是农会的业务部门之一，为基层金融机构，并以其所属行政区为业务活动范围，为其会员及其同户家属服务。第三家是渔会信用部，它是渔会的业务部门之一，为区域性基层金融机构，办理会员金融业务，以渔会组织为其业务活动范围。

农村服务性金融机构包括两家，一家是农业信用保证基金，宗旨主要在于协助担保品不足的农渔业者，增强其授信能力，适时获取所需资金，亦为农业金融机构分担融资风险，以利其顺利开展农贷业务。另一家是台湾地区"中央存款保险公司"，专门办理存款保险，对参加存款保险的金融机构（包括作用合作社，农、渔会信用部等）的存款及信托资金提供保障。

台湾地区农村金融体系具有以下特点。

1）农村金融网络完善，农贷资金管理制度严格

台湾地区农村金融网点广布各地，形成密集的金融服务网络。1995 年仅农会信用部就达 1171 家，平均每个农会拥有 1.4 个农会信用部，每千公顷耕地上拥有 1.3 家农会信用部，70% 左右借贷往来依靠农会信用部办理。合作金库银行的网点也比较发达，在主要市镇都设有支库或办事处，并在重要业务地区设立代理处。合作金库信用部等以合同形式委托办理通汇业务，结成广泛的通汇网络，从而加强合作金库银行、农会信用部之间的横向联系，大大提高了农村资金融通的效率。

台湾地区农村金融建立了严格的农贷管理制度：一是农贷资金的使用范围，必须密切配合农业政策，以发放农业生产贷款及调节合作社团资金为主要内容。例如，台湾地区合作章程规定，85% 以上资金必须用于发放农业生产、农产品加工、运销、社团复周转等贷款。二是严格限制贷放对象。合作金库及农会信用部一般只对合作或本区域内农会会员实行放贷，并对贷款用途、额度和期限进行严格审核，从而保障了农贷的性质，减少了农贷资金的外流。

2）农村金融和合作金融一体化，金融体系比较健全

台湾地区农村金融除了与兼营性金融机构互相配套，形成比较完善的金融体系外，农村金融与农村合作金融一体化，也是农村金融体系的一大特征。台湾地区农村金融系统是由最高决策"中央银行"农业金融策划委员会及其最基层的农渔会信用部组成；台湾地区的合作金融系统，上层是合作金库银行，基层是农渔会信用部和城市信用合作社。合作金库银行既是台湾地区合作金融系统的中枢，又是台湾地区农村金融系统的重要组成部分，信用部更是身兼农村金融和合作金融的基础单元。作为农村金融主体的农渔部，行使组织资金融通职能，吸收农会会员剩余资金，并把绝大部分资金用放各项农贷，体现了农村金融机构的功能；同时又承接农村合作金融系融和信贷业务。这种农村金融与合作金融一元化的有机组合，对活跃农村金融重要作用。

3）农村资金来源多渠道，农贷规模较大

台湾地区的农村资金来源多渠道，主要表现为：一是农村金融机构大多是采

取股份制形式，广筹资金，如合作金库、信用部都采取股份制，合作金库银行系由政府、农渔会、农田合作社、合作农场合股组成；二是除金融机构外，还有一些政府及事业机关也提供农贷，扩大了农贷的规模。例如，台湾地区"粮食局"，为配合当局的粮食政策掌握粮源而向农民提供贷款，包括实物贷款、现金贷款及灾害救济贷款等。

3.4　国外农村金融体系的经验

无论是发达国家，还是发展中国家，各国逐渐形成了具有自己特色的金融体系。这些金融体系从信贷、保险等多方面促进了农村金融和农村经济的发展，对我国农村金融的发展有着重要的启示。

3.4.1　具有支持农村金融体系的基本目标

农村金融体系运行成功的关键是拥有一个清楚明确的目标。发达国家的农村金融体系始终有一个目标——为农业和农村发展提供充裕的资金。虽然不同的国家处于不同的发展阶段，农业发展目标不一样，但基本目标没有发生根本的变化。正是因为农村金融提供了大量的资本、金融支持，才使得它们发展迅猛，实现了农业的市场化和现代化。

3.4.2　加强政策性金融建设

各国建立农村政策性金融机构，向农业和农村提供低息贷款，同时还配合政府农业政策，提供特别的政策性贷款、补贴或补偿，运用这些政府政策性金融手段支持和保护农业和农村经济的发展，主要表现在以下方面："各国都非常注重农村政策性信贷体系的组织建设，建立适应本国国情的农村金融体系；各国通过各种措施筹集农村政策性资金，以确保农村政策性金融机构资金来源；各国通过立法对农村政策性金融提供支持和保障；各国都通过许多优惠政策支持和保护农村政策性金融的发展，比如，减免税收，注入资金，实行利息补贴、损失补贴和债务担保，以及实行有差别的存款准备金制度。"

3.4.3　利用农村合作金融组织

各国都非常重视鼓励和利用农村合作金融组织，并通过各种措施扶持和规范农村合作金融。建立了以信用合作社为基础的农村合作金融组织体系，并且已在业务经营、民主管理、组织体制等方面形成了比较完善的运行机制。

（1）形成比较完善的补偿机制和制度。政府已建立一个合理的利益补偿机制和制度，保持农村资金的完整性，并调动投资者的积极性，确保农业投资风险的减少。比如，建立机制、保护农业贷款，建立农业贷款担保基金，中小企业贷款担保基金；建立农业倾向于信贷优惠政策，积极的经济支持对农业发展的影响非常有效；给予必要的财政奖励给农业部门；支持建立对贷款投资项目的保护机制，保证农业项目能通过贷款贴息和配套资金稳定良好运转。

（2）提供政策方面的优势。各国在政策方面有以下几点优势可供借鉴：给予支农贷款税收政策优惠，对农村信用合作社牺牲的利润和承担的风险进行合理补偿；给予服务对象适度的金融补贴，信用社应免除营业税，减免或降低所得税税率，或返还所得税；将存款视同股金，免缴利息税，减少农民的税收负担，增强信用社的竞争力。

3.4.4　建立农业保险制度

发达国家在农业经济、金融方面发展较早，农村经济较我国来说较为发达，具备较为完善的农业保险制度，通过总结发达国家农村经济的成功经验，可以有效促进我国农村经济的发展。

（1）拥有健全的法律。发达国家针对农业保险制定的系统化的法规对农业保险的组织机构协调、保险原则、政府补贴、再保险办法、保险责任及理赔办法等方面都进行了详细的说明，从而规范农业保险实施的细节。例如，1938年美国实施了《联邦农作物保险法》，1939年日本颁布了《农业保险法》。

（2）建立专业性保险机构。通过国家专业保险公司与私人保险公司相结合的方式，促进农业保险在更大范围内开展。

（3）政府对农业保险予以政策扶持。农作物保费由农场主和政府共同负担，如日本，中央政府承担60%～70%，地方承担20%～40%，农业互助联合会承担10%～30%。同时，政府对农业保险费及经营管理费进行大量补贴。

（4）开展综合保险，承保农作物的种类范围越来越大。

3.4.5　各机构职责明确

在许多国家，农村金融体系中机构成分比较复杂，但各机构的职责较为明确，分工也相对合理，各机构之间也进行密切的合作，能够更好地满足农业和农村经济社会发展对于的资金需求。与此同时，有效地发挥竞争的作用，大大提高了农村金融的效率。政策性金融机构通过为农业生产提供所需的资金及服务，并与其他类型金融机构相互合作，充分发挥各自的职责，促进农产品流通，加快农村工业化等的不断深入。

3.4.6　具备完善的农村金融法律制度

各国农村金融体系都或多或少有所差别，所以基于具体的国情所产生的效果作用也有所不同，这些主要是因为各国的农业生产条件、国民经济发展水平及社会文化传统等不同。但加以总结可以发现，通过制定系统的金融政策法律对农村金融发展加以规范管理的国家，农村金融体系就较为的完备。同时，完善的农村金融法律和政策体系又促进了农村金融的发展。如美国，农村金融的发展各个阶段，都伴随着较为完备的法律，并且随着农村金融的发展不断完善，与时俱进，在运作过程中加以修订，从而增强法律的有效性。1916 年制定了《联邦农地押款法》，促进联邦农业贷款局的成立；1923 年通过了《农业信用法》，对全国农村金融布局进行调整；1933 年又修改《农业信用法》，构成了农村金融四大信用组织。

第 4 章　西部地区农村金融发展现状

4.1　农村金融机构的经营状况与服务结构

农业是我国立国之本，对我国整个经济社会的运行具有至关重要的作用。虽然 2015 年我国第一产业比重仅为 9.0%，但仍然改变不了我国农业、农村、农民在社会中的基础地位。长期以来，我国现代化经济的发展重心在城市，将"三农"逐渐边缘化，使得广大农村地区经济发展相对落后，其中西部农村地区经济发展尤为落后，农民收入水平较低，同发达地区差距逐渐扩大。

"三农"问题无论是从经济方面还是从社会方面来看都是制约我国经济社会全面发展的根本问题。解决"三农"问题的主要途径是解决经济问题。金融作为现代经济发展的核心，应发挥其融通资金、提高资金边际产出率的作用促进经济发展。从目前中国农村的经济发展状况来看，在发展过程中出现的问题主要是资金不足、融资机制不畅所导致的经济落后。为解决农村在经济发展中的资金问题，我国长期以来致力于改革和完善农村金融体系。

我国农村金融体系通过长期的改革和完善，形成了以政策性农村金融机构为保障、传统型农村金融机构为基础、新型农村金融机构为重要补充的农村金融体系结构。截至目前，中国农业发展银行是我国农业领域唯一一家政策性农村金融机构，主要为广大农村地区的粮食收储企业、农业产业龙头企业提供融资服务，截至 2015 年年底，共有 31 家省级分行，300 余个二级分行，1800 余个营业机构。传统型农村金融机构主要包括中国农业银行、农村信用合作社和农村商业银行；新型农村金融机构主要包括村镇银行、小额贷款公司、资金互助社等金融机构。

随着西部大开发战略的实施，西部地区金融服务体系随之进一步完善，但与东部地区的差距较为明显，仍有大量人口不能获得正规的金融服务，尤其是西部地区发展速度较慢、金融渗入不充分的广大农村地区，金融机构数量和金融服务人员较少，所以农村地区的居民获取金融产品和服务的机会较少。随着西部农村地区金融机构数量的不断增加、金融机构规模的不断扩大，农村金融体系日趋完善。

4.1.1 传统型农村金融机构

目前，我国传统型农村金融机构主要包括中国农业银行、农村信用合作社、农村商业银行。1955 年，中国农业银行成立，其职能主要是领导农村信用合作社，为农村地区提供资金支持，促进农业发展。1996 年，中国农业银行与农村信用合作社脱离行政隶属关系，中国农业银行逐步改制为国有独资商业银行。在 2009 年，中国农业银行再次改制为股份制商业银行，并在 2010 年成功上市，至此中国农业银行的性质发生了根本上的改变。改制后的中国农业银行在经营目标和经营范围上发生转变，不仅服务于"三农"，更加注重利润，成为以营利性为主要目的、只承担少部分政策型银行任务的大型商业银行。

在 1949～1958 年，西部农村地区广泛试办农村信用合作社。在 1978～ 1984 年，我国农村信用合作社进行改革，明确了农村信用合作社的双重性质：既是农村合作金融组织，也是农业银行在农村的基层组织，进一步巩固了中国农业银行的领导地位。在 1985～ 1996 年，农村信用合作社再次改革为自负盈亏、自主经营的金融机构。

1951 年创立第一家农村合作银行，主要投资于农林牧渔业，促进农村经济的发展。2011 年，中国银监会合作金融机构宣布将不再成立新的农村合作银行，在未来一段时间内，将农村合作银行全部改制为农村商业银行。截至 2016 年 6 月，全国共有 384 家农村商业银行，仅剩 210 家农村合作银行，有 1424 家农村信用合作社已达到农村商业银行的组建条件。

1. 中国农业银行的发展现状与问题

中国农业银行成立初期，其经营范围主要遍布在农村地区，经营目标主要是服务于"三农"，与中国农业发展银行共同承担政策性银行的任务。经过改制后，中国农业银行成为股份制商业银行，其经营目标、经营范围、经营的业务发生巨大转变，发展模式逐渐趋同于其他商业银行，与中国银行、中国工商银行、中国建设银行并称四大商业银行。

虽然中国农业银行目前以盈利为经营目标、经营范围主要分布在发达的城市地区，但中国农业银行由于具有传统的农业基础，仍然在农村金融服务方面有重大贡献。由于在农村地区分销网点众多，为我国广大农村地区提供了丰富的涉农金融产品。

1）发展现状

股份制商业银行的经营目标为利润最大化，导致金融普惠理念缺失。从全国范围来看，我国商业银行多分布在东部沿海较为发达的地区，中西部由于经济发展缓慢及金融业发展不成熟等原因，商业银行等金融机构数量较少。例如，2015年中国农业银行在西部地区营业收入为 109 703 亿元，占比约为 20.5%，低于东部地区 28 个百分点；从地区范围来看，银行类金融机构多分布在经济发展水平较高的城市地区，农村地区银行机构数量较少，如表 4-1 所示，县域金融业务营业收入明显低于城市地区。尤其是西部地区的农村，甚至有些偏远的农村地区没有银行类金融机构。因此，金融机构分布较密集的地区具有良好的金融生态环境，该地区的消费者和投资者更容易接触到金融产品、接受金融服务。

表 4-1　2015 年农业银行县域及城市金融业务的营业收入状况

项目	金额 / 百万元	占比 /%
县域金融业务	197 540	36.8
城市金融业务	338 628	63.2
营业收入合计	536 168	100

资料来源：中国农业银行 2015 年报

（1）机构及网点分布。目前，虽然中国农业银行的性质为以盈利为主要目标的股份制商业银行，但由于历史因素，中国农业银行仍然为我国农村地区的发展发挥重要作用，在农村地区拥有最广泛的营业机构和网点，其服务对象与其他商业银行相比更加倾向于农户及农村企业。

如表 4-2 所示，中国农业银行在机构网点数量、每万人拥有的网点数、员工数量、每万人拥有的服务人员等指标中数量较为突出。同时，农业银行在西部地区分布的机构数量占比约为 30%，远高于中国银行的 14.85%；西部地区员工数量占比约为 27%，高于中国银行约 15 个百分点。工商银行与建设银行的机构数量及比例相似，大约在 20%。

表 4-2　西部地区商业银行机构数量及员工数量

	机构数量 / 家	占比 /%	每万人拥有的网点数 / 家	员工数量 / 个	占比 /%	每万人拥有的服务人员 / 个
中国建设银行	3 049	20.40	0.08	69 722	18.89	1.84
中国工商银行	3 906	22.30	0.10	95 988	20.60	2.54
中国农业银行	7 036	29.70	0.19	133 159	26.50	3.52
中国银行	1 714	14.85	0.05	37 142	12.21	0.98

资料来源：根据银行年报及国家数据统计局公布数据计算得来

根据国家数据统计局公布西部地区年末常住人口约 3.7 亿人，经过简单计算可得到表 4-2 中的数据。截至 2015 年年底，我国共有 23 670 家中国农业银行的分支机构及营业网点，其中西部地区共有 7036 家；中国银行的分支机构及营业网点共有 15 637 家，其中西部地区共有 1714 家；全国共有中国工商银行分支机构及营业网点 17 181 家，其中西部地区有 3906 家；中国建设银行有 14 917 家分支机构及营业网点分布在全国，其中西部地区 3049 家。由此看来，四大商业银行中中国农业银行在西部地区的分支机构及营业网点数量较多，约 10 万人一家营业网点，且分布范围较广。

中国农业银行在西部地区共拥有大约 13 万工作人员，每两万人拥有 7 个服务人员，是四大商业银行中每万人拥有服务人员数量最多的一家。中国银行每万人拥有的服务人员不到一人，是四大商业银行中数量最少的银行。根据表中的数据可以看出我国西部地区金融机构服务人员较少。

由表 4-3 可知，中国农业银行分布在西部农村地区的银行分支机构及营业网点数量最多，共有 3549 家，占西部地区农行机构数量总量的 50%。西部农村地区共有中国银行分支机构及营业 660 家，占比约为 38%；中国工商银行在西部农村地区的机构数量为 933 家，占比约为 24%；中国建设银行在西部农村地区的机构数量最少，仅为 622 家，占比约为 20%。由此可见，中国农业银行是四大商业银行中分布在西部农村地区数量最多的银行机构。

表 4-3　2015 年我国商业银行在西部农村地区分布情况　（单位：家）

地区	中国农业银行	中国银行	中国工商银行	中国建设银行
重庆	184	56	51	57
四川	646	229	182	67
贵州	211	21	85	51
云南	386	22	85	111
广西	438	127	114	72
陕西	330	66	125	101
甘肃	219	15	98	61
内蒙古	278	52	99	42
青海	92	9	16	31
西藏	474	8	0	2
新疆	212	35	67	16
宁夏	79	20	11	11

资料来源：四大商业银行 2015 年报及官方网站信息披露数据

（2）金融服务。作为一家面向"三农"的全球系统性重要银行，始终把服务好"三农"作为最大的社会责任。近年来，中国农业银行紧随西部大开发战略的脚步，在扶贫、普惠金融、小微企业信贷、环境保护、绿色信贷、公益活动等方面支持西部农村地区的金融发展。

在西部农村地区扶贫项目中，构建差异化的金融扶贫产品体系。例如，甘肃省推出"双联农户贷款"，截至 2015 年年底，贷款余额 9.51 亿元，自 2012 年产品投放以来，累计惠及农户 31.99 万户；贵州省创新开展扶贫生态移民工程贷款，截至 2015 年年底，累计发放贷款 7.7 亿元，支持移民住房 10 781 套、面积 102 万平方米，直接惠及 2.5 万建档立卡贫困人口；四川省打造"巴山"系列金融品牌，创新研发"巴山惠农贷""巴山兴业贷"等产品，截至 2015 年年底，在巴中贫困地区实现贷款投放 19.4 亿元；内蒙古自治区专项研发了"金穗富农贷"和"金穗强农贷"对私和对公两款专属产品，截至 2015 年年底，累计"金穗富农贷"134.29 亿元，累计"金穗强农贷"2035 亿元；西藏分行推出"钻石银铜"贷款卡，发放贫困地区农牧户信用贷款 395 亿元，覆盖全区 90% 以上的农牧户。

在中小微企业及农户贷款方面，中国农业银行提供了大量资金支持。由图 4-1 可以看出，2015 年中国农业银行发放贷款和垫款总额为 89 099 亿元，小微企业贷款余额为 10 882.28 亿元，约占发放贷款和垫款总额的 12%；农户贷款 1676.95 亿元，中国农业银行大力支持新型农业经营发展。纵观 2011 ～ 2015 年中国农业银行的贷款数据，除 2012 年小微企业贷款余额的增速低于贷款总额的增速外，连续 3 年增速赶超贷款总额增速。截至 2015 年年底，中国农业银行在西部地区共贷款 1 975 929 亿元。

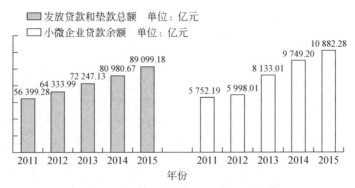

图 4-1　中国农业银行小微企业贷款情况

资料来源：中国农业银行 2015 社会责任报告

2）问题

虽然中国农业银行不断加强对农户的信贷支持，助力农户脱贫致富，通过农户小额贷款重点支持"农业大户"生产链条下的农户，按照"支持一户、带动一批"的原则，支持"农村大户"，积极扶持和培养增收致富典型，发挥"农村能人"的示范带动作用，带动促进农户增收致富，让农户共享金融普惠成果；致力于支持农村中小微企业发展，加大信贷投放力度，拓宽融资渠道。但中国农业银行为适应目前银行业的激烈竞争，更加注重利润与效率，在不断地变革过程中自身的营利性目标与农村普惠金融间产生矛盾。

（1）经营重心逐渐转移至城市金融业务。中国农业银行成立初期，其经营目的为促进农业发展，职能为领导农村信用合作社。但随着中国农业银行在2009 年改制为股份制商业银行，并在 2010 年成功上市后，其经营目标和经营范围发生巨大转变。经营重心由服务于"三农"转向保证股东权益，获取高额收益。中国农业银行经营重心转移至城市金融业务，远离县域金融业务主要表现在两方面：一是涉农贷款余额占比不断下降；二是农村机构数量远不及城市机构数量。

中国农业银行 2015 年涉农贷款为 1677 亿元，相较于 2012 年的 1345 亿元而言增长 25%。正如表 4-4 所示，农户贷款数额连年增长，但涉农贷款在贷款总额中的比重却不断下降。究其原因在于贷款总额在 2012 ~ 2015 年不断上升，且增长幅度大于涉农贷款总额增长的幅度，从而导致农业发展速度低于其他产业的发展速度、农村经济发展水平与城市发展水平差距变大。

表 4-4　2015 中国农业银行涉农贷款余额比重

年份	2012	2013	2014	2015
贷款总额 / 亿元	61 534	72 247	80 981	89 099
涉农贷款 / 亿元	1 345	1 469	1 546	1 677
比重 /%	2.19	2.03	1.91	1.88

通过整理中国农业银行 2012 ~ 2015 年报发现，县域金融业务收入不断减少，城市金融业务收入不断增长。如表 4-5 所示，在 2012 ~ 2015 年，县域金融业务与城市金融业务的营业收入总额都在不断增长，但县域金融业务的营业收入比重在不断下降，从 2012 年的 39.3% 下降至 36.8%，而城市金融业务的营业收入比重不断上升，即县域金融业务的营业收入增长速度远低于城市金融业务营业收入的增速。这也正是中国农业银行将经营重心转移至城市地区的根本原因。

表 4-5　中国农业银行县域及城市金融业务的营业收入状况

年份	县域金融业务		城市金融业务	
	总额 / 亿元	比重 /%	总额 / 亿元	比重 /%
2012	1 657.6	39.3	2 562.0	60.7
2013	1 846.1	39.9	2 780.2	60.1
2014	1960.3	37.6	3 248.3	62.4
2015	1 975.4	36.8	3 386.3	63.2

资料来源：中国农业银行 2012～2015 年报

（2）农村金融产品与服务存在缺失。目前，中国农业银行在我国西部农村地区提供的金融产品较为基础，如储蓄、信贷，且储蓄种类较少，多为定期、活期；农村金融产品或服务的需求者主要是农民、农村企业、农村集体等，银行出于对风险的考虑，农户和企业取得贷款的门槛较高，仅限于种养殖业，对农民和农村新兴产业的贷款支持较少。

因为中国农业银行以利润最大化为经营目标，所以在设立分支机构或营业网点时更加注重成本与收益。银行获取利润的集中地区是经济发达的中心城市和乡镇，所以广大农村地区虽然地理面积大，但农村金融服务机构却相对较少。

2. 农村信用合作社的发展现状与问题

农村信用合作社是指由中国人民银行批准设立的、提供金融服务的农村合作金融机构。主要任务是吸收农村的闲散资金，为农村、农业、农民的经济发展提供金融服务。

农村信用合作社的产生和发展与小商品经济的产生和发展有直接的联系。由于我国农业生产者和小商品生产者对资金的需求具有规模小、数额小、零散、季节性的特点，且其收入的多少与自然环境有直接相关关系，抵抗自然灾害的能力差，收入不稳定，使得农业生产者和小商品生产者很难获得银行贷款，但是又存在对资金的需求，从而农村信用合作社应运而生。在 2011 年，中国银行业监督管理委员会（以下简称银监会）会宣布将农村信用合作社逐步改制为农村商业银行。

1）发展现状

2015 年，农村信用合作社改制组建农村商业银行稳妥推进，全年新组建农村商业银行 241 家，总数达到 966 家，占农村合作金融机构总数的 43%，资产占比达到 64%。

截至 2015 年年底，我国共有 859 家农村商业银行，71 家农村合作银行，1373 家农村信用合作社，1311 家村镇银行，48 家农村资金互助社。对比表 4-6

可以发现，2015 年农村商业银行和村镇银行比 2012 年的数量有所增长，农村信用合作社和农村合作银行的数量大幅度下降，主要是由于农村信用合作社逐步改制为农村商业银行所致，农村资金互助社的数量基本不变。

表 4-6　2012 年主要涉农金融机构情况

项目	机构	网点	人员
农村信用合作社	1 927	49 034	502 829
农村商业银行	337	19 910	220 042
农村合作银行	147	5 463	55 822
村镇银行	800	1 426	30 508
农村资金互助社	49	49	421

资料来源：2012 年中国农村金融服务报告

2）问题

（1）产权结构不合理，资金实力不足。虽然农村信用合作社是独立的企业法人，由社员入股组成，但实际上农民自主出资只占一小部分，大部分出资来自于国家，因此所有权归国家。农村信用合作社拥有独立的贷款权利，其主要目标应该为社员服务，即为农村、农业、农民的经济发展提供金融支持，但由于内部管理结构不合理、内部控制体系不健全，出于对盈利能力的要求，农村信用合作社的资金往往投向收益高且风险高的行业。农村信用合作社的资金来自于社员的入股资金，与大型商业银行相比，资产规模较小，且资金不稳定，如表 4-7 和表 4-8 所示，农村信用合作社的资产规模相较于大型商业银行和股份制商业银行而言较小，且在 2015 年资产规模和税后利润总额出现小幅度缩水现象。

表 4-7　银行业金融机构资产情况表　　　　　　（单位：亿元）

机构 ＼ 年份	2011	2012	2013	2014	2015
大型商业银行	536 336	600 401	656 005	710 141	781 630
股份制商业银行	183 794	235 271	269 361	313 801	369 880
城市商业银行	99 845	123 469	151 778	180 842	226 802
农村商业银行	42 527	62 751	85 218	115 273	152 342
农村合作银行	14 025	12 835	12 322	9 570	7 625
农村信用合作社	72 047	79 535	85 951	88 312	86 541
新型农村金融机构和中国邮政储蓄银行	43 536	53 511	62 110	70 981	832 024

资料来源：2015 年中国银行业监督管理委员会年度报告

表 4-8　银行业金融机构税后利润情况表　　（单位：亿元）

机构 ＼ 年份	2011	2012	2013	2014	2015
大型商业银行	6 646.6	7 545.8	8 382.3	8 897.5	8 925.4
股份制商业银行	2 005.0	2 526.3	2 945.4	3 211.1	3 373.2
城市商业银行	1 080.9	1 367.6	1 641.4	1 895.5	1 993.6
农村商业银行	512.2	782.8	1 070.1	1 383.0	1 487.4
农村合作银行	181.9	172.2	162.1	125.5	82.4
城市信用社	0.2	—	—	—	—
农村信用合作社	531.2	654.0	729.2	829.8	663.7
新型农村金融机构和中国邮政储蓄银行	257.9	340.7	390.3	427.3	465.3

资料来源：2015 年中国银行业监督管理委员会年度报告

（2）信贷结构不合理。农村信用合作社对农户的小额贷款业务规定放宽期限原则上不长于一年，且小额信贷的贷款额度较小。因为我国农业种植业的生长周期较长，对资金的需求量较大，所以农村信用合作社的资金供给并未满足农业对资金的需求。且由于农村信用合作社的内部控制机制不健全，2002 年全国信用合作社的不良贷款率为 36.95%，2003 年我国仍有 29% 农村信用合作社处于亏损状态，农村信用合作社的改制迫在眉睫。

3. 农村商业银行的发展现状与发展优势和劣势

农村商业银行是由该地区的农民、农村企业法人和其他农村经济组织共同组成的股份制金融机构，主要由农村合作银行和农村信用合作社改制组建而成，目前，全国共有 384 家农村商业银行。

1）发展现状

截至 2015 年年底，全国 384 家农村商业银行中西部地区共有 81 家。如表 4-9所示，四川省、贵州省、山西省、内蒙古自治区、甘肃省的农村商业银行的数量在 10 家以上，云南省和西藏自治区农村商业银行的个数为 0。西部地区 12 省（自治区、直辖市）中，重庆农村商业银行拥有最多的分支机构，各类分支机构 1773 个，其中县域设有 1459 个分销网点，311 个主城分销网点，分支机构数量在县域和主城同业中均列第一。

截至 2015 年年底，全国农村商业银行资产总额为 152 342 亿元，比上年增加 37 069 亿元，增幅为 32%；税后利润为 1487.4 亿元，比上年增加 104.4 亿元，增幅为 7.5%。2015 年，重庆农村商业银行共实现营业收入 219 亿元，客户贷款及垫款总额为 2575 亿元，贷款余额 2686 亿元，不良贷款率为 0.98%，客户存款 4702 亿元；成都农村商业银行实现 105 亿元营业收入，客户贷款及垫款总额为 1771 亿元，不良贷款率为 1%，客户存款 47 025 亿元。

表 4-9　西部地区农村商业银行分布情况

地区	机构名称	数量 / 家
重庆	重庆农村商业银行	1
四川	成都农村商业银行 达州农村商业银行 四川宣汉农村商业银行 四川大竹农村商业银行 雅安农村商业银行 长宁竹海农村商业银行 宜宾翠屏农村商业银行 乐山三江农村商业银行 攀枝花农村商业银行 四川叙永农村商业银行 四川筠连农村商业银行 泸州龙马潭农村商业银行	12
贵州	贵阳农村商业银行 贵州兴义农村商业银行 贵州湄潭农村商业银行 贵州毕节农村商业银行 安顺农村商业银行 贵州铜仁农村商业银行 贵州凯里农村商业银行 贵州独山农村商业银行 贵州瓮安农村商业银行 贵州花溪农村商业银行 贵州仁怀茅台农村商业银行 贵州兴仁农村商业银行 贵州安龙农村商业银行	13
云南	—	0
广西	广西资源农村商业银行 广西田东农村商业银行 广西融安农村商业银行 广西龙胜农村商业银行 广西灌阳农村商业银行	5

续表

地区	机构名称	数量/家
陕西	陕西秦农农村商业银行 陕西榆阳农村商业银行 陕西佳县农村商业银行 陕西府谷农村商业银行 陕西神木农村商业银行 陕西杨凌农村商业银行 陕西镇安农村商业银行 陕西米脂农村商业银行 陕西子洲农村商业银行 陕西旬阳农村商业银行 陕西平利农村商业银行 陕西石泉农村商业银行 陕西汉阴农村商业银行 陕西白河农村商业银行	14
甘肃	酒泉农村商业银行 甘肃灵台农村商业银行 甘肃会宁农村商业银行 兰州农村商业银行 临夏农村商业银行 定西农村商业银行 甘肃临洮农村商业银行 平凉农村商业银行 华亭农村商业银行 武威农村商业银行 民勤农村商业银行 张掖农村商业银行 临泽农村商业银行	13
内蒙古	鄂尔多斯农村商业银行 阿拉善农村商业银行 巴彦淖尔河套农村商业银行 内蒙古乌拉特农村商业银行 内蒙古陕坝农村商业银行 内蒙古五原农村商业银行 内蒙古伊金霍洛农村商业银行 呼伦贝尔农村商业银行 内蒙古元宝山农村商业银行 赤峰松山农村商业银行 包头农商银行 呼和浩特金谷农商银行 察右前旗农村商业银行 乌兰察布农村商业银行	14

续表

地区	机构名称	数量/家
宁夏	宁夏黄河农村商业银行 宁夏平罗农村商业银行 中卫农村商业银行 吴忠农村商业银行	4
西藏	—	0
新疆	天山农村商业银行	1
青海	西宁农村商业银行 青海柴达木农村商业银行 玉树农村商业银行 青海格尔木农村商业银行	4

资料来源：2015 年中国银行业监督管理委员会年度报告

2）发展优势与劣势

农村商业银行在发展过程中具有独特的竞争优势，主要表现在三大方面：一是群众基础好。我国农村商业银行除单独设立外，还有一些农村信用合作社和农村合作银行改制成为农村商业银行，这些银行长期活跃于农村金融市场，与所在区域内的客户联系紧密，居于独特的本地化优势。二是经营方式灵活。大型商业银行由于内部管理机制健全，管理层级多且环环相扣，信贷审批环节多，导致信贷办理程序繁杂、周期较长，正是由于大型商业银行的信贷门槛高、周期长、条件严格的特点导致很多农村中小微企业被拒之门外。而农村商业银行的管理层极少，办理信贷的手续较为简单，审批迅速且获得贷款的可能性较大，中小微企业可以在短时间内获得贷款。三是经营成本低。因为农村商业银行服务的区域主要是广大农村地区，虽然分支机构数量多，但经营规模并不大，且内部管理机构简化，所以运营成本与大型商业银行的分支机构相比成本较低。

因为农村商业银行自身的发展历史较短，而农村信用合作社和农村合作银行的历史遗留因素较长，所以农村商业银行在发展过程中也存在诸多问题。①资金不充足。农村商业银行的规模普遍较小，是由当地的农户、工商户、企业和其他经济组织入股组成的，这就致使农村商业银行的资金不充足问题。②控制风险能力弱。农村商业银行作为服务于"三农"的小型金融机构，其资产规模与大型商业银行相比有较大差距，然而其服务对象为农村、农业与农民，特点为对资金需求较大、还款能力较弱、信用水平较低，导致农村商业银行面临较大的信贷风险。

4.1.2　政策性农村金融机构

中国农业发展银行是我国农业领域唯——家政策性农村金融机构，以国家信用为基础筹集资金，提供农业政策性金融业务，代理财政支农资金的拨付，主要为广大农村地区的粮食收储企业、农业产业龙头企业提供融资服务。截至 2015 年年底，共有 31 家省级分行，300 余个二级分行，1800 余个营业机构。

财政部、国家税务总局发布《关于中国农业发展银行涉农贷款营业税优惠政策的通知》，明确自 2016 年 1 月 1 日至 2018 年 12 月 31 日，对中国农业发展银行总行及其各分支机构提供涉农贷款，包括农业农村基础设施建设、水利建设贷款，农村土地流转和规模化经营贷款，农民集中住房建设、农村人居环境建设、涉农棚户区改造贷款等取得的利息收入减按 3% 的税率征营业税[①]。

1. 中国农业发展银行的业务范围[②]

（1）办理粮食、棉花、油料收购、储备、调销贷款。

（2）办理肉类、食糖、烟叶、羊毛、化肥等专项储备贷款。

（3）办理农、林、牧、副、渔产业化龙头企业和粮棉油加工企业贷款。

（4）办理粮食、棉花、油料种子贷款。

（5）办理粮食仓储设施及棉花企业技术设备改造贷款。

（6）办理农业小企业贷款和农业科技贷款。

（7）办理农村基础设施建设贷款。

（8）办理农业综合开发贷款。

（9）办理县域城镇建设贷款。

（10）办理农业生产资料贷款。

（11）在已批准业务范围内开展外汇贷款业务；为已批准业务范围内的客户办理资本、贸易和非贸易项下的国际结算业务，以及与国际结算业务相配合的外汇存款、外汇汇款、铜业外汇拆借、代客外汇买卖等业务。

（12）在设有分支机构的县域地区办理除居民储蓄存款外的公众存款业务；办理业务范围内企事业单位的存款及协议存款业务等。

（13）发行金融债券。

（14）代理财政支农资金的拨付。

（15）办理开户企事业单位结算。

---

① 财政部与国家税务总局发布通知：农行涉农贷款利息收入减按 3% 征营业税，中国经济网。
② 资料来源：2014 年中国农业发展银行社会责任报告。

（16）办理代理保险、代理资金结算、代收代付等中间业务。

（17）办理同业拆借、票据转贴现、债券回购和现券交易、同业存款存出等业务。

（18）办理经国务院或银监会批准的其他业务。

2. 中国农业发展银行对西部农村地区的信贷支持

由图 4-2 可知，自 2012 年起至 2014 年，中国农业发展银行对我国西部地区的信贷总额逐年上升。根据数据显示，2014 年中国农业发展银行的贷款余额总额为 28 314 亿元，其中东部地区贷款余额为 10 135 亿元，中部地区贷款余额为 6653 亿元，西部地区贷款余额为 6911 亿元，占贷款余额总额的 24.4%。

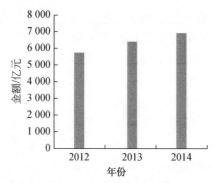

图 4-2　西部地区贷款余额
资料来源：2014 年中国农业发展银行社会责任报告

1）保障西部地区粮食安全

青稞是西藏地区主要的粮食品种，2014 年 12 月 25 日，按照"区域定位、合理布局、一地一企、多方监管"原则，中国农业发展银行对西藏江孜广甲粮食储备库和山南国家粮食储备库发放贷款 3000 万元；截至 2015 年 3 月底共支持收购青稞 1361 万千克，实现了市场稳定、农民增收。

新疆是全国最大的优质商品棉生产基地，近四年来中国农业发展银行累计发放棉花收购贷款 2213 亿元，支持企业收购棉花 1220 万吨。2014 年认定 239 家企业具备中国农业发展银行棉花收购贷款资格，支持扎花厂 560 家，累计发放棉花贷款 424 亿元，支持企业收购皮棉 323 万吨，切实保障了棉农的生活自己来源，保证了棉花市场的稳定发展。

2）融资基础设施，促进城乡一体化

巴川河是重庆市铜梁县的母亲河，近年来因污染严重，变成一条臭水沟。为彻底改变铜梁县中腰水系，解决巴川河流域水患、农田灌溉、环境污染等问题，中国农业发展银行重庆分行提供 4.2 亿元水利建设中长期贷款，对巴川河进行综合治理，提高防洪能力、改善水土流失、农田灌溉和人居环境。

滇川高原的香乡公路连接云南香格里拉、四川德荣和乡城县，三县均为国家级重点扶贫县。原有的香乡公路标准较低，里程较长。2014 年中国农业发展银行云南省迪庆分行授信 5.1 亿元支持公路建设项目，大大提高滇川通道的通达程度和运输能力。

2007 年，中国农业发展银行青海省分行发放中长期贷款 15 亿元，支持青海省"十一五"农村公路建设。截至 2014 年年底，中国农业发展银行青海省分行累计发放农村路网建设贷款 81.75 亿元，贷款余额 48 亿元，有效缓解了农牧民出行难问题。

贵州省铜仁市被评为"中国西部名城""全国最具潜力中小城市 50 强""省级卫生城市"等，却受制于交通基础设施建设滞后，其旅游资源未能得到有效利用。2013 年，中国农业发展银行贵州省分行开辟办贷绿色通道，累计投放贷款 14 亿元，支持铜仁市交通设施的建设。

3）支持实体经济，推进农业现代化

内蒙古通辽梅花生物科技有限公司（以下简称梅花公司）已发展成为全球规模最大的谷氨酸生产基地，截至 2014 年年底，中国农业发展银行通辽市分行共向梅花公司发放贷款 49.6 亿元。

宁夏贺兰山东麓地区地处北纬 44°，是国际公认的酿酒葡萄最佳的产区纬度，也是我国酿酒葡萄十大原产地之一。2013 年起，中国农业发展银行先后投放中长期贷款 1.4 亿元支持当地重点龙头企业成产基地的建设，有效促进了农业产业特色优势产业的发展。

新疆巴里坤哈萨克自治县是我国贫困县，畜牧业是当地的主要产业。2010 年以来，中国农业发展银行为促进当地畜牧养殖业的发展，发放 1360 万元支持养殖基地的建设，有效了带动当地就业，提高了农民收入，目前，养殖基地已经成为晋江哈密地区最富裕的社会主义新农村之一。

4）助力解脱贫困

甘肃省是国家新一轮扶贫攻坚的主战场。中国农业发展银行甘肃省分行加大信贷投入，重点投向制约贫困地区发展的关键领域和薄弱环节。2014 年向集中连片特困区（六盘山集中连片特困区）累计发放贷款 133 亿元，截至 2014 年年末，贷款余额为 331.16 亿元，占全行贷款总额的 66%；支持项目 324 个，占全行项目总额的 45%。

秦巴山区集中连片贫困区在陕西省范围共有 30 个县，中国农业发展银行善心分行发挥政策性银行职能作用，积极助推解困脱贫。2014 年向集中连片贫困区累计发放贷款 27.65 亿元，占全行贷款投放的 12.45%；截至 2014 年年底，集中连片贫困区贷款余额 73.07 亿元，占全行贷款总额的 13.64%。

广西共有 29 个县属于滇桂黔石漠化集中连片贫困区。中国农业发展银行广西分行秉承"因地制宜"原则，根据不同县域的产业特点，使用适合当地需求的金融产品和服务模式，以产业发展为引领，不断培育壮大地方特色产业和支柱产业，引导当地民众走上脱贫的道路。2014 年累计向石漠化片区发放贷款 34.16 亿元，年末贷款余额为 44.6 亿元。

4.1.3　新型农村金融机构

我国农村金融体系通过长期的改革和完善，形成了以政策性农村金融机构为保障、传统型农村金融机构为基础、新型农村金融机构为重要补充的农村金融体系结构。新型农村金融机构作为促进我国广大农村经济发展的新型力量，主要包括村镇银行、小额贷款公司、农村资金互助社等金融机构。

1. 村镇银行的发展现状与问题

村镇银行是指经中国银行监督管理委员会批准设立的，所在地为农村地区且主要服务对象为"三农"的银行业金融机构。近年来，大型商业银行和股份制商业银行为控制经营风险，提高利润增长率，将经营范围缩小至城市地区，主要为一些发展稳定、前景较好的大中型企业提供金融服务，广大农村地区的金融机构网点甚至出现回撤现象。虽然农村地区有农村信用合作社和农村商业银行做保障，但由于历史因素及自身管理问题，难以实现规模经营，且资金规模相对较小，使得农村信用合作社和农村商业银行发放涉农贷款变得有心无力，导致农村地区缺乏资金，城乡差距进一步拉大。而村镇银行的出现恰好可以弥补农村金融市场的空白。

1）发展现状

根据数据显示，2012 年全国共有村镇银行 800 家，营业网点 1426 个，共有员工 30 508 名。截至 2015 年年底，全国村镇银行的数量增加至 865 家，其中西部地区 197 家。从表 4-10 可以看出，四川省、广西壮族自治区、内蒙古自治区村镇银行的数量较多，占比分别为 5.2%、3.4%、4.2%。但从全国来看，西部地区占全国陆地面积的 57% 左右，人口约占全国总人口的 37%，而村镇银行的数量仅占全国总量的 23%。通过表 4-11 可知，我国西部地区村镇银行发展相对缓慢，共计发放贷款 109 亿元，占全国村镇银行贷款发放总额的 26.01%。由此看来，我国西部地区村镇银行的发展较为薄弱，对农户和乡镇企业的支持力度较小。

表 4-10 西部地区农村银行网点分布

省份	重庆	四川	贵州	云南	广西	陕西	甘肃	内蒙古	青海	西藏	新疆	宁夏
县及县以下农村银行金融机构网点 / 个	353	1513	390	657	797	631	411	512	149	510	338	146
占全省机构网点总量 /%	19	37	37	37	21	27	27	31	30	84	23	28
村镇银行机构数 / 家	5	45	22	14	29	9	18	36	1	0	8	10
占全国村镇银行机构总量 /%	0.60	5.20	2.50	1.60	3.40	1.00	2.10	4.20	0.12	0	0.90	1.20

注：县及县以下农村银行金融机构网点统计的商业银行包括：中国建设银行、中国银行、中国工商银行、中国农业银行、招商银行、平安银行、华夏银行、兴业银行、浦发银行、中国民生银行、中信银行

资料来源：商业银行官网公布的 2015 年数据

表 4-11 西部地区村镇银行农户贷款余额及占比

省份	村镇银行贷款额 / 百万元	占比 /%
重庆	1 150	2.80
四川	2 220	5.30
贵州	173	0.40
云南	500	1.20
广西	1 530	3.70
陕西	175	0.40
甘肃	940	2.30
内蒙古	1 771	4.20
青海	3	0.01
新疆	1 141	2.70
宁夏	1 270	3.00
总计	10 873	26.01

资料来源：中国银行业监督管理委员会网站

2）问题

（1）区域分布不均衡。目前，我国西部地区共有 197 家村镇银行，从其分布区域上来看，主要分布在西南地区且多在发达地区，例如，四川省有村镇银行 45 家，广西壮族自治区有 29 家，贵州省有 22 家，根据其创立初衷，村镇银行是经银监会批准设立的，所在地为农村地区且主要服务对象为"三农"的银行业

金融机构，目标为促进当地农民、农业、农村的发展。而在人数众多的西北地区，村镇银行的数量相对较少。内蒙古自治区 36 家，甘肃省 18 家，宁夏回族自治区 10 家，陕西省 9 家，而西藏没有村镇银行，青海省也仅有一家村镇银行。

（2）金融产品单一，缺乏创新。村镇银行的成立，能够有效缓解当地农民及企业贷款难的问题。但由于村镇银行向农村地区提供的金融产品和服务较为单一，仍然不能充分满足当地对金融产民的需要。目前，村镇银行的主要业务为吸收存款、发放贷款，一些村镇银行提供的理财产品和信贷产品与其发起行的产品基本没有差别，同质化严重且缺乏针对性。村镇银行的交易方式与其他商业银行相比较为落后。村镇银行目前仍以柜台交易为主，存折的使用率仍高于银行卡。大多数村镇银行网上银行的使用效率较低，自助设备的数量较少且分布地区有较大限制，电话银行等交易渠道使用效率较低，甚至有些村镇银行未开通。

（3）资金规模小，吸收存款难度大。村镇银行与大型商业银行相比其资金规模较小，然而农村地区对资金的需求大，与城市地区贷款剩余不同，农村地区常常出现贷款不足问题。由于村镇银行的发展历史较短，认知度较低，出现存款吸收困难的现象。农民对村镇银行缺乏了解，其资金实力很难令农民信服，与中国农业银行、中国邮政储蓄银行相比，人们更加倾向于存入大型商业银行的分支机构。正是因为村镇银行吸收存款的能力较小，所以经常出现贷多存少的现象。

（4）抵御风险能力弱。目前，农村信用合作社、农村商业银行、村镇银行是分布在农村地区的金融机构，是专为支持"三农"发展而设立的金融机构，为广大农村地区提供金融服务。由于我国农村信用合作社发展历史较长，网点分布范围广，群众基础广泛，而村镇银行的发展历史短且认知度低，与农村信用合作社相比，村镇银行竞争力小。由于我国村镇银行的服务对象为农户和农村小微企业，在经营贷款业务时要承担较高的贷款风险。与城市贷款人相比，农村贷款人的还款意愿和还款能力较低，且贷款较为分散，加之村镇银行的资金实力与大型商业银行有着较大的差距，自负盈亏的能力较弱，从而经营风险上升。

2. 小额贷款公司的发展现状

小额贷款是指小额贷款公司向社会中的低收入群体、小微企业提供的数量较小的贷款服务。小额贷款公司是由自然人、企业法人与其他社会机构投资设立的，不吸收公众的存款，经营小额贷款业务的有限责任公司或股份有限公司。小额贷款公司并不是金融机构，其注册资金较低，通常为 500 万元人民币，但其贷款利率较高，一般为基准利率的 4 倍，服务对象为低收入人群和小微企业。

目前，我国农村地区的金融机构包括农村信用合作社、农村商业银行、村镇银行、中国邮政储蓄银行和少量的大型商业银行的分支机构和经营网点，虽然银行类正规金融机构的数量较多，但仍然不能充分满足农村地区的资金需求。并非金融机构的资金实力不足而导致的农户和企业信贷需求未能满足，而是由于农户及中小微企业的经济状况较差，缺乏信贷抵押物，从而易出现信贷申请被拒的情况。小额信贷的产生无疑成为农村地区获取资金的新渠道，专门针对缺乏抵押、担保的低收入人群和中小企业提供金融服务。

西部农村地区是我国少数民族人口的聚集地，同时也是贫困人口相对集中的地区。由于自然条件差、交通不发达，长期以来西部地区经济发展水平比较落后。近年来，受国家政策响应，西部地区发挥自身自然资源、环境、廉价劳动力等优势，因地制宜发展特色产业，经济呈快速增长趋势，增长速度高于全国水平。为促进西部地区经济持续健康发展，应不断优化产业结构，发展特色产业，缩小城乡差距。

但西部地区在发展过程中的难点是资金问题，不仅农户在开展种植业、养殖业、畜牧业时需要资金投入，农村中小微企业的发展也需要大量资金。因为其他银行类金融机构的信贷门槛较高，农户和企业获得贷款的难度较大，所以小额贷款公司的成立在农村资金渠道中扮演重要角色。

2008 年，我国小额贷款公司规模在 500 家左右，到 2010 年，小额贷款公司的规模迅速扩张到 2614 家；2011 年有 3027 家小额贷款公司，从业人员达到 3 万人之多，有 2400 多亿元用于贷款；截至 2015 年 6 月底，全国小额贷款公司 8951 家，贷款余额为 9594 亿元。目前，小额贷款公司已经成为金融行业的重要补充，其服务小微企业的功能不可替代。

小额贷款公司开展的小额贷款融资业务有利于解决我国中小微企业在发展初期存在的资金问题，是我国缺少流动资金的中小企业的一个有力保障，有利于提高全社会就业水平，对增强国民经济内生动力，拉动内需都具有重要意义，更是我国国内企业进阶融资渠道的一个重要发展方向。

3. 农村资金互助社的发展现状

农村资金互助社是指经银监会批准，由乡、镇、村农民和村小微企业入股组成，为社内成员提供存款、贷款、结算业务的农村互助性银行业金融机构。农村资金互助社作为以农民为主体的社区合作性金融组织，与农村信用合作社、农村商业银行、村镇银行的区别在于其吸收存款的对象和发放贷款的对象都仅限于社内成员，不得向社员以外的任何个人和企业吸收存款、发放贷款。农村资金互助社与其他正规金融机构相比，规模、吸收资金的能力、服务范围、发展潜力都相对较差，但在实现我国农村地区与城市地区均衡发展方面发挥重要作用。

如表 4-12 所示，我国西部地区农村资金互助社的数量较多，其中四川省、山西省的数量位于前列。根据调查，四川省互助资金总额为 19.03 亿元，其中财政拨款 15.03 亿元，村民入股 3.94 亿元，其他渠道来源 0.06 亿元，高于东部地区河南省 2.52 亿元（王信，2014）。

表 4-12　西部地区农村资金互助社数量

省份	农村资金互助社数量/家	省份	农村资金互助社数量/家
重庆	695	甘肃	526
四川	1 640	宁夏	969
贵州	206	青海	206
云南	709	内蒙古	115
广西	210	新疆	157
陕西	1 450	西藏	85

资料来源：2010 年西部地区各省（自治区、直辖市）金融运行报告

4.2　农户借贷情况

党的十八大提出：在 2020 年实现全面建成小康社会的奋斗目标。农村地区的经济发展是我国社会经济发展的短板，实现农村地区小康社会的建设也是我国全面建成小康社会的关键步骤，因此，全面建成小康社会对我国广大农村地区的经济、文化的发展提出了新要求。

金融作为现代化经济发展的核心，有利于提高边际资本的产出效率，促进产业结构优化升级，对我国经济的发展有着重要贡献。农村金融是现代金融的重要组成部分，是满足农村经济社会发展的一系列市场组织、体制、产品、主题构成的体系，利用信用这一媒介筹集、分配和管理农村货币资金的活动，为广大农民、农村经营个体、农村小微企业及合作组织提供多样化的金融服务的金融制度。

"三农"问题一直是限制我国经济发展的重要问题，因此如何解决"三农"问题成为我国经济发展的重要问题。"三农"包括农村、农业和农民，其中农民是促进我国农村和农业发展的基础因素，但目前农村贫困人口的数量庞大，成为阻碍我国农村和农业进一步发展的主要因素之一。

全国村镇银行金融机构对农业的贷款余额总约为 4100 亿人民币，从表 4-13 中可以容易看出，西部地区村镇银行贷款余额约为 1100 亿人民币，占全国村镇银行农业贷款余额的 26.01%。这说明我国西部地区村镇银行农户贷款数量较少。

表 4-13   2011 年西部地区村镇银行农户贷款余额及占比

省份	村镇银行贷款余额 / 亿元	占比 /%
重庆	115.0	2.8
四川	222.0	5.3
贵州	17.3	0.4
云南	50.0	1.2
广西	153.0	3.7
陕西	17.5	0.4
甘肃	94.0	2.3
内蒙古	177.0	4.2
青海	0.3	0.01
新疆	114.0	2.7
宁夏	127.0	3.0
总计	1 087.1	26.01

资料来源：中国银行业监督管理委员会网站

农户小额贷款是指银行业金融机构向农户发放的资金，用于满足其农业种植、养殖或其他与农村经济发展有关的生产经营活动。小额贷款可在中国邮政储蓄银行和农村信用合作社办理，中国邮政储蓄银行针对农户的小额贷款品种有农户联保贷款、农户保证贷款，最低贷款额度为 1000 元，最高为 5 万元，贷款期限为 1—12 个月，可一次性还本付息、等额本息还款、阶段性等额还本付息。表4-14 为 2011 年我国西部地区农户贷款数量及占农户总人口的比重。

表 4-14   2011 年西部地区农户贷款情况

省份	贷款支持农户数 / 个	比重 /%
重庆	435 882	9
四川	7 724 473	42
贵州	2 529 429	30
云南	4 829 251	51
广西	2 421 317	26
陕西	1 863 546	36
甘肃	2 198 920	45
青海	124 473	14
新疆	1 392 351	45
西藏	346 814	75
宁夏	322 676	34
内蒙古	1 745 377	43

资料来源：中国银行业监督管理委员会网站

由表 4-14 可知，我国西部地区不同省（自治区、直辖市）农户贷款的数量是不同的。单从数量来看，四川省、云南省、贵州省、广西壮族自治区、陕西省、新疆维吾尔自治区和内蒙古自治区的农户贷款数量达 100 万户以上，其中四川省的农户贷款数量最多，是贵州省的 3 倍以上。从比重来看，西藏自治区、云南省、甘肃省、新疆维吾尔自治区、内蒙古自治区、四川省的农户贷款比重在 40% 以上，其中西藏自治区达 75%。我国四川省、云南省、贵州省和广西壮族自治区的农村人口数量超过 2000 万以上，虽然农户贷款的户数较多，但比重并未超过农村人口只有 27.74 万的西藏自治区。由此看来，西部地区要想全面实现贷款支持农户，相关政府部门与金融机构的任务仍然艰巨。

4.3　农村小额信贷的发展情况

小额信贷是为低收入人群、小微企业提供金融服务的一种方式。其经营项目主要是向城乡低收入人群、微型企业提供额度较小的持续性贷款，贷款金额一般为 1000 元以上，10 万元以下。小额信贷的特点为申请贷款无需抵押、时间快、手续简单、数额小，但同时贷款利率一般高于其他正规金融机构的贷款利率。

4.3.1　小额信贷的发展背景

为了消除贫困和发展农业，20 世纪 70 年代小额信贷在国际上产生。自 20 世纪 90 年代初期，小额信贷开始在中国的农村进行试点。1993 年，中国科学院农村发展研究所首先成立了"扶贫经济合作社"，1998 年，小额信贷业务开始在较大范围内推广，1999 年，农村信用合作社开展小额信贷业务，2004 年至今，小额信贷机构快速发展。

目前，在我国农村金融市场中，农户贷款难和银行放贷难是金融市场上的一对矛盾。由于操作成本高、信息不对称等原因，造成需要资金的农户申请不到贷款，未获得贷款利润的银行不敢放贷。相对于城市贷款者而言，农村贷款者的资产积累较少，缺乏抵押物，贷款难度大；对发放贷款的金融机构而言，为获得较大的利润，承担较小的风险，大多数商业银行不愿将资金借贷与农民。

制约我国农村地区经济发展的主要因素之一是缺乏资金，当前农村金融机构发展相对落后，不能及时满足农村经济发展的需要。小额信贷的目标是为低收入人群提供信贷支持，帮助其获得自我就业和自我发展的机会，提高低收入人群的收入、改善福利水平。农村小额信贷业务的发展缓解了农村金融市场资金供求矛盾、拓宽了资金渠道、提升了农村金融服务水平。

我国西部农村地区经济发展落后，收入来源主要来自于农业，但其农业发展方式多为粗放型，未能实现规模化生产。为扩大生产规模、引进先进生产技术、实现农业产业现代化，我国西部农村地区需要大量的资金投入来满足当地农民生产、生活的需要。由于当地农民普遍缺乏可担保抵押的资产，小额信贷的发展在促进西部农村地区经济发展、助力西部大开发战略、缩小城乡差距方面具有重要的意义。

4.3.2　西部农村地区小额信贷的发展现状分析

1. 西部农村地区经济发展现状

我国西部地区农村贫困人口数量庞大，且贫困地区相对集中，四川、贵州、云南甚至形成连片特困区，当地经济发展水平落后，金融制度不健全，金融基础设施匮乏，金融排斥程度高。

1）农村经济发展落后

西部地区地域辽阔，土地面积681万平方公里，约占我国国土面积的71%，人口约3.5亿，但由于其独特的地理位置，多高原、盆地、沙漠地区，少平原地区，如云贵高原、青藏高原、四川盆地、塔克拉玛干沙漠等。由于其恶劣的自然环境，农作物产量较少，运输不便，加之农村人口众多，使得西部地区农村经济发展相对落后且封闭。此外，当地经济条件落后，导致教育水平低，思想较为传统保守，对新型金融产品的接受程度低，甚至出现金融排斥的现象。

从表4-15中可明显看出当地经济发达程度与当地城镇化水平、地理因素有高度相关性。2015年，全国乡村人口在全国总人口中的比重为43.9%，城镇化率为56.1%，西部地区仅有重庆和内蒙古的城镇化率高于全国水平；全国农村居民人均可支配收入为10 772元，内蒙古成为西部地区唯一一个超过全国平均水平的省份；四川省和内蒙古自治区的农村居民人均消费水平高于国家9223元的平均水平。通过分析可以得出，西部地区中只有内蒙古自治区的3项指标优于全国平均水平。

表 4-15　西部地区农村人口及收入、消费水平

省份	总人口 / 万人	乡村人口 / 万人	比重 /%	农村收入 / 元	农村人均消费 / 元
重庆	3 610.55	1 178	39.1	10 505	8 938
四川	8 204	4 292	52.3	10 247	9 251
贵州	3 529.5	2 047	58.0	7 387	6 645
云南	4 741.2	2 687	56.7	8 242	6 830
广西	5 518	2 539	52.9	9 467	7 582
陕西	3 793	1 748	46.1	8 689	7 901

续表

省份	总人口 / 万人	乡村人口 / 万人	比重 /%	农村收入 / 元	农村人均消费 / 元
甘肃	2 600	1 477	56.8	6 936	6 830
青海	558	292	49.7	7 933	8 566
宁夏	668	299	44.8	9 119	8 415
新疆	2 360	1 245	52.8	9 426	8 630
内蒙古	2 511	997	39.7	10 776	10 637
西藏	324	234	72.3	8 244	6 303
全国	137 462	60 346	43.9	10 772	9 223

资料来源：2015 年国民经济和社会经济统计公报

我国西部地区不仅农户的发展需要金融支持，农村中小微企业的发展同样需要金融支持。在我国西部地区 12 省（自治区、直辖市）中，主板上市的企业 232 家，中小板上市的企业为 75 家，创业板上市的企业仅为 45 家。由此看来，由于我国证券市场的准入门槛较高，使得我国西部地区农村的中小微企业中通过证券市场实现直接融资的企业数量较少，从侧面也反映出中小微企业对直接融资方式以外的其他融资方式的依赖，如小额信贷。

2）金融机构网点少

经过对农村金融体系的一系列调整和改革，初步形成了由中国农业银行、中国农业发展银行、农村信用合作社主导的农村金融体系，将具有商业性质的、政策性质的、合作性质的银行金融机构相结合，推动我国农村金融体系的进一步完善和发展。另外，中国邮政储蓄银行、村镇银行的发展也使得农村金融机构数量增加，进一步满足广大农村地区人民、企业对资金的需求。但由于我国优先发展城市金融的发展战略，使得农村金融长期被边缘化，经济发展落后，贫困人口数量较多，金融发展程度不高。

随着我国社会主义市场经济的深入发展，农村金融机构面临激烈的竞争，其生存环境面临巨大的威胁，一些金融机构在规划初期不得不因为成本问题而放弃在农村地区设立分支机构或营业网点，另一些金融机构在考虑降低成本、提高利润、控制风险等方面的因素后，从农村地区撤出机构网点，将主要业务转移至城市。除此之外，大部分金融机构的经营目的为获取更高的收益，因此，其经营与服务的对象多定位在高收入且具有稳定工作的人群，从而使得农村地区很难获得同等的金融服务机会，出现金融排斥现象，且这一排斥现象随着城乡差距的扩大而进一步恶化。

3）贫困地区广，贫困人口多

习近平同志在 2013 年 11 月于湖南湘西考察时，首次提出"精准扶贫"这一

概念，并提出扶贫要实事求是、因地制宜。"精准扶贫"是中国政府当前和今后
一个时期关于贫困治理的指导性思想，其生成的理论基础是共同富裕原则，现实
基础是全面建成小康社会的宏伟目标。

　　截至 2014 年年底，全国共有 592 个贫困县，共有农村贫困人口 7017 万人。
其中贵州省农村贫困人口 623 万人，占全国总数的 8.9%，共有贫困人口 745 万人。
全省 88 个县级单位中有 50 个国家扶贫开发重点县，934 个贫困乡，9000 个贫困村，
全国排名第一，是全国农村贫困人口最多、贫困面最广、贫困程度最严重的省份。

　　如表 4-16 中数据所示，西部地区共有 449 个贫困县，占全国贫困县总数的
85%。截至 2015 年年底，我国共有 5575 万贫困人口，其中西部地区 3559 万贫
困人口，占全国贫困人口总数的 64%，而西部地区总人口仅占全国人口的 26%。
由此可见，西部地区贫困范围较广，贫困人口数量众多，贫困程度较高，四川、
云南、贵州、广西等地还形成了连片特困区，这些地方多为少数民族聚集地，由
于生产方式落后、交通不便、开放程度低、教育水平落后、新技术接受程度差等
原因造成当地经济封闭且落后。

表 4-16　2015 西部地区各省（自治区、直辖市）贫困县及贫困人口分布

省份	贫困人口 / 万人	贫困县 / 个
贵州	745	50
广西	538	28
四川	498	36
云南	471	73
陕西	350	50
甘肃	317	43
新疆	261	27
内蒙古	117	31
宁夏	80	8
重庆	71	14
西藏	59	74
青海	52	115

资料来源：国民经济和社会发展公报

2. 西部农村地区小额信贷发展现状

　　我国提供小额信贷资金供给的机构类型共分为 5 类：第一类为民间自发形成
的自由借贷组织、个人放贷组织、地下钱庄等；第二类为社会各界以扶贫的名义
在欠发达地区进行资金募集的行为，称为项目小额信贷。参与项目的机构和组织

对所募集来的资金进行运作；第三类是专业经营小额信贷业务的小额贷款公司，其经营的范围仅为贷款业务，不吸收存款；第四类为小型银行类金融机构，如农村信用合作社、农村商业银行、村镇银行、农村资金互助社，其服务的区域和范围固定且比较小；第五类为商业银行小额信贷业务。

1）项目小额信贷

20 世纪 80 ～ 90 年代是我国小额信贷初步发展时期。在发展初期，我国小额信贷的操作机构多为国际机构和社会团体等民间组织，如表 4-17 所示，小额信贷发展初期对西部地区项目支持的组织形式为非政府组织（Non-Govemment Orangnization, NGO）小额信贷，是我国最早被引进中国的组织形式。

表 4-17　小额信贷发展初期对西部地区的项目支持

时间	项目
1984 年	国际小母牛项目在中国西部贫困地区资助人均低于当地平均水平的农户
1989 年	人口基金会开始在甘肃、青海和宁夏地级县实施"妇女、人口与发展"项目
1992 年	香港乐施会集中在贵州、广西、云南的贫困县开展农村综合发展项目，为农户提供小额信贷，用于购买畜种，改良种植、饲养技术，提供防疫兽医服务
1994 ～ 1995 年	中国社会科学院农村发展研究所在福特基金会和孟加拉乡村银行的资金和技术支持下，将孟加拉小额信贷模式引入中国

资料来源：林浦（2012）

除非政府组织的小额信贷外，还有政府和金融机构操作的小额信贷。政府组织小额信贷的主要目标是消除贫困，资金来自于国家财政部划拨的财政资金和扶贫贴息贷款；金融机构组织的小额贷款资金主要来自于大型商业银行、股份制商业银行、城市商业银行、政策性银行、农村信用合作社、农村商业银行计划发放贷款的资金。

2）小额贷款公司

截至 2015 年 6 月底，全国小额贷款公司 8951 家，贷款余额为 9594 亿元。相较于传统大型商业银行以 500 万元乃至上千万元为起点的"小微"贷款，小额贷款公司低至数千元、高至上百万元的信贷服务成为银行业务的有效补充（王晓，2016）。

小额贷款公司开展的小额贷款融资业务有利于解决我国中小微企业在发展初期存在的资金问题，是我国缺少流动资金的中小企业的一个有力保障，有利于提高全社会就业水平，对增强国民经济内生动力，拉动内需都具有重要意义，更是我国国内企业进阶融资渠道的一个重要发展方向。目前，小额贷款公司已经成为金融行业的重要补充，其服务小微企业的功能不可替代。

3）小型商业银行小额信贷

2012 年，我国共有农村商业银行 337 家，19 910 个营业网点，拥有 220 042 名机构服务人员，截至 2015 年年底，我国共有农村商业银行数量激增至 859 家。2012 年我国共有农村信用合作社 1927 家，农村合作银行 147 家，2015 年其数量分别降至 1373 家、71 家。如表 4-18 和表 4-19 所示，从 2012 年到 2015 年，农村信用合作社、农村合作银行、农村资金互助组的数量逐渐减少，其中农村信用合作社 2015 年的数量减至 2012 年数量的 2/3，农村合作银行数量减半。正是因为农村合作银行与农村信用合作社改制为农村商业银行，所以农村商业银行的数量在四年间增加了 500 多家。

表 4-18　2012 年主要涉农金融机构的情况

机构名称	机构数量 / 家	网点 / 个	服务人员 / 名
农村信用合作社	1 927	49 034	502 829
农村商业银行	337	19 910	220 042
农村合作银行	147	5 463	55 822
村镇银行	800	1 426	358
农村资金互助组	49	49	421

资料来源：中国银行业监督管理委员会

表 4-19　2015 年主要涉农金融机构的情况

机构名称	机构数量 / 家
农村信用合作社	1 373
农村商业银行	859
农村合作银行	71
村镇银行	1 311
农村资金互助组	48

资料来源：中国银行业监督管理委员会

近几年，我国农村商业银行处于快速发展时期，2012 年我国农村商业银行的总资产数额为 65 751 亿元，2014 年资产突破 10 万亿，2015 年资产数量持续快速增长，截至 2015 年年底，资产总额为 152 342 亿元，其营业利润也由 2012 年的 782.8 亿元增长至 2015 年的 1487.4 亿元。

以我国西部地区成都商业银行为例，截至 2015 年年底，成都农商行共有员工 8562 名，其中基层业务人员 7450 名；银行发放贷款和垫款共 1770.67 亿元，吸收存款 4093.17 亿元；截至 2015 年年底，发放个人贷款 14.16 万笔，贷款余额为 4492.7 亿元，小微企业贷款余额为 666.66 亿元。

4.4　金融基础设施状况

我国提供金融服务的机构不仅有正规金融机构，还包括非正规金融机构。目前，正规的金融机构包括银行类金融机构、证券公司、保险机构等；非正规的金融机构包括民间借贷、典当行等。

在我国西部地区，金融服务体系结构分为两层，第一层为正规的金融机构，如四大商业银行、中国邮政储蓄银行、中国农业发展银行、农村信用合作社等，该层面的服务范围和力度有限；第二层为非正规金融机构，如民间借贷、典当行、高利贷等，非正规金融在一定程度上满足了资金需求者的贷款需求，但由于其规模小、分散且成本高的缺点，使得其发展受到限制。

1. 西部地区金融服务业对经济的直接贡献

我国西部地区金融服务体系以银行、证券、保险为主体，资本市场的其他金融服务为补充。随着西部大开发战略的实施，西部地区金融服务体系也进一步完善，但与东部地区的差距较为明显，仍有大量人口不能获得正规的金融服务，尤其是西部地区发展速度较慢、金融渗入不充分的广大农村地区，金融机构数量和金融服务人员较少，所以农村地区的居民获取金融产品和服务的机会较少。

如表 4-20 所示，我国西部地区重庆市和四川省的金融业增加值较高，但与我国东部沿海地区相比差距仍然较大。例如，上海市 2015 年全年战略性新型产业增加值为 3746.02 亿元，而重庆市和四川省的金融业增加值的总和仍不及上海市。

表 4-20　2015 年部分地区金融服务业增加值占国内生产总值的比重

地区	金融业增加值 / 亿元	比重 /%
内蒙古	829	4.6
甘肃	443.12	6.5
陕西	1 113.8	6.1
青海	220	9.1
宁夏	261.6	9.0
贵州	607.11	5.7
云南	981.86	7.2
四川	1 832.2	6.1
重庆	1 410.2	9.0
全国	57 500	8.5

资料来源：中国国家统计局网站

我国大部分西部地区金融服务业增加值占国内生产总值的比重低于全国平均水平，其中仅有青海、宁夏、重庆 3 地高于国家 8.5% 的平均水平。西部地区 12 个省（自治区、直辖市）的金融服务业增加值仅占全国金融服务业增加值的 13% 左右，仅相当于上海和北京两个城市金融业增加值的和。并且西部地区金融业增加值相对集中，陕西、四川、重庆将近占增加值的 50%，而其他地区金融业增加值的贡献值相对较小。由此可见，西部地区金融业发展速度相对落后。

2. 金融基础设施现状

我国西部地区金融基础设施主要包括银行、证券公司、保险公司、小额贷款公司、典当行、信托公司等，其中在我国西部农村地区提供金融服务的机构主要为银行及民间借贷，其他金融机构涉及农村的业务较少甚至没有。

1）银行类金融机构

（1）网点分布情况。一般来看，金融机构分布较密集的地区具有良好的金融生态环境，该地区的消费者和投资者更容易接触到金融产品、接受金融服务。因为金融本身具有商业属性，大部分银行类金融机构的经营目的为盈利，所以金融体系中普惠理念的缺失，从而导致地区间发展不平衡，进一步加剧了欠发达地区经济发展水平的落后。

根据表 4-21 提供的数据可以看出西部地区银行的分支机构及营业网点的数量占总数的比例较小，大约在 20% ～ 25%。其中四大商业银行和股份制商业银行的数量占比相对较小，其原因应归属于商业银行的特殊性质。商业银行的经营目的是获得利润的最大化，过去商业银行的经营利润几乎全部来自于存贷款利息的差额，近几年由于股份制商业银行及其他金融机构的迅速发展，商业银行逐步开始转型，将业务重心转移至理财产品，实现营利多元化，这种营利模式也决定了商业银行的发展存在地域差异。东部沿海地区资金聚集且数量庞大，消费者和投资者对理财产品和金融服务的需求更大，这更有利于商业银行获取更大的利润，因此商业银行在西部 12 省（自治区、直辖市）分布的银行商业网点仅占全国银行网点的 1/5。

表 4-21   西部地区各省（自治区、直辖市）金融机构网点分布

地区	四大商业银行 / 家	中国邮政储蓄银行 / 家	股份制商业银行 / 家	合计 / 家
重庆	1 583	1 730	241	3 554
四川	3 673	2 912	336	6 921
贵州	982	166	82	1 230
云南	1 557	179	222	1 958

续表

地区	四大商业银行 / 家	中国邮政储蓄银行 / 家	股份制商业银行 / 家	合计 / 家
广西	2 673	136	111	2 920
陕西	2 005	1 200	301	3 506
甘肃	1 485	597	56	2 138
内蒙古	1 568	155	89	1 812
青海	474	180	15	669
西藏	596	42	9	647
新疆	1 413	383	75	1 871
宁夏	507	122	15	644
合计	18 516	7 802	1 552	27 870
全国总数	91 320	33 033	7 006	131 359
占比 /%	20	24	22	21

注：四大商业银行指中国银行、中国工商银行、中国农业银行、中国建设银行；股份制商业银行包括招商银行、兴业银行、浦发银行、中国民生银行、中信银行、华夏银行、中国平安银行。（所有统计数据均为境内分支机构及营业网点）

资料来源：四大商业银行、中国邮政储蓄银行、股份制银行 2015 年年报及官方网站信息披露。

　　四大商业银行中，中国农业银行占据较大比例，在西部地区共 18 516 个银行营业网点中有 7000 个左右属于中国农业银行及其分支机构，其中四川有 1315 个中国农业银行营业网点，广西有 841 个中国农业银行营业网点，陕西有 700 个中国农业银行营业网点，表明中国农业银行对西部欠发达地区的支持力度较大。中国工商银行在西部地区共有 3666 个银行营业网点，占全国机构总数的 27%。中国建设银行有 3121 个营业网点，占全国机构总数的 24%。中国银行在西部地区有 4790 个营业网点，占全国机构总数的 18% 左右，占比最低。

　　股份制商业银行由于自身趋利的营利特性，其经营网点多分布在经济发达的东部沿海地区，如环渤海经济圈、长江三角洲经济圈。对于资金贫乏、经济发展相对落后的西部地区设立分行的数量较少，在西部 12 省（自治区、直辖市）中多分布在经济相对发达的地区，如重庆市、四川省成都市、云南省昆明市、陕西省西安市。

　　如表 4-22 所示，我国西部农村地区银行类金融机构数量占全省机构数量总额的比重并不高。结合表 4-3 可知，四大商业银行在我国西部农村地区设立的分支机构及营业网点的数量较少，甚至出现将机构撤出农村地区的现象。四大商业银行中，中国农业银行对西部广大农村地区的金融支持力度最大，2015 年共实现涉农贷款 1677 亿元。

表 4-22　2015 年西部地区农村银行网点分布

	重庆	四川	贵州	云南	广西	陕西	甘肃	内蒙古	青海	西藏	新疆	宁夏
县及县以下农村银行金融机构网点 / 个	353	1513	390	657	797	631	411	512	149	510	338	146
占全省机构网点总量 /%	19	37	37	37	21	27	27	31	30	84	23	28
中国农业银行营业网点 / 个	184	646	211	386	438	330	219	278	92	474	212	79
占全省农业银行网点总量 /%	41	49	57	57	52	47	44	49	53	94	34	36
村镇银行机构数 / 家	5	45	22	14	29	9	18	36	1	0	8	10
占全国村镇银行机构总量 /%	0.6	5.2	2.5	1.6	3.4	1.0	2.1	4.2	0.1	0	0.9	1.2

注：县及县以下农村银行金融机构网点统计的商业银行包括：中国建设银行、中国银行、中国工商银行、中国农业银行、招商银行、平安银行、华夏银行、兴业银行、浦发银行、中国民生银行、中信银行

资料来源：商业银行官网公布的 2015 年数据

全国 865 家村镇银行中，西部地区共有 197 家，占比 23%。其中四川省、广西壮族自治区、内蒙古占比较高，比例分别为 5.2%、3.4%、4.2%。从全国来看，西部地区占全国陆地面积的 57% 左右，占全国总人口的 37% 左右，而村镇银行仅占全国总量的 23%。由此看来，我国西部地区村镇银行的发展较为薄弱，对农户和乡镇企业的支持力度较小。

（2）业务盈利情况。上文中提到我国商业银行的性质为营利法人，其性质决定了普惠理念的缺失。下面将通过分析商业银行在西部地区营利能力现状来进一步解释我国欠发达地区金融基础设施不完善的原因（表 4-23）。

表 4-23　中国建设银行 2015 年营利能力情况

地区	利润	
	金额 / 百万元	占比 /%
长江三角洲	27 033	9.06
珠江三角洲	30 269	10.14
环渤海地区	48 249	16.16
中部	50 615	16.96
西部	51 681	17.31
利润总额	207 847	69.63

资料来源：中国建设银行 2015 年年报

根据表 4-24 可以分析出西部地区的存贷款水平都不高，且根据中国工商银行公布的数据显示，西部地区贷款数额为 200.7 万亿元，其中不良贷款额为 320亿元，不良贷款率仅次于长江三角洲地区，但结合营利能力来看，西部地区营利能力严重低于东部沿海地区，加之较高的不良贷款比率，可推理出商业银行为控制成本、提高投入产出比，所以在西部地区的经营网点数量较少。因为银行的金融服务辐射到的地点有限，所以当地人民接受金融服务的机会减少。

表 4-24　中国工商银行、中国建设银行存贷款情况

地区	中国工商银行				中国建设银行			
	存款		贷款		存款		贷款	
	金额 / 百万元	占比 /%	金额 / 百万元	占比 /%	金额 / 百万元	占比 /%	金额 / 百万元	占比 /%
长江三角洲	3 185 840	19.5	2 283 391	19.1	2 493 253	18.2	1 959 573	19.3
珠江三角洲	2 086 992	12.8	1 545 400	13.0	1 950 388	14.3	1 432 094	14.1
环渤海地区	4 339 841	26.6	2 007 028	16.8	2 471 917	18.1	1 700 634	16.8
中部地区	2 374 052	14.6	1 668 136	14.0	2 669 673	19.5	1 767 300	17.4
西部地区	2 717 941	16.7	2 171 273	18.2	2 657 132	19.4	1 802 812	17.8
总额	14 674 666	90.2	9 675 228	81.1	12 242 363	89.6	8 662 413	85.4

资料来源：2015 年中国工商银行、中国建设银行年报

2）证券机构

根据 2015 年国民经济和社会发展统计公报公布的数据来看，全年上市公司通过境内市场累计筹资 29 814 亿元，比上年增加 21 417 亿元。其中，首次公开发行 A 股 220 只，筹资 1579 亿元；A 股再筹资（包括配股、公开增发、非公开增发、认股权证）6711 亿元，增加 2546 亿元；上市公司通过发行可转债、可分离债、公司债、中小企业私募债筹资 21 524 亿元，增加 17 961 亿元。全年首次公开发行创业板股票 86 只，筹资 309 亿元（图 4-3）。

截至 2015 年 12 月底，上海市共有 23 家证券公司，84 家证券分公司，45 家基金公司，证券公司，数量高于西部地区所有省份证券公司数量的总和。根据表 4-25 中的数据可以看出，青海省仅有 3 家证券分公司，无证券公司；重庆市、贵州省、甘肃省、宁夏回族自治区也仅有 1 家证券公司。通过分析表中的数据可以看出西部地区证券业发展的环境较差，证券业基础设施匮乏。

截至 2015 年年底，沪深两市上市公司共 2838 家。西部地区 12 省（自治区、直辖市）共有 395 家上市公司，仅占全国 14% 左右。在西部地区所有的省（自治区、直辖市）中，四川省共有 101 家上市公司，在西部地区占据最高的比例。同样与北京市和上海市做比较，上海市共 241 家上市公司，北京共有 232 家上市公司，通过比较可以说明西部地区对证券需求明显不足，筹资能力低，证券排斥程度高。

表 4-25   2015 年西部地区证券行业现状

省份	证券公司/家	证券分公司/家	证券营业部/家	期货公司/家	上市公司/家	股本/亿	股票市值/亿
重庆	1	17	171	4	43	468.30	6 495.93
四川	4	27	317	3	101	—	—
贵州	1	4	69	10	20	176.37	5 279.30
云南	2	10	138	6	30	263.36	3 875.95
广西	2	13	155	5	31	299.04	3 402.62
陕西	3	27	192	3	43	465.23	6 946.27
甘肃	1	12	87	1	27	259.65	2 846.62
青海	0	3	23	1	8	98.27	—
宁夏	1	5	25	3	12	63.90	804.87
新疆	2	13	68	2	43	526.76	6 141.01
内蒙古	2	7	91	11	26	701.78	5 357.45
西藏	2	2	13	1	11	77.60	1 407.61

资料来源：中国证券监督管理委员会统计信息

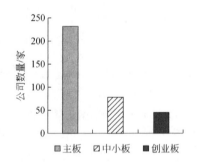

图 4-3   西部地区主板与中小板、创业板上市公司数量对比图

资料来源：深圳证券交易所

在我国资本市场中，中小板和创业板的设立为我国中小企业融资提供了渠道，因为中小板和创业板的门槛低于主板市场，所以广受中小微企业及高新技术产业的青睐。中小板是创业板的过渡，指的是流通盘在 1 亿以下的创业板。在创业板上市的大部分企业为高新技术企业，从事高科技业务，具有较高的成长性。在我国西部地区 12 省（自治区、直辖市）中，主板上市的企业 232 家，中小板上市的企业为 75 家，创业板上市的企业仅为 45 家。根据表 4-26 可以直观地看出，西部地区在中小板和创业板上市的企业数量仍然较少。

表 4-26　西部地区各行业在中小板、创业板上市企业的数量

行业分类	中小板	创业板
制造业	52	34
采矿业	3	2
水电煤气	3	0
信息技术	3	5
公共环保	3	1
金融	1	0
建筑业	3	2
批发零售业	2	1
农林牧渔业	2	2
运输仓储业	2	0
商务服务业	1	0
科研服务业	0	1
小计	75	48

从表 4-26 可以看出，我国西部地区在创业板、中小板上市的中小企业大部分属于制造业，金融业及商品服务业所占比例较少，且部分行业的企业上市数量为 0。

上市公司在地域间的分布也极为集中，其中四川省在中小企业板共有 27 家，在创业板共有 20 家，而青海省在中小板、创业板没有上市公司。

债券市场相较于股权市场而言发展相对落后，是我国资本市场长期存在的问题，因此，能为中小微企业服务的债券市场范围更小。中小企业在债券市场融资主要通过中小企业集合债券、中小企业集合票据、中小企业私募等方式。例如，2012 年，中小企业的直接债券融资规模为 221.39 亿元，其中，中小企业私募融资规模为 118.56 亿元，中小企业集合票据融资规模为 93.02 亿元，中小企业集合债权融资规模为 9.81 亿元，仅占当年工商企业债券融资总额的 0.83%（李建军，2014）。

3）保险机构

普惠金融的最早的原型是小额信贷和微型金融，经过长期的发展，产品范围已经由储蓄、信贷扩展到了支付、保险、理财，致力于提高资源配置效率和增进社会福利。从经济角度看，保险作为分摊意外事故损失的一项财务安排，无论是对个人、企业还是社会都能起到分散风险、降低损失的作用，有利于经济社会的快速稳定发展，是我国经济快速发展的重要保证。尤其对于正处在快速发展阶段的贫困地区而言，保险显得尤为重要，其保险业的发达程度在一定条件下影响该

地区的经济的安全性和收益性。目前，我国西部地区正值开发、快速发展阶段，保险业的发展及相关配套设施也应得到相应的发展。

截至 2015 年年底，全年保险公司原保险保费收入 24 283 亿元，比上年增长 20.0%。其中，寿险业务原保险保费收入 13 242 亿元，健康险和意外伤害险业务原保险保费收入 3046 亿元，财产险业务原保险保费收入 7995 亿元。支付各类赔款及给付 8674 亿元。其中，寿险业务给付 3565 亿元，健康险和意外伤害险赔款及给付 915 亿元，财产险业务赔款 4194 亿元。

通过对表 4-27 中东西部地区保险概况的比较，可以看出西部地区保险业发展存在以下特点：①保险机构数量少。保险分公司在西部地区设立的数量明显少于东部地区，平均每省 35 家保险分公司，其中四川地区 86 家，使得西部地区平均水平大幅度提高；②保费收入低。东部地区保费收入平均值为 1131 万元，而西部地区只有 385 万元。西部地区中四川省保费收入仍保持区域领先地位，达 1267 万元，而宁夏、青海、西藏地区保费收入明显较低；③支付各类赔款及给付数额较低。东部地区各类赔款及给付数额平均值为 411 万元，而西部地区各类赔款及给付数额平均值仅为 136 万元。

表 4-27　2015 年东、西部地区保险行业现状

东部地区	机构数量/家	保费收入/万元	保费支出/万元	西部地区	机构数量/家	保费收入/万元	保费支出/万元
广东	87	2 166.8	705.5	四川	86	1 267.3	454.1
江苏	99	1 989.9	732.6	陕西	54	572.45	193.9
山东	81	1 543.5	534.1	重庆	23	514.6	220.2
北京	109	1 403.9	506.6	云南	38	434.6	117.3
浙江	81	1 207.1	452.2	内蒙古	44	395.48	124.5
河北	67	1 163.1	461.9	广西	34	385.75	132.8
上海	113	1 125.2	473.6	新疆	35	367.4	136.8
辽宁	67	708	289.7	贵州	30	257.8	106.9
福建	53	631.2	192.3	甘肃	26	256.9	92.8
天津	58	398.3	139.5	宁夏	19	103.3	34.2
海南	25	114.2	38.9	青海	18	56.3	20.3
全国	1 533	24 282.5	8 674.1	西藏	9	17.4	8.1

注：本表所列辽宁省的数据中不包含大连市，山东省中不包括青岛市，浙江省中不包括宁波市

资料来源：中国保险监督管理委员会各省分支机构统计信息

通过计算可得东部地区各省市平均 80 家，保费收入平均 1131 万元，保费支出平均 411 万元。纵观表中数据，西部地区只有四川无论是机构数量还是保费收

入、支出可与东部地区水平基本相持。西部地区中各项数据可达东部地区平均值以上的省（自治区、直辖市）仅有 3 个，分别为四川省、重庆市和陕西省。这说明我国西部地区保险业发展水平落后，当地居民、企业对保险的接受程度低。

4）小额贷款公司

我国西部地区小额贷款公司多设立在城市地区，而地域广大的农村地区数量较少，例如，四川省目前共有 73 家小额信贷公司，其中只有 5 家公司分布在农村地区，其余 68 家公司均分布在城市地区，且集中分布在经济较为发达的成都市。虽然小额贷款公司有些业务会涉及农户或农村中小企业，但占比仍然较小，由于农户和农村中小企业缺乏征信记录、信用水平较低等，小额贷款公司更倾向于将资金贷给城市的资金需求者，提高资金流通速度、降低信贷风险、获取高额利润，农村地区的资金需求并未从根本上解决。

3. 金融产品和服务的种类

广义的金融服务是指金融行业的金融机构运用交易手段融通有价物品，向金融参与方分享收益的活动。狭义地来说，金融服务是指金融机构向客户开展的一些金融业务，主要包括储蓄、信贷、结算、融资、证券、保险、金融咨询服务等。而金融产品则是金融机构向客户提供金融服务的载体，是金融市场的交易对象，如商业银行的理财产品、证券机构的有价证券、保险公司的保单等。

因为我国西部农村地区经济发展较为落后，且金融发展程度较浅，所以目前农村地区的金融服务主要为储蓄和信贷，金融产品也多为储蓄产品和信贷产品。相较于发达城市而言，证券、保险、典当、融资租赁等金融产品较少，其相对应的金融机构在农村地区鲜少甚至没有。

从银行类金融机构来看，主要服务于"三农"的银行类金融机构主要分为两部分。一部分为政策性银行，即中国农业发展银行。因为我国是一个农业大国，农村人口多、农村地区广阔，且全国目前仍有 592 个贫困县，所以仅依靠中国农业发展银行下拨的款项远不能够满足农户和企业对资金的需求。第二部分为商业银行，主要包括中国农业银行、农村信用合作社、农村商业银行、村镇银行等。但中国农业银行经过股份改制后其经营性质已与其他大型商业银行无异，正是由于其获取最大利润的经营目标，近年来中国农业银行的发展重心也逐渐转移至中心城市。目前农村商业银行成为农村发展的中坚力量，但由于其自身资金的限制，对农村地区的服务能力仍受限。

从证券角度来看，目前我国西部地区共有 21 家证券公司，130 家分公司和 1362 个营业部，其中农村地区无一家证券公司和分公司，仅有少量营业部。重庆市共有 171 家证券营业部，分布在县、镇的营业部只有 14 家；四川省 317 家证券营业部中仅有 52 家分布在市级以下地区；贵州省市级以下证券营业部共有 6 家，不及总量的 1/10；云南省也只有 16 家营业部；广西壮族自治区在 155 家证券营业部中也只有 24 家分布在市级以下地区；内蒙古自治区、甘肃省、青海省、陕西省、西藏自治区、宁夏回族自治区、新疆维吾尔自治区分布在县、镇的证券营业部数量在 10 家以内，分别为 3 家、2 家、2 家、7 家、3 家、1 家、3 家。由此可见，虽然西部地区面积广阔、农村人口众多、对资金的需求大，但由于其金融环境较差，金融机构数量稀少，从而存在金融产品种类单一，以及金融服务水平低的现象。

从保险方面来看，保险作为一种保障机制是指基于事前所签的保险合同的约定，投保人在向保险人缴纳保险费后，保险人对合同约定的可能发生的事故导致的财产和人身损失承担相应的保险赔偿的责任。保险从经济角度看是分摊意外事故损失的财务安排，是对已经发生的财产损失进行的有限的弥补，可以达到降低损失的目的。商业保险大致可分为财产保险、责任保险、人身保险、信用保险、海上保险和津贴型保险等。因为我国经济发展的整体水平与国外发达国家相比较低，保险行业的发展与经济发展水平有较强的联系，所以我国保险行业还处于初步发展阶段。目前我国西部地区还有数量较多的贫困县，当地的收入状况仅能满足基础花销，商业保险的发展较为缓慢。

4.5　西部地区农村面临的贫困问题

我国农村地区的贫困问题是制约我国经济发展的重要问题。我国对贫困的定义为经济或精神上的贫乏窘困，是一种社会物质生活和精神生活的贫乏。目前，我国贫困标准线虽然已由 2008 年以前的人均年收入 785 元提高到 2011 年的 2300 元，但仍然低于国际人均 1.25 美元 / 天的贫困线标准。

4.5.1　农村贫困现状

随着我国国民经济的快速发展及国家对扶贫事业的大力推动，我国扶持贫困事业取得了瞩目的成就。由于西部地区经济发展较晚，受地理环境限制较大，贫困程度较高，贫困规模较大，即使国家的扶贫力度较大，西部地区的贫困程度仍然较高。

1. 农村贫困情况

1）贫困规模

根据表 4-28 中数据可知，2011 年我国实行了新的贫困标准，且调整幅度较大，由 2010 年的 1274 元上调至 2300 元, 上涨幅度接近一倍。在 2011 年以前, 我国贫困人口数量逐年下降, 贫困人口数量从 9422 万人下降到 2688 万人; 贫困人口发生率也呈逐年下降趋势, 由 10.2% 下降至 2.8%。但到 2011 年, 我国贫困标准提高到 2300 元的农村扶贫标准, 我国贫困人口迅速由 2688 万人升至 12 238 万人, 虽然贫困人数激增, 但这并不意味着返贫情况的发生, 而是国家提高贫困标准线的结果, 是我国经济社会与国际社会接轨的表现。在 2011～2015 年, 我国贫困人口数量和贫困发生率实现平稳下降, 是我国经济社会发展的表现。

表 4-28　2000～2015 年贫困人口规模

年份	贫困标准/（元/人）	数量/万人	发生率/%
2000	865	9 422	10.2
2001	872	9 029	9.8
2002	869	8 645	9.2
2003	882	8 517	9.1
2004	924	7 587	8.1
2005	944	6 432	6.8
2006	958	5 698	6.0
2007	1 067	4 320	4.6
2008	1 196	4 007	4.2
2009	1 196	3 597	3.8
2010	1 274	2 688	2.8
2011	2 300	12 238	9.1
2012	2 300	9 899	7.3
2013	2 300	8 249	6.1
2014	2 300	7 017	5.1
2015	2 300	5 575	4.1

资料来源: 国民经济与社会发展统计报告

世界银行在 2015 年 10 月宣布, 根据目前的购买力平价, 将国际贫困标准线由以前的每人每天生活支出 1.25 美元上调至 1.9 美元, 若按照此前的每人每天生活支出 1.25 美元的标准计算, 我国有两亿人口生活在国际贫困标准线以下, 当每人每天生活支出上调至 1.9 美元后, 我国按国际标准计算的贫困人口数量将激增。

2）贫困人口区域分布

截至 2015 年, 我国共有 592 个贫困县, 西部地区有 449 个贫困县, 占全国贫困县总数的 76%；全国共有 5575 万贫困人口, 其中西部地区 3559 万贫困人口,占全国贫困人口总数的64%，西部地区的贫困发生率为2.1%，占全国农村贫困人口的5.9%。

西部地区贫困范围较广，贫困人口数量众多，贫困程度较高，四川、云南、贵州、广西等地甚至形成了集中连片特困区，这些地方多为少数民族聚集地。目前我国共有14个集中连片特困区，当地农民的年人均收入为2676元，不及全国平均水平的一半，全国592个贫困县中有521个贫困县在集中连片特困区内。

据国家统计局对31个省（自治区、直辖市）的调查结果显示，按年人均纯收入3000元的国家农村扶贫标准测算，2015年扶持农村贫困人口为1813万人，占全国的比重为32.5%，减贫率为17.8%，全国同期减贫率为20.6%，民族八省区减贫速度慢于全国。民族八省区农村贫困人口占乡村人口的比重，即贫困发生率为12.1%，比全国（5.7%）高6.4个百分点。广西、贵州、云南三省（自治区）贫困人口为1430万人，占民族八省区贫困人口的79%，主要分布在滇桂黔石漠化片区、滇西边境山区和乌蒙山片区。

2. 农村贫困原因

贫困现象产生的原因是多方面因素交织影响的结果，不仅包括历史因素的影响，也包括现代市场经济的影响因素。在众多因素中最主要的因素是人口素质低、地理条件差、政策不完善。

1）当地人口素质低是导致西部地区贫困的深层原因

从微观上讲，人力资本是促使企业创新、革新、提高单位时间劳动生产率的决定性生产要素；从宏观上来讲，人力资本理论在索洛模型和拉姆齐模型的基础上将人力资本要素作为影响经济增长的重要因素引入模型，人力资本模型认为某一区域的发达程度与当地拥有的物质资源和人力资源密切相关。我国西部地区农村人口众多，且他们中的大部分人口的受教育程度普遍较低，思想较为传统保守，认知能力和接受新鲜事物的能力差。正是农村地区的封闭落后导致金融发展速度缓慢，金融机构的数量极少，从而导致贫富差距扩大。

2015年全国高中阶段的毛入学率为87.0%，贵州地区高中阶段的毛入学率为86.1%，低于全国水平0.9个百分点；云南省高中阶段教育毛入学率为80.1%，低于全国水平6.9个百分点。西部地区几乎所有地区的高中教育毛入学率低于全国水平，说明我国西部地区目前教育水平较低，教育素质不够。

2）当地恶劣的地理环境是造成西部地区贫困的客观原因

我国西部地区虽然地域辽阔，土地面积681万平方公里，约占我国国土面积的71%，但由于其独特的地理位置，多高原、盆地、沙漠地区，少平原地区，这些地区的物质资源相对比较贫瘠，不利于农作物和经济作物的种植，当地人民只能择地而耕，农业的发展受到很大限制；由于西部地区多高原、山地、河流，交通运输极为不便，与外界经济社会沟通甚少，目前广西、贵州、云南、西藏等地仍然存在生活方式古老的少数民族部落，而这些地区正是我国贫困人口的聚集地。自然环境复杂，农业生产基础条件差、交通不便、经济基础薄弱、缺乏投资是这些贫困地区的主要特点。

根据表 4-29 中数据可知，我国西部地区的山地面积比重较大，其中贵州省的山地面积占比最高为 95.1%，山地面积比例最低的也可达到全省面积的一半左右。山地面积较大不仅会产生交通不便，更会间接地影响当地的经济水平、教育水平、技术水平等，而这些因素会直接导致贫困。除此之外，我国西部地区多少数民族部落，如四川、云南、广西、西藏、内蒙古等，民族县均在 50 个以上，其中广西、西藏、内蒙古的民族县甚至超过 80 个。少数民族分布的地区较为分散，且生活方式独特，与外界联系较少，仍然有大量古代习俗遗存，鲜少学习现代先进、科学的生产技术，教育水平、生活水平都比较低，严重影响当地现代化市场经济的发展。

表 4-29　西部地区各省（自治区、直辖市）特殊县域统计

省份	民族县 / 个	山区县 / 个	丘陵县 / 个	山地占比 /%
重庆	4	13	13	86.9
四川	50	78	45	94.7
贵州	9	78	0	95.1
云南	78	112	8	95.0
广西	81	28	49	86.0
陕西	0	23	24	84.6
内蒙古	84	4	62	48.5
青海	35	39	0	69.9
新疆	85	8	1	56.0
西藏	72	60	10	76.5
宁夏	14	39	0	54.1
甘肃	20	49	12	77.8

资料来源：王子健（2014）

3）扶贫政策与扶贫资金的短缺

国家对贫困地区的扶贫工作应重点支持当地的特色产业，西部地区贫困地区范围广，但其产业有自身的特色，例如，乌兰浩特市葛根庙镇创业基地的温室大棚，云南和西藏地区少数民族地区的旅游业，定西市的中医药、马铃薯和草食畜

牧业，等等。发展产业是提高贫困地区自我发展能力的重要举措，要因地制宜，培育贫困地区当地的优势特色产业，引导和扶持有劳动能力的贫困人口，实现就地脱贫。但由于我国西部地区贫困县域较多，甚至出现连片特困区域，对国家的扶贫工作造成了很大的负担，加之西部地区少数民族数量多，贫困原因及特色产业均不同，使得扶贫工作进展较慢，出现扶贫政策不完善的现象。

2014 年我国贫困人口 7017 万人，2015 年贫困人口减少 1442 万人，数量缩小到 5575 万人。国家设立财政扶贫资金来改善贫困地区生产和生活条件，提高贫困人口的生活质量和综合素质，支持贫困地区经济发展。国家财政部公布 2014 年扶贫资金数据：2014 年中央财政下拨 433 亿元扶贫资金，其中补助地方财政扶贫资金 424 亿元；2015 年扶贫资金补助地方 460.9 亿元，比上年增长 8%，主要包括：发展资金 370.1 亿元，少数民族发展资金 40 亿元，以工代赈资金 41 亿元，"三西"资金 3 亿元，国有贫困林场扶贫资金 4.2 亿元，国有贫困农场扶贫资金 2.6 亿元。

中国农业银行在 2015 年紧跟农村农业改革的步伐，构建差异化金融扶贫产品体系，有针对性地开展金融扶贫工作。甘肃推出"双联农户贷款"，截至 2015 年年底，贷款余额 90.51 亿元，自 2012 年产品投放以来，累计惠及农户 31.99 万户；贵州创新开展扶贫生态移民工程贷款，截至 2015 年年底，累计发放贷款 7.7 亿元，支持移民住房 10 781 套，面积 102 万平方米，直接惠及 2.5 万建档立卡贫困人口；四川打造"巴山"系列金融品牌，创新研发"巴山惠农贷""巴山兴业贷"等产品，截至 2015 年年底，在巴中贫困地区实现贷款投放 19.4 亿元；内蒙古专项研发"金穗富农贷""金穗强农贷"对私和对公产品，截至 2015 年年底，累计发放"金穗富农贷"13 429 亿元，累计发放"金穗强农贷"20.35 亿元。

此外，为贯彻落实《关于创新机制扎实推进农村扶贫开发工作的意见》精神，中央财政继续加大扶贫开发投入力度，重点支持集中连片特殊困难地区扶贫攻坚。同时，创新扶贫资金使用机制，探索开展资产收益扶贫试点，继续开展支持地方集中力量解决突出贫困问题试点。大力支持少数民族贫困地区扶贫开发，推进兴边富民行动，完善少数民族特色村寨保护与发展试点政策，促进人口较少民族发展。继续做好以工代赈、国有贫困农场和林场扶贫、"三西"建设等工作。

3. 金融与贫困的关系

金融发展已成为现代经济发展的核心，由于传统产业的发展是以消耗物质资源甚至是环境为代价的，而金融的发展是促进我国产业结构升级、提高资金优化配置、保护生存环境、提高人民生活水平的重要途径。虽然目前并未对金融发展与减少贫困的关系做出明确的解释，但从长期实践来看，金融发展有利于缓解我国贫困问题，加快脱贫的步伐。

麦金农和肖的金融压抑和金融深化理论表明，金融和经济发展之间存在相互促进相互制约的关系，经济为金融提供了发展的基础环境，金融是经济发展的动力。同时麦金农渠道效应提出金融发展能促进贫困减缓，当贫困地区的金融机构对贫困人口提供的金融服务得到保证时，穷人能够通过金融机构的信贷来进行生产活动，甚至将资金用于投资。从而提高收入水平，降低贫困程度；Khandker 认为在经济相对落后、经济增长相对缓慢的地区，收入差距问题可以通过信贷手段得以缓解，即小额信贷可以为当地贫困人口带来利益。

4.5.2　西部农村贫困地区面临的金融问题

随着农业生产的进步及农民收入水平的提高，我国农村金融的发展也逐步发展。农村金融的快速进步促进我国广大农村地区经济的发展，尤其是对农村地区产业、企业、农户的贷款支持力度逐步扩大。目前我国农村地区的金融机构既包括商业性金融机构、政策性金融机构、合作性金融机构、证券金融机构、保险性金融机构在内的正规金融机构，还包括典当行、高利贷、民间借贷等非正规金融机构。

虽然我国金融体系构架已不断完善，但由于历史原因和经济原因，我国农村金融服务的稀缺性等问题尚未完全解决，还需要进一步完善和发展。

1. 正规金融服务体系现状

县及县以下农村银行金融机构网点中，我国西部地区 12 省（自治区、直辖市）中四川、广西、云南和陕西的数量最多，分别为 1513 家、797 家、657 家和 631 家，宁夏回族自治区仅有 146 家。除重庆市和西藏外，其他省份占全省机构网点总量的比例均在 20% ～ 37%，其中四川省、贵州省和云南省占比最高，达 37%。截至 2014 年年底，四川省总人口为 8140 万人，乡村人口 4371 万人，乡村人口占比高达 54%，然而乡村的银行网点数量仅占全省金融机构数量的 37%，说明我国西部地区银行机构发展不均衡，多聚集在城市，而农村地区金融发展速度缓慢，其中贫困地区的金融机构发展更加滞后。

在各大商业银行中，中国农业银行支农惠农优惠政策的执行力度最大。以四川省为例，四大商业银行在四川省共有 3673 个银行营业机构，其中中国建设银行 540 家、中国工商银行 760 家、中国银行 1058 家，中国农业银行 1315 家。中国农业银行在县及县级以下地区共有 646 家营业机构，远远超过中国建设银行的

67 家、中国工商银行的 182 家、中国银行的 229 家。

目前，中国农业银行加大贫困地区的信贷支持力度，强力推进精准扶贫、精准脱贫。四川、云南、甘肃、青海地区的中国农业银行分行《关于进一步做好四川、云南、甘肃、青海四省藏区金融服务工作的意见》的政策，进一步加大藏区重大工程建设、特色优势产业发展的支持力度；四省藏区贷款余额超过 500 亿元，截至 2015 年年底，四川藏区贷款余额 259.43 亿元；云南迪庆藏族自治州分行贷款余额 46 亿元；甘肃藏区贷款余额 74.06 亿元。新疆地区颁布《关于支持新疆特色林果业发展若干政策措施》，专项支持新疆特色林果业的发展，已累计投放贷款 198 亿元，覆盖 13 个特色林果品种，涉及种植、收购、仓储、加工、销售等多个环节，帮助南疆 5 个地州近 7 万户果农受益[①]。

全国 865 家村镇银行中，西部地区共有 197 家，占比 23%。其中四川省、广西壮族自治区、内蒙古自治区占比较高，比例分别为 5.2%、3.4%、4.2%。从全国来看，西部地区占全国陆地面积的 57% 左右，占全国总人口的 37% 左右，而村镇银行仅占全国总量的 23%。由此看来，我国西部欠发达地区村镇银行的发展较为薄弱，对农户和乡镇企业的支持力度较小。

我国西部欠发达地区证券业和保险业的发展较为落后，西部地区 12 省（自治区、直辖市）仅有 21 家证券公司，不及上海市的数量；东部地区各省市平均 80 家保险机构，保费收入平均 1131 万元，保费支出平均 411 万元，西部地区只有四川省可与东部地区水平基本相持。西部地区中各项数据可达东部地区平均值以上的仅有 3 个，分别为四川省、重庆市和陕西省。

2. 非正规金融服务体系现状

小额贷款融资业务有利于解决我国中小微企业在发展初期存在的资金问题，是我国缺少流动资金的中小企业的有力保障。目前小额贷款公司的发展势头正劲，以四川省成都市为例，已经注册登记的小额信贷公司共有 72 家。

当中小微企业或个人在短期内有大量资金需求时，可以通过质押或抵押的方式，将其所有的动产或财产权利抵押或质押给典当行，从而获取大量典当金来完成融资。由于典当融资较银行贷款而言程序简单，具有方便快捷的特点，有利于解决中小微企业在短期内对资金的大量需求。

融资租赁是指承租人在生产过程中产生对某种租赁物件的需求，出租人根据承租人的特定要求出资向供货人购买租赁物件，并租给承租人，承租人则分期向

---

① 2015 年中国农业银行社会责任报告。

出租人支付租金在租赁期内租赁物的所有权归出租人所有,承租人只具有使用权,到租赁期满且租金支付完毕时,可根据协议的内容确定租赁物的所有权归属问题。融资租赁业务的开展主要针对企业,可满足企业在生产过程中对设备的需求,同时由于不需要当时付清设备的全款,可大大降低企业的经济负担,根据日后的营利情况决定设备的所有权。

4.5.3 政策建议

我国是农业大国,拥有广大农村区域面积和众多农村人口,目前我国处于社会主义初级阶段,经济水平不高,有大量贫困人口。党的十八大提出,到2020年全面建成小康社会。建设小康社会的重点不在城市而在农村,农村小康社会的建设第一步即脱贫。由此可见,使广大贫困人口脱离贫困、众多贫困县摘掉贫困帽成为促进经济社会协调发展的重中之重。只有在农村人口脱离贫困后才有可能在农村地区发展金融;同时,金融作为促进现代经济发展的重要手段,也应创新金融产品,设计适合在农村地区推广的金融产品和服务。

只有解决好我国广大农村地区的贫困问题后才能更好地发展金融,否则金融排斥问题将会持续存在。

1)调整农业结构

我国西部地区第一产业的比例高于全国平均水平,说明西部农村地区的生产方式以农业生产为主。近年来,全国由于生产技术和防虫害技术的提高,农作物的产量大幅提高,农产品的供求关系也从长期短缺变为总量有余,使得目前我国农产品的供求矛盾从数量短缺转变为数量有余、品质不佳、品种不适的问题。

然而,我国西部贫困地区的农业生产状况较差,不仅存在产量较少的问题,还存在农作物质量差、品种差的问题。政府应提供部分资金用于购买先进的技术设备、引入品质较好的农作物种子、聘请农业专家指导当地农业的发展方向。同时调整和优化农业结构,合理规划农林牧渔业的比例,促进产业间的协调发展。

2)提升农村人口素质

提升农村人口素质的重点在于提高儿童、青少年、青年的受教育程度。目前我国西部贫困地区人口素质较低,思想较为保守,对新鲜事物的接受程度低,不利于先进的生产技术在农村地区的推广。目前为提高农村人口的整体素质,应紧抓娃娃的教育问题,提高义务教育的普及程度,提高当地村民的入学率。国家还应通过媒体、广播、到户宣传等方式普及知识,加深农村人口对先进技术的认知程度,从而更好地接受科学技术。

3）因地制宜，发展特色产业

我国西部地区贫困程度高的客观原因为地理条件恶劣，多山区、河流，少平原。国家应首先解决西部地区的道路问题，疏通交通。西部地区山脉、河流、瀑布、寨子等自然和人文风光虽然在一定程度上阻碍了现代化经济的发展，当合理利用这些自然风光和风土人情大力发展旅游业时，这些经济发展的障碍将会转变为带动经济发展的"马车"。例如，四川省的九寨沟、广西壮族自治区的桂林、云南省的热带雨林和香格里拉、贵州省的黄果树瀑布、甘肃省的敦煌莫高窟、西藏自治区的布达拉宫、陕西省的兵马俑等都是我国著名的旅游景点。

第5章 西部地区农村金融发展存在的缺陷与问题

5.1 西部地区农村金融发展存在的缺陷

5.1.1 组织结构缺陷

农村金融发展的组织结构不健全，不具备完备的农村金融系统。

（1）空间上存在的缺陷。农村金融机构在城乡之间的数量、规模上不合理，在不同区域之间的布局也不合理。农村金融在不同地区的覆盖范围不同。在西部地区、农村地区，提供基础服务的金融机构密度十分小，农民很难、不方便从金融机构获得所需要的金融服务。而东部发达地区则不同，城市经济发达，农村经济也比西部地区发达得多。在这种条件下，东部地区农村金融体系较为健全，具备多样的农村金融机构及各种组织形式，农村金融的布局趋于合理，为农民的生产生活提供所期望得到的金融服务，金融服务与产品较为充足。西部农村金融主要的金融服务机构为农村信用合作社、中国农业银行及中国农业发展银行，但是农业发展银行并不是直接为农民提供金融服务的机构。在20个世纪90年代初，四大国有商业银行普遍响应"减员增效"的呼声，根据自身情况调整发展战略，撤并了许多的银行网点和各种类型的分支机构,金融服务的网点向城市区域集中，许多的县及县以下地区都基本取消了银行服务机构网点，这使得当时银行信贷业务萎缩严重，存贷比例过低，银行很难从农村地区获得存款资金，并且许多银行甚至只吸收存款,不发放贷款,流失了大量的农村资金,银行业发展也受到了制约。西部地区农村资金大量外流，农业发展受到了制约。中国农业银行设置在乡镇及其乡镇以下的分支机构，被大量撤并。仅2002年，中国农业银行就减少支行及其以下机构5043个，减少12.43%（吴晓灵，中国金融学会，2003）。西部落后地区的居民和农村企业很难获得自己真正满意的金融服务及产品，所能得到的金融服务仅限于农村信用合作社所能提供的，基本上就是说农村信用合作社能提供什么，就只能得到什么样的服务，农村金融服务被农村信用合作社垄断，但是这种垄断性的供给已经很难支撑"三农"的发展。90年代中期，农村信用合作社也开始撤销一些基层网点并进行适当的合并。这种撤并在实行县一级法人、组建农村商业银行和农村合作银行改革过程中还进一步加快。2002年年底农村信用合作社及联社营业部总数为35 168个，比1990年年底减少了39.57%。这种现象在民族地区更为严重，民族地区经济落后，基于市场原则的商业金融，在效益考量的前提下，往往不愿意在民族地区设立机构网点，使民族地区呈现出金融机构单一，甚至真空地带。2001年，四川民族地区有各类金融机构1002个，平均每个县不到20个，远远落后于全省每个县市80个金融机构的平均水平。从金融机构类别来看，国有商业银行除凉山州较为齐全外，甘孜州、阿坝州只设有中国农业银行和中国建设银行，且只在州府才设有，县级以下，难觅这些机构的踪影。大多数基层农村信用合作社中一人社或二人社的现象突出，仅阿坝州一人社就达到40.76%，一人社和二人社占71%（中国人民银行成都分行课题组，2003）。

（2）金融组织结构缺陷。目前，在全国范围内，我国政府对金融的发展拥有绝对的领导权，全国性的金融机构企业很多，但是针对地方趋于农村的金融机构还是缺乏，在这方面需要进一步提高。农村金融机构在资金实力上无法与全国性的金融服务机构比较，但是针对农村金融，却拥有非常特殊的职能，自身任务与资金量不成正比，农村金融机构的发展就会受到制约，资本与资产结构难以得到匹配，资金来源与资金运用结构失衡。

（3）农村金融机构的种类缺陷。现有的金融组织机构发展，仅仅停留在存款及信贷机构的发展，保险、投资、担保、租赁、信托等非银行金融机构的发展严重不足。

5.1.2　现有农村金融机构组织的功能不健全

（1）针对农村金融的政策性金融功能不完善，中国农业发展银行难以有效发挥自身的职能。中国农业发展银行自身的弊端制约着其对农村金融的发展的贡献。由于自身的资金来源不稳定，不同于那些以盈利为目的的金融服务机构，再加上本身对于国家资金的使用缺乏合理性，使得中国农业发展银行难以实现企业化的管理方式。而且中国农业发展银行服务的范围有限，自身业务范围也较小，只在进行粮食收购方面发挥着政策性金融机构所该有的效用，大部分的职能退化了，都不能完全称为政策性金融机构。中国农业发展银行作为一家政策性银行，其主要功效应表现在体现政府意图，代行政府职能，弥补市场缺陷，引导资金流向等。但是实际情况并非如此。在其内部，普遍存在着两种极端的错误思想：一部分人认为中国农业发展银行是政策性银行，负责发放各类政策性贷款，一般这些贷款是低息甚至是无息的，因此漠视贷款本息的回收，在一定程度上导致较高的不良贷款比率，严重影响支农资金的循环；另一部分人认为中国农业发展银行为了自身的发展应该像营利企业一样，以盈利为目的，这样的看法完全忽视了中国农业发展银行作为政策性银行所存在的意义，原本需要由政策性银行提供金融贷款扶持的农业产业无法获得资金的支持。由于这些项目存在着风险大、利润薄、期限长的特点，其他商业银行根本不愿涉足。结果就是缺乏对农业发展的扶持，农业基础设施无法获得有效的更新，农业产业结构与生产力难以获得调整，农业发展缓慢，阻碍了整体经济的进程。

中国农业发展银行在农村投融资体系中职能的缺失，一方面导致农村投融资体系无法获得统一的监管和领导，另一方面也阻碍了支农资金的有效投入，当前农村金融机构对农村的支持力度在下降。

（2）国有商业银行对农村金融的服务逐渐缺失和弱化。1997 年，中央金融会议把支持地方金融发展，促进中小金融繁荣作为发展的重点，对原有的国有商业银行的基层网点进行适当的缩减，鼓励地区金融、中小金融的发展。1998 年以后，继续贯彻上述的规定，对国有商业银行在基层的网点继续缩减，而且国有商业银行保留下来的那些县及县以下的网点，主要发挥储蓄的职能，每年从农村地区流出大量的存款，数量达到 3000 亿元，而另一项功能贷款却很少发挥出来，基本是只存不贷。信贷资金的流向主要是针对经济发达地区的优质客户，通过筛选出领先行业、领先企业从而进行贷款，而需要大量资金的经济薄弱的地区如西部地区却很难获得信贷资金的支持，国有商业银行紧缩网点，信贷越来越缺乏。据统计，仅 2001 年四川省工、农、中、建四大银行就撤销基层营业机构 674 个，其中中国农业银行撤销 480 个，占中国农业银行现存机构总数的 25%，撤销的机构大部分是农村营业所。2002 年上半年，四川省国有商业银行的农业贷款出现负增长，6 月末余额为 57 亿元，比年初减少 0.85 亿元（而上年同期为增加 2.1 亿元）。据中国人民银行成都分行课题组对西南四省区 13 个地州市的调查情况表明，工、中、建三大行已完全没有经办农村信贷业务；近几年来中国农业银行正大量撤并农村营业所，目前剩下 478 个农村营业所，仅占农村信贷网点的 18%，保留下来的营业所也只对少数农村企业发展贷款，对小额农户贷款业务已基本停止办理（西藏自治区除外），中国农业银行经办的扶贫贷款也主要集中对企业（项目）发放，且限额较小；中国农业发展银行的业务单一，只对粮食企业发放政策性的粮油收购、储备贷款，其他支农信贷业务均不得办理（中国人民银行成都分行课题组，2003）。

（3）国有商业银行从西部农村信贷市场退出，农村信用合作社独木难支。经过多年改革以后，农村信用合作社的问题仍然较突出：一是在政府隐形担保下运作；二是治理结构不完善，民主管理流于形式，社员代表大会、理事会和监事会制度形同虚设；三是出于自身财务上可持续发展的考虑，农村信用合作社经营中"商业化"倾向严重，使资金大量流向相对收益率较高的城镇或非农部门，真正需要农村信用合作社贷款的农户或个体经营户、农村小型企业常常难以得到贷款。农村信用合作社这种"商业化"倾向本身不是问题，而是属于金融机构本身的一项选择。但是，问题的所在是，农村金融机构在政府的金融压制政策下日渐单一化和垄断化，而且政府一厢情愿地把服务"三农"的任务强加给这样一种事实上已经商业化的准垄断性农村金融机构。农村信用合作社通过缴纳存款准备金、转存中央银行、购买国债和金融债券等方式引起的农村资金流失，估计每年在1000亿元以上。例如，2002年年底与2002年第一季度末比较，农村信用合作社存款准备金和对中央政府的债权就分别增加768.79亿元、238.99亿元，仅此两项之和就已经超过1000亿元了。一系列的制度安排，不仅使金融供给远远不敷农村金融需求，反而使农村地区出人意料地成为金融资源的净供给者。改革前，农村金融机构只是动员农村储蓄以提供城市工业化资金的一个渠道。改革期间，农村建设没有完成"非农化"，农村资金却一直在"非农化"，农村信用合作社成为农用资金的一大漏斗。面对总量越来越大，结构越来越丰富的农村金融需求，制度安排的农村金融供给却是刚性甚至是相对萎缩的，认清农村金融需求与供给的真实状况，并据此做出政策调整，是摆在我们面前的重大现实问题（周立等，2002）。

国有银行信贷支农的功能和业务量大大萎缩，信贷支农的重任落在了农村信用合作社身上，而农村信用合作社由于长期超负荷经营，积累的困难和问题较多，制约了农村信用合作社的发展，难以更好地发挥信贷支农作用。从中国人民银行成都分行课题组对西南四省区13个地州市的调查情况看，突出表现在以下几方面（人民银行成都分行课题组，2003）。

（1）历史遗留问题影响其未来的发展。农村信用合作社早期存在的体制上的、管理上的不健全及不规范，使得农村信用合作社的营利性非常差，多年积累下来的历史旧账使得发展严重受阻，并且受到政策性的影响，加上无法增资使得自身发展规模无法扩大，所以无法抵御经济风险。

（2）无法获得充足的信贷资金。这主要体现在以下两个方面，第一是农村信用合作社在筹资方面能力较弱，但是却发放超过自身正常运行的贷款，存贷比例严重不合理，风险性超标；第二则表现在贷款需求增长明显超过存款的增长，这也对农村信用合作社持续的发展造成不好的影响。2001年，根据调查可以发现在11个调查的地区中，9个地区农村信用合作社存贷增幅都是贷款超过了存款幅度，2002年，有10个地区农村信用合作社甚至出现贷款大幅上升而存款却出现了下降的情况，资金供给严重无法满足对资金的需求。

（3）农村信用合作社不良贷款居高不下。农村信用合作社由于自身管理不到位及自身历史上残留下来的各种问题，伴随着各种自然灾害的频繁发生，农业发展急需大量资金，农村信用合作社贷款增加也使得不良贷款大幅增加。

（4）农村信用合作社针对农村农业服务的职能方面存在与国家对农业发展优惠不相结合的地方。农村信用合作社在剥离不良贷款、财政补贴方面无法享受到如同国有商业银行能够享受到的优惠，所有这些导致农村信用合作社长期存在的历史残留问题无法得到解决而且会进一步恶化。农村信用合作社存在和产生的服务对象就是主要针对农村地区和农业发展，这些地区在金融风险控制方面本身就有所欠缺，农村信用合作社的服务对象决定了风险性，因此如果仅凭农村信用合作社自身的调节能力，很难改变恶劣的局势。

（5）信贷创新能力薄弱。农村信用合作社专门致力于农村农业发展服务，在覆盖范围上更加深入基层，农村信用合作社根本不用担心自己的贷款发放不出去，只会担心自己发放过多而导致存款不够。这种思想使得农村信用合作社在管理方面显得十分的懒散，员工也就没有积极性去寻找新的信贷创新，加之农村信用合作社的员工普遍金融素质水平较低，长此以往，农村信用合作社无法针对农村特点创新出最新的信贷产品，制约着农村信用合作社的发展。农村经济在发展中也会对农村金融服务产生新的需求。无论是对金融服务的种类、数量方面都呈现出新的趋势。在一些较经济发达的地区，如成都市，农村信用合作社对农村金融服务创新的需求更加明显，原有的农村信用合作社服务产品难以满足农民需要，急需突破和创新。第一，农村信用合作社难以满足农户对资金的大额需求。随着农村地区的经济发展，农村地区二三产业发展迅速，农民为了跟上发展的趋势及潮流，需要借贷资金使得自己的机器设备等进行不断更新，并需要学习最新的农业知识等，这些资金都是十分庞大的，农村信用合作社无法及时满足。第二，涉及农村信用合作社对贷款期限的管理设置问题。农业方面的贷款需求在期限上应该根据农民的需要调整为一年以上，这样农民才能及时还上贷款并进行自己的生产生活，而农村信用合作社则只提供一年以内的短期贷款，这样与农业生产相矛盾。如在四川、贵州、云南三省，农村外出务工人员较多，一些地区劳务输出已成为当地农民增收和农村经济发展的一个重要支柱，但许多打算外出务工的农民缺乏经费和经营资金，迫切需要农村信用合作社提供信贷服务，而目前仍未制定一个规范的农村劳务输出个人贷款管理办法，基层农村信用合作社受理此类贷款时难以操作。同时农民、农村企业和农村经济组织申请大额贷款时难以提供足额有效的担保抵押，也需要农村信用合作社改进贷款手续和程序，尽可能科学、合理、高效。第三，涉及贷款利率上浮较大问题。第四，信贷创新不够，难以适应对新兴贷款的需求，需要制定有针对性的管理方案并加大对贷款的创新。

（6）资金难以在各个机构之间高效地传递。农村信用合作社难以集中起来管理，各机构之间十分分散，各自的资金难以自由地传播以解决暂时性的资金短缺或者资金暂时性非常充裕的现象，就是难以调节资金的余缺，很难使得资金效益最大化，因此使用效率非常的低。

5.1.3 风险分散与转移机制缺乏

不良资产严重，根据银监会于 2003 年 12 月公布的数字，农村信用合作社不良贷款率为 30%，不良贷款总额达 5000 多亿元。农村信用合作社的非农化，使其向乡镇企业和房地产项目大幅度融资，而 20 世纪 90 年代中期以来，乡镇企业的经营状况普遍恶化，房地产项目又沉淀了大量资金，使农村信用合作社背上了巨额的不良资产包袱，经营状况恶化。农村信用合作社作为农村的合作金融组织，其服务应该是紧跟"三农"，但是目前广大的西部地区农村信用合作社却普遍存在着资本充足率不足、信贷资产质量差、服务品种单一、体制落后等现象，使得对"三农"的服务有心无力，"内外交困"算是对当前状况的生动概括。中国农业发展银行的不良贷款在 3000 亿元以上，而中国农业银行由于业务目标在政府主导的参与下，承担了部分政策性拨款的任务，在西部地区，中国农业银行更是当地政府的提款机，导致在四大商业银行中，它的经营状况是最不理想的，承载着巨大的不良资产包袱。

目前，西部地区农村金融普遍缺乏风险分散与转移机制。

（1）农业保险发展严重滞后，农户和农村企业经营风险缺乏分散和转移的机制，不适应农业战略性结构调整的需要。我国农业每年约有 5 亿亩农作物受灾，占全国农作物播种面积的 1/4，成灾面积占受灾面积的比重在 40% 以上。众所周知，西部农村地区自然条件恶劣，气候复杂，基本上属于靠天吃饭，抗灾能力极弱，因此农业保险对西部地区经济的发展尤为重要。而我国农业目前仍然主要依靠两种传统的农业风险保障途径：民政主管的灾害救济，中国人民保险公司以商业方式推进的农业保险。补偿性质的灾害救济，一是受到国家财力限制，二是不适应农村经济市场化程度日益深化后的要求，三是不利于培育农户参与保险的积极性的培育，一定程度上限制了农业保险的发展。并且这两种风险保障途径在西部农村基本缺失。

虽然中国人民保险公司于 1982 年就开始承办农业保险业务，但全国农业保险费收入占财产险保费收入总额的比重由 1992 年的 3.6% 下降到近年的 1% 左右。因农业保险的高赔付率，商业保险机构的农业保险业务极度萎缩，农业保险的承保率不足 5%。中国人民保险公司 2002 年的统计资料显示，农业保险收入仅占该公司保费总收入的 0.6%，远远不能满足农村经济发展和农业产业化发展的需要。据中国人民保险公司贵州省分公司的资料显示，1994 年，该公司农业保险保费收入从 1993 年的 1855 万元猛降到 369.8 万元，到 2001 年降到 38 万元。与当年全省约 20 亿元的保费收入相比，占比仅为 0.19%。

（2）金融机构放款的风险分散和转移机制缺乏，正式金融机构对抵押物的选择过于单一，各地担保机构数量少，形式单一，资金实力不足，缺乏法律规范，存在监管漏洞。目前，农户和农村中小型企业融资难的一个重要原因在于农户和农村企业有效的抵押资产较少、较为单一，贷款担保难以落实。当前抵押资产一般仅限土地和房产和部分设备。各地的担保公司大多由地方政府出资建立，其运作理念是为了分散信贷的金融风险，从而扩大信贷机构的信贷供给，但是没有监管的担保公司的实际运作本身可能导致金融风险：一旦被担保企业难以如期还贷，担保公司很难说有足够储备资金向银行支付。

5.1.4　资金外流严重

现阶段影响西部地区农村金融发展的一个突出问题是农村资金外流问题严重，农村经济发展中的资金要素日益稀缺，农业和农村经济发展及农村金融机构自身进一步发展受到严重制约，县及县以下农村金融体系长期积累的矛盾没有很好地得到解决，金融发展举步维艰。

农村资金的来源主要是农村居民、农村经济组织和在农村的企业暂时闲置不用的货币资金，财政对学校等事业单位的集中拨付、分期使用的资金临时闲置和中央银行对农村金融机构的再贷款等。农村资金主要流向农户和农村中小企业，解决农户的生活和生产资金需要，解决企业的生产资金需要。按照目前的金融机构布局，在农村地区吸收资金的正规金融机构主要有中国农业银行、中国工商银行等国有商业银行、农村信用合作社和中国邮政储蓄银行网点。但是商业银行和邮政储蓄所吸收的存款大部分流出了农村领域，被投放于城市工商业。

西部地区农村严重的资金外流不但是当前我国农村投融资体制所存弊端的集中体现，而且也是形成农村投资缺口的直接原因，是抑制西部农村经济发展的关键因素。西部农村资金外流主要有以下几个渠道。

（1）邮政储蓄只存不贷的特殊制度安排是西部地区农村金融资金外流的最大管道。央行规定邮政储蓄存款必须转存中国人民银行，地方不得使用，邮政储蓄存款主要来源于农村，由于邮政储蓄在电子汇兑方面较农村信用合作社先进，存款竞争占有优势，近几年来邮政储蓄存款的增幅已超过农村信用合作社。据调查情况来看，截至 2001 年年末，西南四省区 13 个地州市的邮政储蓄余额高达 55.81 亿元，较上年增加 19.95 亿元，增长 55.63%，增幅高于农村信用合作社的 47%；至 2002 年 6 月末，邮政储蓄存款金额已达 61.44 亿元，占农村信用合作社存款总额的 22.66%（中国人民银行成都分行课题组，2003）。巨额的邮政储蓄资金外流对西部欠发达地区的农村而言，无疑是雪上加霜。

（2）政府主导的金融机构存差越来越大，从农村抽走资金。农、工、建、中四大银行及其他商业性银行吸收的农村资金通过系统内上存转移到城市或经济发达地区，造成了农村资金流失。调查发现，西部国有商业银行近年来不但大量撤并农村营业所，而且暂时保留的农村营业所网点也采取多吸存，少放贷形式将农村资金上存。

（3）农村信用合作社通过存放同业款，将吸收的农村存款存放在商业银行或上缴中国人民银行，形成大额农村资金的分流。此外，部分地区的调查报告也显示，农村信用合作社吸取的存款也用于非农领域，对农业的贷款绝大部分也是用于乡镇个体工商户。

5.1.5   民间金融位置尴尬，规范性差

根据调查表明，大型金融机构主要服务于国有经济及集体经济，农村经济及农民的金融需求很难得到满足，在这种情况下，出现了多种民间金融机构及多样性的融资手段，资金融通的规模和范围得到迅速地扩大。根据中国人民银行的统计数据可以发现，在农民对资金需求的旺季，60%的农民通过民间借贷获得所需要的资金，而且农民筹集资金的30%都是通过民间借贷形式。

民间金融在合法性方面确实得不到保证，但是不能忽略民间金融在一些经济欠发达地区所占的市场份额，有的地区甚至比其他金融机构所占的市场份额及覆盖范围还要大，而且主要表现在借贷资金方面，这主要是因为民间金融本身的特性决定的。民间金融的特点在于其灵活性，办理贷款的手续一般比较简便，而且一般都是在与熟人之间进行，因此在许多地区受到农民的青睐，相对于传统金融机构手续的繁琐，更容易被农民接受，在一定程度上拉动了农业经济发展。但是它本身的弊端也是制约其持续发展的原因，即利率高、风险大，十分的不稳定。

5.2   西部地区农村金融发展存在的问题

国外经济学家将金融排斥定义为低收入和中等收入的人直接和间接地被排除在金融体系外，并拒绝进入主流的金融服务的过程。金融排斥在贫困的地区中较为多见，因为那些想要获得正规金融服务却遇到困难的人往往属于弱势社会群体，他们被多种形式的社会剥夺。金融和社会排斥往往是相互构成的，金融排斥和社会排斥之间的联系已被政策制定者和各种制定政策措施的机构认识到，并用以促进金融包容性。在当代资本主义社会中获得主流金融服务被认为是重要的，因为许多经济交流是通过金融机构介导的，在当代资本主义社会中的现金使用明显下

降。在不能获得金融体系的服务时，个人和家庭支付账单可能会更困难和昂贵。然而缺乏一些金融产品，如保险，则缺少了抵御风险的机会。金融排斥现象在世界广泛的地域范围内存在。在大部分的发展中国家，大部分的人口可能被排除在正规金融体系外，其中贫困地区是该现象的高发区，即使是在美国、英国等早期工业化国家，也有大约有 1/10 的人口被排除在金融系统以外。

在我国，金融排斥被定义为社会中的一些弱势群体没有能力进入金融体系，没有能力以恰当的方式获得必要的金融服务。目前，我国被金融排斥在外的人群主要包括经济发展较为落后的中、西部地区，农村及偏远的低收入群体、贫困人口。

根据表 5-1 可知，西部地区对我国 GDP 的贡献较小，2015 年西部地区 GDP 总额为 147 236 亿元，远低于东部地区的 401 521 亿元；但从 GDP 增速来看，我国西部地区 GDP 增速高于东部地区，其中重庆市、贵州省、西藏自治区 GDP 增速超 10%。重庆市 2015 年 GDP 总额 15 719.7 亿元，较 2014 年上涨 10.2%，贵州省 2015 年 GDP 总额达 10 502.56 亿元，与 2014 年 GDP 总额 9251.01 相比上涨 13.5%，西藏自治区 2015 年 GDP 总额为 1026.39 亿元，同比上涨 11.5%；从人均 GDP 来看，我国东部地区人均 GDP 为 7.5 万元，超过全国平均水平 2.3 万元，而西部地区人均 GDP 低于全国平均水平 1.14 万元。在西部地区中内蒙古的人均GDP 水平最高，为 7.2 万元，云南省的人均 GDP 为 2.9 万元，是西部地区 12 省（自治区、直辖市）中人均 GDP 水平最低的地区，这说明我国西部地区经济发展水平极不均衡，贫富差距大。

表 5-1　2012 ～ 2015 年全国、东、西部 GDP

地区	年份	GDP/ 亿元	增速 /%	人均 GDP/ 万元
全国	2012	519 322	8.0	3.95
	2013	568 845	8.0	4.33
	2015	636 464	7.0	4.66
	2015	676 708	7.0	5.20
东部	2012	320 474	—	6.20
	2013	351 537	10.0	6.70
	2014	378 680	8.0	7.20
	2015	401 521	6.0	7.50
西部	2012	113 984	—	3.24
	2013	126 153	10.70	3.60
	2014	138 074	9.40	3.85
	2015	147 236	6.63	4.06

注：东部地区为北京、天津、河北、辽宁、上海、江苏、浙江、福建、山东、广东、海南；西部地区为内蒙古、广西、重庆、四川、贵州、云南、西藏、陕西、甘肃、青海、宁夏、新疆

资料来源：中国国家统计局、国民经济和社会发展统计公报

5.2.1 西部地区金融服务体系的整体发展现状分析

金融排斥问题在发达地区和欠发达地区都有存在，但在我国长期优先发展东部沿海地区的政策背景下，相对于东部发达地区而言，我国西部贫困地区金融排斥问题更加突出。现阶段，解决我国贫困地区的金融排斥问题，满足贫困地区的金融需求，已经成为进一步促进西部地区经济发展、提高人民收入、维护社会稳定的重要突破口。

在我国西部地区，金融服务体系结构分为两层，第一层为正规的金融机构，如四大商业银行、中国邮政储蓄银行、中国农业发展银行、农村信用合作社等，该层面的服务范围和力度有限；第二层为非正规金融机构，如民间借贷、典当行、高利贷等，非正规金融机构在一定程度上满足了资金需求者的贷款需求，但由于其规模小、分散且成本高的缺点，使得其发展受到限制。

西部农村金融市场开放以后，西部地区经济发展状况得到改善，农村金融机构的数量在增加、覆盖面变广、金融产品和服务得到创新，农村金融的资金需求得到进一步的满足，基于西部地区发展的现状，要着重利用西部地区金融资源，提高开放度，提高金融市场效率，最终有效地配置西部地区农村金融资源。

西部地区农村金融机构的日常运营各有侧重，农村信用社业务覆盖比较全面，发挥着基础支农作用。随着西部地区 12 省（自治区、直辖市）信贷资金的实力逐渐雄厚，农村信用社在支农力度上显著增强了许多，随着农村信用合作社的改革发展，不仅改善了农村信用合作社的资产结构，增强了日常经营活力，而且为西部地区农户和中小企业生产生活提供了更多的信贷资金保障，西部地区获得很多实惠。此外，小额信贷采用灵活的信用发放模式，运作模式逐渐趋向成熟多样化，小额信贷已显现成效。

新型农村金融机构健康持续运行对解决农村金融市场供求矛盾、提高农村金融市场效率具有重要作用。伴随着金融市场的全面放开，新型农村金融机构在全国范围内迅速成长起来。对于西部地区而言，除了村镇银行比重稍微低于东部地区，贷款公司和农村资金户折射在全国占比最高。跟传统商业银行相比，新型农村金融机构的优势在于农村地区与城镇地区相比服务体系灵活、门槛低，这些迅速发展起来的新型农村金融机构有效地配置了农村金融资源，同时也促进完善了农村地区的金融竞争体系，改变了农村地区商业银行和合作金融机构长期垄断的局面，弥补了国有大型商业银行撤出农村地区后留下的市场空白。

西部地区新型农村金融机构数量迅速增加，贷款额逐年递增，且财务状况基本良好，随着规模的扩大、业务的拓展加深，已开始进行金融创新，创新业务品种。

5.2.2 西部地区农村金融市场问题分析

1. 农村地区金融排斥形成的机制

金融排斥现象的形成是一个极其复杂的过程，从宏观角度运用供给和需求的理论可以解释为：在一定的经济条件下，金融排斥是金融产品或服务的供给方与需求方共同作用的结果，当金融产品或服务的需求者提出金融需求时，金融供给方没有能力提供相应的金融产品或服务，使得金融需求者的需求没有得到满足，出现这种情况时即形成金融排斥；另外一种情形是金融需求者对某项金融产品或服务有实际需求时，金融供给者可以提供，但由于各种原因未向金融机构提交申请导致其需求未被满足，从而形成金融排斥，这种情况被称为自我排斥。

1）理论分析

农村金融产品或服务的需求者主要是农民、农村企业、农村集体等，他们需要的金融产品往往较为基础，多为储蓄、信贷、保险、咨询等金融产品或服务，对理财、股票、债券、期货、期权等金融产品的需求较少。农村金融需求者是否会向金融机构提出金融产品或服务的需求主要是基于以下几方面的考虑：①该金融产品的成本。农民、农村企业、农村集体向金融机构提出信贷申请前，会首先考虑成本问题，即所还利息，还会考虑手续费、时间成本等；②金融产品的收益。储蓄是农民选择较多的一种金融产品，储蓄产品的利息收入水平也是直接影响农民、农村企业、农村集体行为的直接因素；③金融产品或服务需求方的金融知识水平。这也是是否会产生自我排斥的关键因素，若需求者的金融知识较为欠缺，或曾经申请金融产品或服务时有过被拒绝的经历，这些因素都很有可能导致农村金融需求者主动放弃申请金融产品或服务的机会，产生自我排斥；④其他因素。如受教育水平、当地开放程度、收入水平、地理条件等。

农村金融机构是农村金融产品或服务的主要供给者，这里的农村金融机构是指各商业银行在农村下设的分支机构、营业网点、村镇银行、农村信用合作社等。农村金融机构是否在农村开设分支机构或金融服务网点的决定性因素是利润和国家政策，村镇银行和中国农业银行受国家扶贫政策的影响较大，而其他商业银行则是利益最大化的追求者。金融机构在考虑是否提供金融产品和服务及提供何种金融产品和服务时主要基于以下因素：①提供金融产品和服务的成本。金融机构服务人员的薪酬、固定资产成本、机会成本等因素都是金融机构需要考虑的因素。②提供金融产品和服务的收益。中国建设银行的经营目的为获取最大利益，2015 年，中国建设银行在西部地区的盈利数额占利润总额的 17.31%，在西部地区共有 3121 个机构及网点，其中农村金融机构及网点的数量为 622 个，占比仅为 20% 左右。由此看来，金融机构的盈利能力决定着机构和网点的设立或撤离。③风险因素。由于农村地区收入水平较低且不稳定，金融机构在提供服务时会重点审核申请人的资信、收入状况、还款能力、违约率等指标。

综上所述，农村地区金融排斥是在金融产品和服务的需求者与供给者相互作用的过程中产生的，农村金融排斥可描述为两种情况：①农民、农村企业、农村集体等农村金融产品与服务的需求者对某项金融产品和服务有需求，并且向金融产品与服务的供给方提出申请，而供给方没有能力满足其需求或拒绝其申请的情况被称为金融排斥；②农村需求方对某项金融产品和服务有实际需求，且金融机构有能力满足其需求，但因某些原因未提交申请，这一情形被称为自我排斥。

2）传导机制

农村地区金融排斥传导机制见图 5-1。

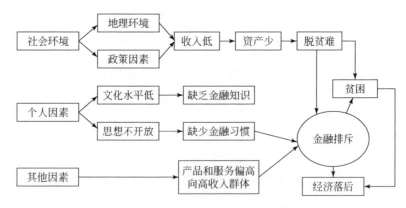

图 5-1   农村地区金融排斥传导机制

2. 农村地区金融排斥产生的原因

我国农村地区金融排斥共有两种情形：一种是由于金融机构自身原因未能满足农村金融需求者的需求，另一种是自我排斥。虽然两种金融排斥情形不同，但两者产生的根本原因与当地的经济水平、地理环境、受教育水平、商业歧视等相关。

1）二元结构问题严重

目前，我国西部地区城乡二元结构突出，农村地区收入水平、生活水平明显低于城镇地区。如表 5-2 所示，西部地区城镇居民人均收入 26 023 元，而农村地区居民人均收入 8914 元，仅为城镇居民收入的 1/3，收入差距大；西部地区城镇居民人均消费 17 945 元，农村居民人均消费 8044 元，其中城镇居民用于教育、娱乐的消费明显高于农村居民。

表 5-2　2015 西部地区城乡收入与消费水平

省份	城镇收入 / 元	城镇消费 / 元	农村收入 / 元	农村消费 / 元
重庆	27 239	15 140	10 505	8 938
四川	26 205	19 277	10 247	9 251
贵州	24 580	16 914	7 387	6 645
云南	26 373	17 675	8 242	6 830
广西	25 639	16 321	9 467	7 582
陕西	26 420	18 464	8 689	7 901
甘肃	23 767	17 451	6 936	6 830
青海	24 542	19 200	7 933	8 566
宁夏	25 186	18 984	9 119	8 415
新疆	26 275	19 310	9 426	8 630
内蒙古	30 594	20 187	10 776	10 637
西藏	25 457	16 422	8 244	6 303
全国	31 195	21 392	10 772	9 223

资料来源：国民经济和社会发展公报

　　另外，我国农村金融二元结构问题严重。农村地区对金融产品和服务的需求较为基础，储蓄、信贷是农村地区被普遍接受的金融产品。农户、农村企业和农村集体将生产生活中的积蓄存入金融机构，获取较低的存款利息，金融机构将大量存款通过贷款形式或投资形式投入收益较高的行业，而农村地区并不会得到这部分贷款或投资。在整个经济循环中，虽然农村地区提供了部分货币，然而只能获取整个经济运行中最低的收益，很少能得到货币创造的经济效益和福利，这导致农村地区金融排斥程度的不断加深。

　　2）经营风险高

　　农村金融机构经营风险高主要体现在信贷业务方面。当农户、农村企业、农村集体向金融机构提交贷款申请时，金融机构在考虑收益的同时更加注重资金的回笼。农村地区由于生产经营的特殊性，居民收入不稳定性较强，且数额较低，因此金融机构需要承担的信用违约风险较大。金融机构出于对成本收益的衡量，对农村地区的贷款力度明显低于城镇地区，即具有商业性质的金融机构更加偏向于高收入的城市地区。

　　3）金融政策

　　党的十八大报告指出：到 2020 年，国内生产总值和城乡居民人均收入要比2010 年翻一番，要全面建成小康社会。然而目前我国的国情是仍处于社会主义初级阶段，是发展中的农业大国，农村人口数量庞大，农业基础薄弱。全面建成小康社会的基础在农业、难点在农村、关键在农民。"三农"的发展离不开金融的支持，面对城乡二元结构和农民收入低的问题，中央政府提出推进社会主义新农村的任务，其中深化农村金融体制改革问题是重中之重。

目前，我国农村金融机构仍然是正规的金融机构占据主导地位，非正规金融机构为辅。正规的农村金融机构包括银行类、非银行类的金融机构。银行类金融机构包括两种形式，一种为中国农业发展银行、中国农业银行、中国邮政储蓄银行、农村信用合作社、村镇银行、农村合作银行等有"三农"政策倾斜的银行机构；另外一种为中国工商银行、中国建设银行、中国银行、交通银行、股份制银行在农村地区设立的分支机构及营业网点。截至 2015 年年底，我国银行业金融机构涉农贷款余额达 23.6 亿元。非银行类金融机构是指政策性保险公司、商业性保险公司、证券公司和期货公司。非正规金融机构是指民间借贷、小额信贷公司、典当行等。

截至 2015 年年底，中国农业银行在我国西部地区农村共设立 3549 家农行分支机构及营业网点，是我国商业银行中在农村下设分支机构和营业网点最多的商业银行，但由于其商业银行的性质，在面向农村地区办理业务是仍然坚持利益最大化的目标，中国农业银行对我国农村地区的金融支持作用有限。

中国建设银行、中国工商银行、中国银行在西部地区共设立 2200 个银行分支机构和经营网点，三大银行的数量总和仍小于中国农业银行。由于商业银行的关注点在于成本和收益，所以这些商业银行在提供金融产品和服务时更偏向于利益空间大的城市地区，在农村地区多提供储蓄、信贷、汇兑等业务。西部地区证券业、保险业正处在发展阶段，尚未将业务充分延伸到农村地区，因此对农村金融的贡献能力相当有限。

这样一来，银行类金融机构对农村金融的支持主力逐渐成为农村信用合作社和村镇银行。但由于我国农村信用社和村镇银行受自身发展条件所限，仍不能够充分满足农村金融的需求，即农村金融排斥在未来很长一段时间内将会持续存在。

3. 西部地区农村金融市场具体存在的问题

1）西部地区缺乏健全的支农政策和长效运行机制

西部地区农村金融发展明显滞后，抑制了农村经济的发展，造成农村金融长期发展滞后，对经济的支持不足，短时间内经济发展还不能有效满足各方面发展的需要。一方面，在金融市场基础设施方面做得还不是很完善，对于农户或中小企业有利的贴息、免税等财政政策和货币政策还不是很清晰明确。另一方面，缺乏健全的金融支农的政策和长效运行机制。我国西部地区农业占据主导地位，农户和中小企业具有很强大的发展潜力，政府和金融机构对支农政策的倾向有待进一步加强。

2）西部地区农村金融机构信贷供给不足，难以满足农村金融需求

随着国有商业银行的改革，传统商业银行涉农贷款投放比例下降，对农户的信贷供给减少，业务重点开始由农业转移，在农村大幅度收缩业务规模，进行农村网点的撤并，服务对象也向城市转移，对农村金融支持有限，农村信贷供给力度较弱。正规金融机构的分布密度较低，支农力度仍较薄弱，农村金融市场的资金供给能力仍较低。此外，新型农村金融机构农业贷款投放能力有限；村镇银行、农村资金互助社尚处于起步阶段，规模小、网点少，资金供给能力较弱。随着西部地区农村经济的快速发展，农户和中小企业不再局限于传统的种植业及生产经营活动，而是采用各种渠道进行盈利创收，随着生产经营活动范围的扩大，信贷资金需求也日益旺盛，现阶段西部地区农村金融机构的信贷供给链与金融信贷需求出现断层并没有很好的衔接。此外，对于中小企业而言，经营规模小、市场活力才差、竞争力不足，面对金融机构高标准的信用门槛、抵押担保条件，他们的贷款需求很难转化为切实有效的需求；对于农户而言，农业生产模式大多是农作物耕种或畜牧业，信贷需求相对较小，也很难构成有效需求。农户和中小企业资金存在的问题有需求小，贷款的周期比较短，面临着信用担保问题，缺少合适的抵押物，不良贷款率高及资金成本高等。金融机构往往不敢轻易放贷给农户和中小企业，对农村地区的投资非常谨慎。这些情况使得农户和中小企业很难获得正规金融机构的信贷资金，供需矛盾恶性循环，日益尖锐。

3）西部地区农村金融发展滞后于东、中部地区

农村金融资源配置状况虽然得到改善，但是西部地区各方面发展落后，仍然无法与中部和东部地区相比较，处于较低水平，存在显著差异，不仅西部地区12省（自治区、直辖市）之间有很大区别，跟中部和东部的对比之中也会发现较大差别。相对于东部和中部地区，西部地区幅员辽阔，贫困问题一直是其面临的考验。这些因素抑制了农村经济的发展，造成农村金融长期发展滞后，对经济的支持不足，短时间内还不能有效满足各方面发展的需要，因此效率成为西部地区农村金融市场健康发展的重要问题。

我国在地域上划分为东部、中部和西部，这种划分是以经济发展状况为标准。随着国家经济发展及经济政策倾向不同，改革开放以来，存在许多区域发展不均衡的因素，经济、政治、政策、地理环境等都导致地区经济发展不均衡。东部临海，交通、资源具有先天便利，有很强的区位优势；中部和西部由于靠近内陆，交通不发达，而且一开始是以重工业为主，实现经济市场化以后，经济发展优势不明显。综合比较东部、中部和西部地区，我国区域差异很大，相应的各地区农

村金融发展差异也保持一致，东部地区农林牧副渔业总产值明显高于中部和西部地区。东部地区总产值平稳增长，中西部地区也明显在增加，但是与中部和东部地区明显差距在加大，说明我国农村金融发展有显著的区域差异。中西部农村地区亟需探索提升自身金融市场配置效率的途径。

从地域上划分，西部地区农村金融市场包括范围为西部地区的12省（自治区、直辖市），具体为：四川、贵州、云南、陕西、甘肃、青海、宁夏、重庆、新疆、广西、内蒙古、西藏。西部地区通过农村金融市场对金融资源进行配置，发展农村经济，金融资源配置状况及发展水平与西部的经济发展水平密切相关。

西部地区农村金融发展明显滞后于东、中部地区，供给主体单一、涉农保险普及力度小。西部地区农村金融起点低，历史积累还不足以跟中东部地区相比。此外，不同地区的农村金融发展跟经济增长密不可分，需要把金融发展跟经济发展统筹协调考虑。

在农村金融市场竞争环境加剧的情况下，提高西部地区农村金融服务质量及运行效率已经成为农村金融领域需要解决的重大现实问题。西部地区落后于东、中部地区，主要原因是发展起步晚、经济发展水平滞后、金融基础设施薄弱等因素。如何解决目前西部地区金融发展问题，更好地服务"三农"，促进农村经济可持续发展，是农村金融市场当务之急。

4）西部地区农户收入水平较低，有效金融需求不足

相对于东部和中部地区，西部地区较多的农户收入水平较低，经济实力较弱，满足不了基本的生活需求。2012年西部地区农村居民家庭人均纯收入最高为内蒙古自治区的7611.3元，而东部地区农村居民家庭人均纯收入最高为上海市的17 803.7元；西部地区居民家庭人均纯收入最低为甘肃省4506.7元，东部地区居民家庭人均纯收入最低为海南省7408元[①]。

随着西部地区农村经济的快速发展，农户不再局限于传统的种植业及生产经营活动，想要采用各种渠道进行盈利创收。由于农户收入水平较低，还款付息能力有限，造成在借贷中农户更倾向于亲朋好友等民间融资渠道，这在很大程度上影响了农户的融资需求转化成有效金融需求，无法提升信贷满意程度。

5.2.3 西部地区保险排斥问题

我国是农业大国，农村经济的发展是稳定社会发展的基础。我国农村经常会受到洪涝、干旱、地震、泥石流等自然灾害的迫害，造成农村农作物产出量大幅下降甚至颗粒无收，使农户遭受重大的经济损失。农村保险有利于防范和分散由

---

① 数据来源于国家统计局2012年度统计数据。

于自然灾害或人为原因所带来的损失，可保护农民的利益，稳定农村经济发展，提高农业抵御自然灾害的能力及灾后重建的能力。

1. 西部地区保险行业现状

四川省位于我国西南部，地处四川盆地，位于长江上游，四周与 7 省相邻，省内地理环境复杂，有盆地、丘陵和山地，共有 18 个地级市和 3 个民族自治地区。根据表 5-3 中的数据可知，我国西部地区保险业较为发达的地区是四川省，总共有 86 家保险机构，2015 年保费收入共 1267.3 万元，保费支出共 454.1 万元。虽然四川省保险业在西部地区位于前列，但其发展水平与东部地区仍有较大差距。按机构数量做比较，四川省在东部地区 11 省（自治区、直辖市）中位列第七名；但按保费收入和保费支出做比较时，四川省在东部地区只优于海南省和天津市。

表 5-3　2015 年西部地区保险行业现状

省份	机构数量 / 家	保费收入 / 万元	保费支出 / 万元
四川	86	1 267.30	454.1
陕西	54	572.45	193.9
重庆	23	514.60	220.2
云南	38	434.60	117.3
内蒙古	44	395.48	124.5
广西	34	385.75	132.8
新疆	35	367.40	136.8
贵州	30	257.80	106.9
甘肃	26	256.88	92.8
宁夏	19	103.30	34.2
青海	18	56.30	20.3
西藏	9	17.40	8.1

资料来源：中国保险监督管理委员会各省分支机构统计信息

保费收入和保费支出在一定程度上可作为衡量一个地区保险业发达程度的指标。目前，我国西部地区 12 省（自治区、直辖市）中仅有四川省和重庆市能够达到我国保险业发展的平均水平，而其他省（自治区、直辖市）保险业的发展尚未成熟，落后于我国保险业平均水平。东部地区各省（自治区、直辖市）保险机构平均 80 家，保费收入平均 1131 万元，保费支出平均 411 万元。西部地区中各项数据可达东部地区平均值以上的仅有 3 个，分别为四川省、重庆市和陕西省。这说明我国西部地区保险业发展水平落后，当地居民、企业对保险的接受程度低。

2. 西部地区保险发展存在的问题

通过对西部地区保险业发展的数据分析，可以看出我国西部地区保险业发展存在以下特点：①保险机构数量少。保险分公司在西部地区设立的数量明显少于东部地区，平均每省份 35 家保险分公司，其中四川地区 86 家，使得西部地区平均水平大幅度提高；②保费收入低。东部地区保费收入平均值为 1131 万元，而西部地区只有 385 万元。西部地区中四川省保费收入仍保持区域领先地位，达 1267 万元，而宁夏、青海、西藏地区保费收入明显较低；③支付各类赔款及给付数额较低。东部地区各类赔款及给付数额平均值为 411 万元，而西部地区类赔款及给付数额平均值仅为 136 万元。其发展过程中主要存在以下几个方面的问题。

1）农村人口基数大

2015 年年末，我国西部地区总人口共有 3.85 亿人，其中乡村人口约 2 亿人，共有 532 个民族县。截至 2015 年，我国共有 529 个贫困县，西部地区有 449 个贫困县，占全国贫困县总数的 85%；共有 5575 万贫困人口，其中西部地区 3559 万贫困人口，占全国贫困人口总数的 64%，西部地区的贫困发生率为 2.1%，占全国农村贫困人口的 5.9%。由于经济水平较低，当地人口的经济条件差，入保率低，保险业发展落后。

2）西部地区地理位置复杂，交通不便

我国西部地区虽然地域辽阔，但其独特的地理位置，多高原、盆地、沙漠地区，少平原地区。西部地区共有 531 个山地县、224 个丘陵县，山地的占地面积平均在 80% 左右。这些地区的物质资源相对比较贫瘠，不利于农作物和经济作物的种植，当地人民只能择地而耕，农业的发展受到很大限制。由于西部地区多高原、山地、河流，交通运输极为不便，与外界经济社会沟通甚少。

交通的不便对保险业的宣传工作造成了很大的障碍，当地多数人口的受教育水平低，思想较为保守，保险作为近年来兴起的投资方式很难能被这些人们所接受。由于不了解保险的实质，人们无形中将保险边缘化，严重影响了保险业在西部地区农村的发展。

3）西部地区保险机构数量少，服务水平低

正是因为我国西部地区经济发展水平较低及地理环境复杂，多山地和丘陵，交通不便，所以保险机构数量较少，对当地的辐射范围有限。西藏地区全省只有 9 家保险机构，共有 324 万人口，平均 36 万人一家保险机构；青海省和宁夏回族自治区分别有 18 家和 19 家保险机构，保费收入仅有 56.3 万、103.3 万元，在

总人口 558 万、668 万人的情况下，平均每人仅缴纳 1000 元、1500 元。

我国西部农村地区的保险服务水平较差，其主要原因是农村地区人口众多，分布较为分散，且交通不便，通信设备的普及率较低。由于宣传力度小，农村人口对保险的理解有偏差，会出现排斥保险宣传的情况；即使少数农户参与了保险，但由于农业易受自然灾害的影响，农村保险的赔付率较高，风险大，保险公司的积极性较低。

4）西部地区农村保险发展滞后

随着我国人民生活水平的整体提高，乡村人口对保险的需求已经不仅仅局限于投保安全生产，而是更加注重人身财产的安全，如寿险、意外伤害险、财产险、健康险等。但由于国家对农村保险的支持力度及资金的不足，外加保险公司对农村保险业不重视，保险产品单一，创新产品少，难以做到因地制宜，农村地区保险需求很难被满足，从而严重阻碍了保险业在农村地区的发展。

5）西部地区社会保障机制不健全

社会保障的投入不足及社会保障机制的不完善严重阻碍了我国西部地区保险业的发展和创新。以四川省为例，截至 2010 年年末，四川省人均社会保障和就业投入约 573 元，而东部地区人均社会保障和就业投入约 602 元（刘晓婧等 2011）；2015 年年末，四川省保费收入共 1267.3 万元，保费支出共 454.1 万元。

截至 2015 年年末，东部地区保费收入平均值为 1131 万元，而西部地区只有 385 万元；东部地区各类赔款及给付数额平均值为 411 万元，而西部地区类赔款及给付数额平均值仅为 136 万元。根据此数据，可以看出我国西部地区保险业的发展并不发达（表 5-4）。

表 5-4　2015 年西部地区社会保障参与人数

省份	失业保险参保人数 /万人	城镇企业职工基本养老保险参保人数 /万人	城乡居民社会养老保险参保人数 /万人	城乡居民基本医疗保险 /万人
重庆	439.52	837.38	1 111.06	2 677.75
四川	652.20	1 939.00	3 020.40	2 655.70
贵州	205.31	392.09	1 649.03	1 032.50
云南	243.34	412.94	2 253.30	1 140.76
广西	273.18	576.63	1 741.51	1 077.59
陕西	347.74	759.60	2 431.50	1 247.27
甘肃	162.80	306.20	1 236.00	895.30
内蒙古	242.10	579.00	734.10	1 008.10
青海	40.11	100.07	233.48	455.19
宁夏	75.60	178.75	183.10	470.00

续表

省份	失业保险参保人数/万人	城镇企业职工基本养老保险参保人数/万人	城乡居民社会养老保险参保人数/万人	城乡居民基本医疗保险/万人
西藏	11.80	15.60	141.04	27.40
新疆	229.45	345.35	530.83	656.89

资料来源：西部地区 12 省（自治区、直辖市）2015 年国民经济与社会发展统计报告

　　社会保险是社会保障体系中重要的一部分，主要包括医疗保险、养老保险、失业保险、工伤保险和生育保险。失业保险是指非因个人意愿而被终止就业，已经办理失业登记的人员因失业而暂时失去生活来源，为保证失业人员在失业期间的基本生活，向没有经济来源的劳动者提供物质帮助的制度。截至 2015 年年底，全国就业人数 77 451 万人，其中乡村就业人数为 37 041 万人。年末城镇登记失业率为 4.05%，全国农民工总量为 27 747 万人。在西部 12 省（自治区、直辖市）中贵州省失业率较低，年末城镇登记失业率为 3.29%，失业人员再就业的人数为 14.55 万人，失业保险参保人数为 205.31 万人。

　　养老保险（社会基本养老保险）是指国家和社会根据法律和法规，针对劳动者在到达解除劳动义务的法定年龄或由于年老而丧失劳动能力而退出劳动岗位时，为解决以上人群在离开劳动岗位后的基本生活而建立的一种社会保险制度。养老保险分为 4 个层次：基本养老保险、企业补充养老保险、个人储蓄性养老保险、商业养老保险。表 5-4 所统计的数据为基本养老保险，即养老保险的最高层次。2015 年年末，全国共有 35 361 万人参与城镇职工基本养老保险，共有 50 472 万人参加城乡居民基本养老保险。根据表中的数据可以看出四川省和重庆市的城镇企业职工基本养老保险的参保人数最多，分别为 1939 万人、837.38 万人。西部地区城乡居民社会养老保险参保人数最多的省份是四川省和陕西省，分别为 3020.4 万人、2431.5 万人。

　　医疗保险是指因疾病而产生的医疗费用时，在被保险人已缴纳基本医疗保险费的情况下，基本医疗统筹基金会按一定比例补偿一部分医疗费的保险制度，按照强制性社会保险的原则来看，基本医疗保险的费用应由用人单位和职工个人按比例、按时、足额缴纳。根据 2015 年国民经济和社会发展统计公报所公布的数据来看，年末全国参加城镇基本医疗保险的人数为 37 675 万人，参加职工基本医疗保险的人数为 28 894 万人。如表 5-4 数据所示，西部地区城乡居民基本医疗保险参保人数重庆市和四川省最多，为 2677.75 万人、2655.7 万人。

　　通过分析可知在西部地区 12 省（自治区、直辖市）中，四川省和重庆市的保险参保人数较多，基本养老保险和基本医疗保险的参与率较高。

5.2.4　农村金融产品创新存在的问题

1. 金融产品与服务存在的问题

近几年，农村金融机构在优化农村资金资源配置方面确实做了大量工作，但是由于制度、产权、治理结构、人才因素等原因，实际情况并不适应"三农"的发展，从贷款总量和结构上影响了对"三农"信贷的有效投放。

（1）农村信贷权限的上收集中，广大农村金融服务对象的分散分布，农村金融主体的点多面广，形成了集中与分散的矛盾。金融机构的总部主要分布在城市，法人工作生活在城市，金融机构总部热衷于通过控制和掌握信贷资源投放城市、追逐政府项目。信贷投放决策的集中和农村分散的经济主体的需求形成了矛盾。而农村金融机构在追逐利润和信贷安全的大背景下，实行了比过去更为严厉的责任追究制度，对农村经济主体有效的信贷投放的激励机制却没有建立起来。

（2）信贷条件和"三农"实际情况不相符合，特别是在要求第二还款来源的情况下，条件较为苛刻，由于法律法规方面的障碍，农村合法抵押物普遍缺乏，变现处理困难。据统计，"三农"信贷资产抵押率不足 1/5，大大增加了"三农"的融资难度。

（3）涉农金融服务水平有待提升。由于农村各类生产要素无法自由流动，各类中介组织和公共服务缺乏，农民金融和文化知识相对不足，因此，"三农"信贷要求简便和易得。而通常情况是农村正规金融机构审批时间过长、贷款政策不透明，很大程度上使得"三农"对正规金融望而却步。

（4）结构不合理。农村金融不仅要重视农户种养殖业的信贷需求，还要重视关系到农业现代化的农村第二三产业、龙头企业的信贷需求和贫困型农户的生活信贷需求。不仅要支持对经营性资金的需求，也要支持农民消费性资金需求；不仅要满足"三农"的短期临时性的资金需求，也要满足"三农"的中长期的资金需求。

2. 农村金融产品创新存在的问题

要实现好的金融产品与服务创新，必须贴近"三农"金融服务需求，又符合金融供给意愿。依据以上条件看，我国农村金融创新存在以下问题。

（1）创新机构和网点不足。贴近农业、农村、农民的，是分布在农村、乡镇、村屯的涉农金融机构。经过近几年银行业监督管理机构的指导和推动，村镇银行、小额贷款公司、农村互助基金会等如雨后春笋，发展迅速。但是我国领土辽阔，和"三农"直接联系的乡镇一级甚至没有金融网点，新型金融机构又处在试点和探索经验的阶段，难以形成有效竞争推动创新。

（2）农村金融机构商业化转型尚未完成，影响创新。中国农业发展银行受政策定位限制，主要以收购粮棉油贷款为主，资金渠道只能定向发行金融债券，只做政策性业务，其他业务概不涉及，因而难以创新；农村信用合作社改制后，受商业利益驱动，业务侧重点仍然偏向城市，对分散的农村金融市场不感兴趣；中国农业银行改制后，尽管成立了"三农"事业部，但是尚未显现出支农的效果；中国邮政储蓄银行也在创立小额质押业务，但是农村和农民能够质押的存单数量显然有限，等等。如何把"三农"的需求和农村金融机构商业利益的驱动连接起来，是解决创新需要面对的重大课题。

（3）非充分竞争的农村金融市场，难以创新。创新金融产品和创新金融服务，无非两种思路：第一是客户需求型创新，根据客户的要求金融机构设计出合适的产品和服务；第二就是竞争对手推动型创新。即市场上的金融产品和金融服务多了，客户必然会根据自己效用最大化的原则做出自己的选择。如果一种金融产品与服务市场反应良好，那么其他金融机构就可以结合自己的优势对产品和服务进行必要的改进和优化，设计出更好的更便利消费者的新产品和新服务。从商业角度看，中国农业银行在转制后，面对同业竞争的压力，仍然以其他大型银行的经营模式为主，对"三农"的服务和支持不足。具有商业化色彩的只有农村信用合作社一家，一定意义上形成了垄断局面，使得农村金融创新失去了内在基础，积极性不高，效率低下。

（4）创新主体的创新动力不足。由于我国金融机构产权的特殊性，使我国金融机构的偏好是乐于"垒大户"，热衷于锦上添花，热衷于支持垄断性质的行业和企业，热衷于政府投资或政府背景的项目，信贷投放呈现抓大弃小，权限上收和集中的特征。这种信贷投放的实质，就是风险后置，就是和国有企业、政府捆绑的风险"搭便车"现象。这要比时时出风险、额度小、当期收益又不高的小微企业和个体户的信贷投放来得容易得多。这种实践中很难克服的"搭便车"现象和风险与收益上的短期化倾向，使农村的金融产品和创新只能停留在口头上。

（5）路径依赖窒息了金融创新。路径依赖是依据一定的制度指引的道路而形成的思维惯性和行为惯性，这种惯性很难被其他潜在或更优的制度取代。农户小额信用贷款存在了几十年，手续简便、额度较小、放款集中、风险可控、收益很大，根本无需农村基层金融机构研究金融创新。

第 6 章　农村金融发展改革与新变化

我们在讨论农村金融改革时候，包括狭义的农村金融改革和广义的农村金融改革两个角度，其中狭义的农村金融改革单指农村信用合作社改革，广义的农村金融改革涉及范围颇广，既包括宏观层面上的农村政策性金融、商业性金融、国家对资金流动的引导、农村融资媒介的创新和发展宏观问题，也包含微观层面上的农村金融机构的退出机制及订单农业、农产品期货市场、农业保险的发展等具体问题。在推进农村改革之初，农村金融体系改革就是农村改革的重要组成部分，本章以农村金融机构为出发点，从农村金融的需求、供给两个方面切入分析当前农村金融市场的状况及新的变化，同时对普惠金融市场的发展进行介绍。

6.1　农村金融机构改革

就目前而言，总结我国农村的金融机构现状大概是：银行类机构主要有四类九种：分别为商业银行（中国农业银行和中国邮政储蓄银行）；政策性银行（中国农业发展银行）；农村合作金融机构（包括农村信用合作社、农村商业银行及农村合作银行）；新型农村金融机构（包括村镇银行、农村贷款公司和农村资金互助社）。其中作为中国农业领域的仅有的政策性银行中国农业发展银行，其主要对象是包括中粮集团、首都农业集团在内的农业产业化龙头企业及粮食收储企业等，主要业务是为这些企业客户而不是个人提供融资服务。属于商业银行业金融机构的农村合作金融机构，即村镇银行、农村信用合作社、农村商业银行、农村合作银行和中国农业银行、中国邮政储蓄银行、农村贷款公司等，核心业务是从一定的商业原则出发且在监管部门核定的业务范围内为"三农"提供形式多样的农村金融服务。值得注意的是，有相关的法律法规规定，贷款公司不能吸收社会公众存款。银监会根据调整放宽农村地区银行业金融机构准入政策试点组建的农村资金互助社（合作性金融组织），其主要目的是为入股的社员提供金融服务。

这些银行类机构的基本情况是：金融机构分布不足，从机构网点布局看，这几类机构共有 124 255 个网点，其中 104 671 个分布在县市以下地区，占网点总数的 84.2%。从资产负债看，2007 年年末，农村银行类机构的资产总额占金融机构资产总额的 28.8%；负债总额占金融机构负债总额的 29.4%（王岩伟，2008）。虽然在《新型农村金融机构在 2009～2011 年总体工作安排》中银监会提出 3 年内设立 1294 家新型农村金融机构，但 2011 年年末全国仅组建 786 家新型农村金融机构，2012 年年末达到 845 家，数量上并没有达到规划，质量上与规划也有一定差距。

从支农信贷情况来看，对"三农"发放贷款的机构主要是中国邮政储蓄银行、中国农业发展银行和中国农业银行。2007 年年末，这三类机构涉农贷款占全部金融机构贷款总额的 19%（包括农村信用合作社各类贷款、中国农业发展银行收购贷款和中国农业银行用于农村龙头企业、扶贫、乡镇企业、电网改造、基础设施贷款等），远远低于全国的总体增长水平。这不仅说明我国城乡金融市场存在着发展不平衡现象，也说明了我国农村金融市场拥有巨大的发展潜力。在上述支农贷款中，农村合作金融机构发挥了重大的作用。

6.1.1　农村信用合作社改革

农村信用合作社从成立之初就以"扎根农村、服务农业、心系农民"为办社宗旨，中央也多次强调农村信用合作社必须始终坚持服务"三农"，其改革的方向绝不能偏离为"三农"服务的理念。与一般商业银行相比，支农性是农村信用合作社最大的特点，服务"三农"不仅是发展农村地区金融的需要，也是实现农村信用合作社自身发展的必要条件。但是近年来农村信用合作社暴露的经营问题日渐增多，主要原因是其肩负着支农和可持续发展双重任务，体现在一些农村信用合作社由于支农任务繁重，利润过少，威胁到了其可持续经营。与此同时，一些农村信用合作社受利益驱使，商业化倾向越来越明显，农村资金越来越多地流向城市地区，支农效果并不理想（王文莉等，2013）。

改革开放以来，农村信用合作社为了完善和提升农村信用合作社的支农服务功能经历了 3 次较大的历史变革：中国农业银行代管阶段（1980～1996 年）；中国人民银行代管、重建合作制阶段（1996～2003 年）；以及 2003 年以后，按照"明晰产权关系、强化约束机制、增强服务功能、国家适当扶持、地方政府负责"的要求，将农村信用合作社改革为服务"三农"的社区性地方金融机构。一方面改革管理体制，组建省级联社，将农村信用合作社的管理交由地方政府负责；另一方面改革农村信用合作社产权制度，对农村信用合作社实行以县为单位的股份制和股份合作制改造，组建县级农村商业银行、农村商业银行和统一法人社。尽管从理论上看银监会设计的改革路线图，存在一定的合理性，然而在具体的实践当中，稳定县域法人地位，推进农村信用合作社股份制改革的思路依然存在着难以化解的矛盾和问题。

1. 优化股权结构理论与现实的矛盾

优化股权结构的设想在实际操作存在一定的难度和风险。具体表现在以下方面。

（1）地处偏远地区的县域机构法人股难以筹集。以陕西省为例，该省有至少19个县域机构由于经济欠发达，企业法人数量较少，能够达到入股条件的企业法人寥寥无几，靠当地企业入股使法人股占比达到规定比例存在一定难度，另外由于县域经济不发达，也难以吸引外地企业入股县域金融机构。

（2）法人股占比较高的县域农村信用合作社存在大股东控制的风险。股份制改造中需要解决的两大问题是防止大股东控制和内部人控制。但在实践中，股份制企业如果不是由大股东控制，那么就是由内部人控制，似乎没有中间路线，农村信用合作社股份制改革亦如此。农村信用合作社在促进股权向法人股东集中的同时，3～5户持股比例达10%的企业股东就可以以较低的成本实现控制县域农村信用合作社的目的，因此，在县域农村信用合作社中大股东控制风险是难以避免的。

（3）地方政府通过所属企业控股县域农村信用合作社，从而造成农村信用合作社存在行政干预风险。在农村信用合作社股权改造和组建农村商业银行的过程中，部分地市和县级政府极力通过所属企业入股来达到控股农村信用合作社的目的。地市和县级政府越来越重视地方金融资源，希望借助农村信用合作社改制打造属于地方政府的金融平台，使地市和县域农村信用合作社成为地方政府的钱袋子。因此，地市和县级农村信用合作社难逃地方政府的行政干预。

2. 小法人体制与提升竞争力、抵御风险能力的矛盾

从美国金融业发展可以看出，规模小的银行在抗风险能力方面明显不如大银行，倒闭破产的概率较大，且不受中央银行保护。因此，银行机构做大做强是市场竞争使然，是抵御各类风险的必然选择。从农村信用合作社的发展来看，近年来，一方面省联社通过一系列的措施如强化风险管理、打造融资平台、加快电子化建设，缓解了小法人体制下难以解决的大问题，从而使农村信用合作社资产质量得到极大改善，市场竞争力和抗风险能力明显加强。另一方面按照银监会提出的改革思路，股份制改革完成后的县级法人机构应完全实行法人自治，省联社仅对全省农村信用合作社提供资金清算、产品开发、科技开发、人员培训等服务，在这种体制安排下，受地区经济总量影响的县级机构，很难形成一定的规模效应，也很难拥有做大做强的机会。同时，农村信用合作社的小法人始终只能在县域范

围内发展，从事高风险金融活动，不能实现跨区经营、跨区合并，由于规模小、管理水平差，难以抵御地区风险和行业风险。另外，县级法人受人才、信息、技术、管理等方面因素的限制，市场竞争力较弱，在产品创新、科技开发、业务拓展、政策把握等方面明显处于劣势。独立的小法人体制有悖于市场经济规律，不利于提升县级法人竞争能力和抗风险能力。

3. 商业化经营方向与服务"三农"的矛盾

商业化经营要求农村信用合作社按照市场化原则开展业务，且以盈利最大化为经营目标。而我国的农业属于弱势产业、农户属于弱势群体，服务"三农"成本高、风险大、收益低，支持"三农"意味着农村信用合作社要牺牲商业经营目标，迎合政策性目标，这是股东们所不愿意接受的，资本的趋利性将使完全股份制后缺乏法制约束的农村信用合作社的服务方向发生一定偏离。实践中，银监会为保证改制后的农村商业银行经营方向不偏离"三农"，要求农村商业银行大股东出具支农承诺书，不过这种承诺书法律效力有限，约束力不强，从而使服务"三农"不再是农村商业银行的主要经营方向，而是一种社会责任。股份制农村信用合作社和农村商业银行按照银行经营的"三性"原则，仅对优质客户提供信贷支持，大量的需要提供普惠制服务的农户将得不到信贷支持，完全商业化股份制的农村信用合作社存在"脱农""离农"的危险。由此可见，商业化经营与服务"三农"尤其是支持农户之间存在一定矛盾。

4. 省联社行业管理与县级法人治理的矛盾

省联社作为一种过渡性的制度安排，省联社行业管理与县级法人治理的矛盾毋庸置疑对农村信用合作社改革与发展起到了积极的推动作用。但是随着农村信用合作社股份制改革进程的加快，省联社行业管理与县级机构法人治理之间存在的矛盾不断突出。具体表现在，省联社行业管理权力来自省政府的授权，主要是运用行政手段对享有充分的经营自主权和决策权的法人的县级机构实施管理和问责，省联社在履行职能过程中，难免存在运用行政权力干预县级机构管理越位即所谓自主经营的问题。产生管理越位的深层原因在于省联社与县级法人机构管理体制不顺产权关系与管理关系倒置。县级机构自下而上入股省联社，是省联社的社员，但却受到来自入股机构的管理，有悖于股份制运作的法理。省联社行业管理与县级机构法人治理之间存在的这种不可调和的矛盾，容易产生管理上的摩擦，使县级机构对省联社的管理进行有选择的执行，从而增加了省联社的管理成本，降低了管理绩效。

5. 服务对象特殊性与监管标准统一性的矛盾

目前，银监会对农村信用合作社的监管标准完全向商业银行看齐，2011 年制定了《中国银监会关于中国银行业实施新监管标准的指导意见》，虽然文件要求农村信用合作社、农村合作银行参照执行，但从监管部门下达的逐年升级达标的规划看，农村信用合作社、农村合作银行在资本充足率、核心资本充足率、贷款集中度、贷款拨备覆盖率及不良贷款率等监管指标方面，执行的标准与商业银行是统一的。可以说，监管部门对农村信用合作社的监管标准与全国性银行完全接轨，而且要求农村商业银行、农村合作银行在 2016 年年底前达标，农村信用合作社在 2018 年年底前必须达标。然而，农村信用合作社均是县级法人机构，服务的对象为"三农"和县域小企业，其服务的地域性和特定性决定了资产规模小、经营成本高、经营风险大，如果执行统一、与国际标准接轨、较高的监管标准，必然会进一步提高经营成本，加重经营负担，从而进一步使支持"三农"和县域小企业的服务能力受到限制，不但不利于地方法人机构自身发展，而且不利于实体经济的发展。另外，涉农贷款的风险远远高于小企业贷款，涉农不良贷款容忍度与其他贷款等同，这些不平等的监管政策都会在一定程度上影响到地方法人机构支持"三农"的积极性。

6.1.2　中国邮政储蓄银行的改革

2015 年 12 月 9 日，中国邮政储蓄银行（以下简称邮储银行）在北京举办新闻发布会宣布，引进包括瑞银集团、摩根大通在内的 6 家国际知名金融机构，中国人寿、中国电信等 2 家大型国有企业，以及蚂蚁金服、腾讯等 2 家互联网企业。这次战略引资，全部采取发行新股方式，融资规模 451 亿元，发行比例 16.92%。

数字显示，本次引资是中国金融企业单次规模最大的私募股权融资，也是近 5 年来中国金融企业规模最大的股权融资。据了解，邮储银行此次引进战略投资者，呈现出战投量多、机构类型广、合作领域宽的特点。

邮储银行董事长李国华表示，邮储银行已迈出改革发展的关键一步，将借助引战的东风，持续深化改革，加快转型发展，积极培育差异化竞争优势，努力打造一家特色鲜明的一流大型零售商业银行。

日积月累，这家成立 8 年多的银行，已经从一家经营单一负债业务的储蓄机构，转型成为一家全功能商业银行，打造了涵盖零售业务、公司业务、国际金融、金融市场、资产管理等在内的现代银行业务格局。

截至 2015 年 9 月末，邮储银行拥有营业网点超过 4 万个，服务客户近 5 亿人，是全国网络规模最大、覆盖面最广、服务客户最多的商业银行；资产规模近 6.8

亿元，位居中国商业银行第 6 位；信贷资产不良率约为银行同业平均水平的一半；拨备覆盖率达 274%，利润增长率、资本回报率等关键指标均达到银行同业优秀水平。

自从被写入两会的政府工作报告，2015 年以来，"互联网 +"成为全国人民耳熟能详的热词。词虽热，其成果必须以实践检验。邮储银行在这方面，稳扎稳打，用心探索未来。

作为拥有 1.4 亿电子银行客户的大型零售商业银行，邮储银行一直高度重视互联网金融发展，积极学习借鉴互联网思维，充分发挥自身优势，不断加快创新发展步伐，依托遍布城乡的实体网络和广泛覆盖的电子渠道，着力打造平台银行、智慧银行和普惠银行。

在打造开放协作的平台银行方面，邮储银行已采用云技术，全力推进互联网金融云平台建设，实现网上银行、移动金融、自助银行、微银行等云接入。同时，依托中国邮政庞大的实体网络，整合"邮乐网"电商平台、EMS 速递物流平台资源，发挥资金流、物流、信息流和商流"四流合一"的先天优势，搭建了邮储银行互联网金融综合服务平台，实现了"互联网金融 + 农村电商""互联网金融 + 速递物流""互联网金融 + 邮政分销""互联网金融 + 国际小包"等多领域合作新模式，形成了独具邮储银行特色的互联网金融产品体系。

互联网时代适者生存。邮储银行将与互联网企业共同努力，积极运用互联网思维对银行进行再造，打造适应互联网金融要求的商业银行。与此同时，邮储银行还坚持服务"三农"、服务中小企业、服务社区的战略定位，服务实体经济，践行普惠金融，拥抱"互联网 +"的新时代。

中国邮政储蓄银行在 1986 年经济出现严重通货膨胀的形势下开始恢复并开办的。最初的邮政业务，实际上是邮政部门代理人民银行经办储蓄，从中国人民银行那里收取代办费用。自 1990 年 1 月 1 日起，邮政储蓄由邮政部门代中国人民银行办理吸收存款改为自办与中国人民银行的关系由缴存改为转存，邮政储蓄的收入由代办费转为利差。2006 年监管部门就批准当时的邮政储蓄开始在一些地区，尤其是农村地区适营定期存单小额质押贷款业务，这样改变了一直以来邮政储蓄"只存不贷"的特点。

银监会于 2006 年 6 月批准筹建中国邮政储蓄银行。2006 年 12 月 31 日，经国务院同意，银监会正式批准由邮政集团公司以全资方式，在改革邮政储蓄管理体制的基础上出资组建的商业银行即中国邮政储蓄银行有限责任公司，于 2007 年 3 月 6 日正式成立。中国邮政储蓄银行除了继承原国家邮政局、中国邮政集团公司经营的邮政金融业务及因此而形成的资产和负债，还将继续从事原经营范围和业务许可文件批准、核准的业务。截至 2010 年 10 月 16 日，小额贷款业务已覆盖全国所有地市和 2100 个县市及主要的乡镇，网点 3.6 万个，汇兑营业网点 4.5 万个，其中有近 60% 的储蓄网点和近 70% 的汇兑网点分布在农村地区，还有国际汇款营业网点 2 万个。

2010 年，小额贷款发放量突破 1000 亿元，从业务开办至 2010 年 10 月，全国累计发放贷款近 400 万户金额 2300 多亿元，平均每笔贷款约 5.9 万元。县及县以下农村地区的邮储银行累计发放 1500 多亿元，占全部小额贷款累计发放金额的 70%。邮储银行发放的近 2300 亿小额贷款，解决了全国 400 万户农户及小商户的生产经营资金需求问题，1600 多万人从中受益。截至 2010 年 10 月 16 日，邮储银行发放小额贷款已突破 1000 亿元，发放金额较去年同期增长 41%，这标志着邮储银行实行的商业可持续发展小额贷款模式初步获得了成功，其小额贷款业务发展已开始走向成熟，这意味着可以提供给中低收入人群、农村地区、个体商户、微型企业更好的融资服务，进一步改善农村金融服务环境。

邮政储蓄银行的优势及特点：覆盖面广，营业网点最多。如邮政储蓄机构利用强大的全国联网网络基础，为开设邮政储蓄活期账户的客户提供异地存取业务。截至目前，邮政储蓄全国联网网点覆盖全国 31 个省（自治区、直辖市）1900 个县市，联网网点超万，联网 ATM 3000 多台。邮储银行的网点超过 36 000 个，其中有 2/3 以上的网点分布在县及县级以下的农村地区，已经成为中国最大的连接城乡的金融网，且邮政储蓄自主运用形成的资产已超过 7000 亿元。邮储银行的弱势及潜在的威胁：融资渠道单一，同时新兴的农村及乡镇金融机构的诞生和增加，给邮政储蓄造成很大的竞争压力，虽然目前没有哪个农村银行可以同邮政储蓄银行抗争，但是很多地方农村银行在争取 2011 年上市，获得更多的资金，开展更全面的业务、更优质的服务成为在农村市场与邮政储蓄竞争敌手。

邮储银行的改革仍存在以下问题。

1. 融资渠道单一

目前邮储银行融资渠道还是很单一，主要依靠的就是储蓄。截至 2011 年 2 月 10 日，全国邮政储蓄个人存款余额新增 1828 亿元，总规模突破了 3 万亿元，其中，邮政代理储蓄存款余额达 22 032 亿元，占总规模比重的 72% 以上。同时由于融资单一，间接造成我国目前邮政储蓄资金流向问题严重，很多农村资金流向城市。

2. 业务范围狭小

随着 2007 年邮储银行的诞生，业务也发生很大的变化。利用覆盖城乡的网络资源，大力发展零售业务，稳健的经营低风险的资产业务。如负债业务、资产业务、中间业务。而且 2010 年以后，邮储银行中间业务有明显增多的趋势，但是业务范围很窄。汇款业务也受到其他商业银行及农村信用合作社的冲击，如很多省市农村信用合作社办理异地存、汇、取业务，受中国邮政储蓄业务很影响。

3. 监管措施不够完善

严格地说，邮储银行不是真正意义上的金融机构，在资金运用上可能出现银监会和中国人民银行无法按正规的金融法规监管和约束。邮政业务与邮政储蓄业务的财务问题，也给监管留下很多的疑难问题，不利于对其监督。因为邮储银行未纳入金融监管体系，有关监管部门对基层邮政机构的违规行为难以监控。体制改革中整体人员金融业业务素质不高：绝大部分有邮政储蓄从业经历，但缺乏银行资产业务工作经验。现代企业制度进行管理与经营不健全邮政储蓄经营方法简单，管理较为粗放，安全防护措施落后，存在安全隐患与其他银行间业务往来困难。

6.1.3 中国农业银行改革

伴随着中国农村经济社会的改革发展，中国农业银行已经走过了 30 多年不平凡的发展道路。30 多年来，在党中央、国务院的正确领导下，重新恢复设立的中国农业银行始终致力于服务农业和农村经济，不断加强和改善农村金融服务，全力履行农村金融体系的骨干和支柱职能。改革开放的 30 多年，是中国经济和社会发展发生翻天覆地变化的 30 多年，也是中国农业银行履行服务"三农"的历史使命、并使自身不断发展壮大的 30 多年。

中国农业银行的发展走过了一个曲折的历程。20 世纪五六十年代，曾经历过三次成立和撤销。1978 年，党的十一届三中全会通过了《关于加快农业发展若干问题的决定（草案）》，决定第四次恢复建立中国农业银行，并且赋予中国农业银行（以下简称农业银行）"统一管理支农资金，集中办理农村信贷，受中国人民银行委托领导和管理农村信用合作社，发展农村金融事业"的基本职能和主要任务。这一功能定位，确立了农业银行与"三农"的天然联系，为此后 30 多年农业银行的改革发展奠定了基调。

1. 在专业银行时期，农业银行把"三农"作为基本服务对象

按照当时专业银行的业务分工，在组织架构上，农业银行设立了负责农业生产信贷业务管理工作的农业信贷部，负责乡镇企业、供销社、农村基础设施等贷款业务的工商信贷部和负责管理农村信用合作社的信用合作部，形成了完整的"三

农"金融服务和管理体系。在业务范围上，根据国家的要求，以促进农村生产力提高为目标，以信贷支持为中心，不断扩大服务领域，支持农工商，支持农林牧副渔，支持农村商品经济发展。从 1979 年到 80 年代中期，农业银行全部贷款的98% 以上集中投向了农村。在服务网络上，大力布设县乡网点，推行所（营业所）社（信用社）联合，努力提高农村市场的服务覆盖面。通过多年的专业化经营，最终形成了农业银行统一管理、农业银行和农村信用合作社分工协作的二元化农村金融服务体系，农业银行自身也从主要办理农业贷款和拨款的银行，转变为全面办理农村各种金融业务的综合性专业银行。

2. 在国有独资商业银行时期，坚持城乡并举的办行方针，促进城乡经济协调发展

按照国家有关要求，农业银行从 1994 年开始全面向国有商业银行转轨，确立了"巩固乡镇、拓展城市"的发展战略，坚持城乡并举的办行方针。一方面，按照"转轨不转支农方向"的要求，在先后经历中国农业发展银行分设、与农村信用合作社脱钩、接受外部划转的专项贷款等重大变革的同时，按照商业化原则，及时调整了服务"三农"的指导思想、经营方式和服务领域，围绕"大农业"和"大市场"重点支持中高层次的"三农"经济主体，并在农户贷款等业务领域为农村信用合作社让出了一块市场。另一方面，积极拓展城市业务，建设联结城乡的金融纽带和服务网络，积极发挥城市业务对"三农"业务的支持和促进作用，形成了独特的城乡二元市场布局。随着农村金融体制改革的推进，这一时期，农业银行与政策性金融机构、农村信用合作社和其他金融组织构建起了分工协作、优势互补、各有侧重的农村金融组织体系，并在其中发挥了骨干和支柱作用。

3. 在迈向股份制银行的新时期，农业银行不断强化为"三农"服务的市场定位和责任

2007 年全国金融工作会议确定了农业银行"面向'三农'、整体改制、商业运作、择机上市"的改革原则，标志着农业银行从国有独资商业银行迈入了建设现代化股份制商业银行的新时期。按照新的市场定位和要求，农业银行着力凝聚全行智慧，厘清面向"三农"和商业运作的关系，把开拓"三农"和县域"蓝海"市场作为一项重大经营战略来实施；制定了农业银行服务"三农"总体实施方案，对服务"三农"的主要目标、重点领域、政策保障和资源配置机制等做了总体安排；选择 8 家分行开展面向"三农"金融服务试点，不断加大全行涉农信贷投放力度；在 7 家分行开展"三农"金融事业部试点，探索服务"三农"的新型组织管理模式。这些举措，增强了全行面向"三农"的信心和决心，扭转了近

年来涉农贷款徘徊不前的局面，赢得了各方面的广泛认同，农业银行的"三农"金融业务正焕发出新的生机和活力。加大金融支持促进"三农"发展30多年来，农业银行在服务"三农"的实践中，不断改进服务，持续增加农村金融供给，有效地促进了农村的发展、农业的增效和农民的增收。

1980～2008年，农业银行累计投放涉农贷款12.2万亿元，年均投放4000多亿元，占全行各项贷款累放额的41%。目前，农业银行几乎在全国所有县域都设立了分支机构，51%的机构、44%的人员、60%的客户、41%的存款和28%的贷款分布在县及县以下。农业银行一直是涉农贷款投放规模大、服务面广、服务客户多的国有大型商业银行。对此，国务院领导在2007年召开的全国金融工作会议上指出："中国农业银行多年来在服务农村、服务经济社会发展中作出了重要贡献。"

回顾30多年的发展历程，农业银行促进"三农"发展重点集中在以下几个方面。

1）服务农村经济改革和发展的大局

农村经济体制改革是中国经济体制改革的起点，农村经济是国民经济发展的基础和重要组成部分。农业银行在服务"三农"的长期实践中，始终注意围绕国家推动农村经济改革发展的重大战略举措，强化对"三农"的金融支持。一是支持家庭联产承包责任制改革。农业银行在成立后不久，就明确提出农业信贷的对象要以承包户、专业户和联合体为重点，对承包户的信贷投放快速增加。二是支持农村商品流通和农村工业化。20世纪80年代中期至90年代初，为解决农产品"卖难"问题和扶持迅猛崛起的乡镇企业，农业银行根据国家的政策导向，将每年涉农信贷计划的60%和2500～3200亿元的累放信贷额度，用于支持供销社、农副产品收购和乡镇企业发展。近年来，农业银行更是不断加大对农村市场和农业服务体系建设的信贷支持力度。三是支持农业产业化。农业产业化是农村经济组织形式的又一重要创新。农业银行把农业产业化作为服务"三农"的重要着力点，为相关企业和农户提供多样化多层次的金融服务。截至2008年年底，农业银行农业产业化贷款余额528亿元，在581家国家重点龙头企业中，有299家是农业银行逐年扶持发展起来的，其中包括鲁花、蒙牛、新希望等一批知名企业。

2）促进城乡一体化和区域协调发展

统筹城乡、区域发展是国家的重要发展战略。作为一家联结城乡的全国性银行，农业银行依托独特的网络优势，注重通过金融服务推动城乡一体化和区域协调发展进程。一是服务于农村城镇化和农村基础设施建设。2001年农业银行专门针对小城镇建设，推出了"绿色家园"信贷产品；2003年农业银行与中华人民共和国建设部签订总额达300亿元的合作协议，用于支持小城镇建设。同时，农业银行还积极增加对电网、交通、通信等农村基础设施项目的信贷投放。二是服务于县域中小企业发展。农业银行历来重视发展小企业业务，成立了专门的小企业业务部，着力解决小企业"贷款难"问题。截至 2008 年年底，农行拥有小企业信贷客户 19 万户，贷款余额 781 亿元。三是推进基本金融服务均等化。目前农业银行的金融服务延伸到县、乡、村，在为中西部广大地区提供基本金融服务方面发挥着重要作用，在西藏、青海等高寒地区的很多县域，长期只有农业银行一家金融机构，一定程度上实际在履行着公共金融服务职能。

　　3）帮助农民脱贫致富、增产增收

　　实现农民持续增收，是"三农"工作的重点和难点。多年来，农业银行直接面向农民提供金融服务，助推农民脱贫致富、增产增收。一是认真做好扶贫贷款投放工作。扶贫贷款是农业银行长期以来承担的一项光荣职责。农业银行的扶贫贷款覆盖了全国所有 592 个国家扶贫开发工作重点县，直接扶持贫困农户 2500 万户，辐射带动贫困农户近 5000 万户。二是积极支持农民扩大再生产。农业银行长期对县域的种植、养殖大户给予信贷支持。近期又专门针对农村客户推出了金穗"惠农卡"，农民通过这张卡可以申请办理农户小额贷款业务，实现"一次授信，循环使用，随借随还"，极大地方便了农民获取资金发展生产。三是为农民工提供金融服务。农业银行联结城乡的天然优势和遍布全国的网点，使其成为进城务工人员往家乡汇款的首选。在东部发达地区，部分县（市）一年通过农业银行汇兑的务工收入就超过 10 亿元。

　　多年来，在致力于为"三农"客户提供优质金融服务的同时，农业银行自身也逐步发展成为一家横跨城乡、服务覆盖面最广的大型国有商业银行。长期服务"三农"的实践，让我们深刻认识到：服务"三农"是农业银行改革发展的永恒主题。这既是国家资本意志的体现，又是农业银行实现长期可持续发展的战略选择。首先，城乡联动是农业银行服务"三农"的最大优势。发挥好这一优势，有利于促进城乡经济金融相互交融，改变二元经济格局。其次，与时俱进是农业银行服务"三农"的重要原则。必须围绕不同时期党和国家"三农"工作的政策方向，确定服务"三农"的目标市场、产品组合和服务方式，最大限度地发挥金融对"三农"发展的支持和促进作用。再次，商业运作是农业银行服务"三农"的根本保障。只有坚持商业运作，切实管住风险，把面向"三农"和价值创造有机结合起来，才能真正做到国家满意、农民满意、股东满意、员工满意。

　　当前，我国农村经济社会进入了一个重要的转折期和发展期。近年来，国家实施了"以工补农、以城带乡"的发展战略，出台了一系列支农、惠农、强农的扶持政策，我国的农业、农村和农民正在发生历史性的深刻变革。农业加快发展，社会主义新农村建设深入推进，农民大幅增收，县域经济日益繁荣。这些新变化，催生了"三农"客户新的金融服务需求并由此衍生出广阔的商业性金融市场空间，为农业银行进一步做好服务"三农"工作带来了难得的历史机遇。

由于"三农"客户具有空间分散、需求额度小、季节性强、抵押物缺乏等固有特征，大型商业银行在更好地服务"三农"方面确实也存在一些困难。比如，"三农"客户地域分散化与大型商业银行运作集中化之间，"三农"客户信息不充分与大型商业银行风险管理定量化之间，"三农"客户的需求多元化与大银行现有产品服务标准化之间，还存在一些冲突和矛盾。为此，农业银行必须进一步探索和创新力求找到一条大型商业银行服务"三农"、商业运作的新路子，打造新农行，服务新农村，可以通过组织模式创新提高市场响应速度，通过服务渠道创新覆盖更多客户，通过产品服务创新满足日益复杂和多元化的客户需求，通过风险管理创新确保"三农"业务发展的质量。

6.2　农村金融需求的新变化

6.2.1　发展中的农村金融需求变化

2008年以来，农村经济发展呈现两个方面的特点，一方面是以党的十七届三中全会通过的《中共中央关于推进农村改革发展若干重大问题的决定》为开端，国家农村政策的调整和大量惠农政策的实施，使农民生产的积极性受到空前的鼓舞；另一方面，发端于美国华尔街的次贷危机给我国经济尤其是农村经济带来了广泛而深刻的影响，造成大量农民工提前返乡、大部分农村地区农产品降价和售卖难等问题。这两个方面，直接导致农民对金融需求产生新的变化。笔者对豫西南部分地区农村金融需求调查后发现，目前大部分农户对金融服务需求呈现6个方面的明显变化（河南省淅川县农村信用合作联社，2009）。

首先，消费信贷方面有强烈的需求欲望。次贷危机以来，国家接连出台了"家电下乡""汽车下乡"和小型农机具下乡等活动，许多农民具有较为强烈的购买小型农机具及汽车摩托车的愿望，以利于扩大粮食种植面积，降低劳动强度，提高生产效率，改善生活和生产条件，而国家推出的一系列下乡活动，可谓正中下怀。但欣喜之余，一些农民也表示忧虑，主要是这些包括汽车等下乡产品的农机具价格较高，仅仅依靠自身积累难以购置。所以他们由衷地希望，国家还能出台相关的消费信贷措施，让消费信贷也能够跟着"农机具下乡""汽车下乡"同时下乡，农村金融机构主要是农业银行、农业发展银行、农村信用合作社、邮储银行、村镇银行等要积极开办农村消费信贷业务，支持农民购买农机具和交通运输工具，以及彩电、冰箱、洗衣机、电脑等中高档耐用品等。同时，农村金融机构要根据国家政策和农村市场需求，设计适销对路的信贷产品，如目前针对国家提倡的"家电下乡"和"汽车下乡"等，在充分调查和风险控制的基础上，设计出相应的信贷产品，并给予一定的利率优惠，丰富农村消费信贷市场，刺激农村消费，进一步拉动内需。

其次，农地生产经营贷款需求增加。随着土地流转速度的加快，农村种植大户不断涌现，大规模的农地经营已成为农村经济发展中的一个亮点，生产经营的信贷需求也随之不断增大。这就要求农村金融机构在支持方式上也应该有所改变，在做好小额贷款的同时，借助支农资金的杠杆作用，大力支持农业现代化发展和新型产业发展，支持农村龙头企业，引导推行"业主＋农户""订单＋农户""龙头企业＋农户"等多种经营模式，合理引导农村经济向新型产业化发展。同时，对于产业化龙头企业，在信贷额度和利率上应加以倾斜，依靠产业化龙头企业，带动农村加工、运输、服务等产业的发展。

再次，专业合作社贷款需求明显。目前，专业合作社已成为农村一种新的经济形式，银监会已同农业部联合印发《关于做好农民专业合作社金融服务工作的意见》，各地农村合作金融机构要与当地农村经营管理部门联手，对辖内农民专业合作社逐一建立信用档案。农村金融部门，在信贷政策上，要区分不同发展水平的农民专业合作社，实施差别化的针对性措施，重点支持发展产业基础牢、经营规模大、品牌效应高、服务能力强、带动农户多、规范管理好、信用记录良的农民专业合作社。对具有明显优势的特色产品、运行顺畅的组织、功能完备的服务、良好的信用状况的农民专业合作社，要大力实施联保贷款等方式。为了将评价较低的专业合作社尽早纳入农村信用合作社的支持范围，促进农民专业合作社的健康发展，则需采取限制信贷投放的方式，促使其尽快纠正失信行为，以此重建经营信用，消除失信行为带来的不良后果。

与此同时扩大"三农"贷款利率优惠幅度，制定利率优惠政策，减轻社员筹资成本，支持农村经济快速发展，加快发放农民工创业贷款。次贷危机引发的大量农民工返乡，已迫切地需要当地政府和金融部门把引导农民工重新就业创业作为主要任务。目前，一系列的农村改革措施为农民原地创业提供了很好的机遇，一方面，国家出台了大量优惠政策；另一方面，土地流转、林权制度改革等。由此可见此时正是农民工创业的最佳时期，在调查中发现，返乡创业的农民工具有对金融需求率高和对短期流动性资金需求大的特点。对此，农村金融机构在考虑成本和安全的基础上，适当增加乡镇金融服务网点，根据农民工回乡创业金融需求的新特点，建立和完善适合农民工返乡创业特点的评级授信制度，开发适合农民工创业的金融服务新产品，如"农民工创业贷款""青年创业贷款""妇女创业贷款"等，开办多种抵押贷款和同一区域、行业、优质民营企业联保互保贷款，尽量满足农民工创业资金多样化的要求。积极为农民就业技能培训提供小额贷款，提高农民职业技能和整体素质，增强农民在劳务市场就业的竞争能力。

此外，有效增加农村商品流通贷款。目前，农村生产经营逐步向两个方向分化，形成以生产和经营为主的两大群体。一部分农户已经远离农田，主要依靠农产品收购和经营其他产品，如开办连锁店、小百货、小超市、物流站等小商业为生，在他们的带动下，形成了一个个农村集贸市场和商品集散地。农村商业的发展，既加快了商品流通，活跃了农村市场经济，又增加了就业。但该类经营一般投入较大，对资金的需求量也较大，农村金融部门应通过增加有效信贷投入，以及提供更便捷优质的服务，来满足该部分人员的金融需求，支持农村非农产业发展。

最后，农村基础设施建设信贷需求较强。2014年冬春以来发生的持续干旱，给脆弱的农业生产敲响了警钟，政府和农民纷纷加大了对标准化农田、打井、修路、修渠等公益性基础设施的投资力度以改善农村生产条件和生活环境。然而这部分投资数额大，回报期长，除农民集资、政府补助外，还需要农村金融部门的信贷支持。

长期以来，中国借助商业性金融机构来满足农村金融需求，即以推进城市金融发展的思路治理农村金融。但是面对农村多层次、多差异、小而分散的金融需求，大型商业性金融机构主导模式，往往在农村中找不到合适的需求对象。

中国农村金融改革多次反复而长期不能到位的重要原因就是补贴性信贷供给严重失灵。21世纪以来，已经基本确立了中国金融改革的基本框架，不过在农村金融基本框架的存量改革方面却步履维艰。因此，农村金融市场的进一步开放，新型农村金融组织的逐步增加，通过增量改革推动存量改革，就变得异常的迫切。人们已经在形成农村金融机构多元化，构建竞争性农村金融市场方面达成了共识。构建适应"三农"特点的农村金融体系，是提升"三农"金融服务水平的基础和前提。针对农村金融需求多样化和社会主义新农村建设的需要，必须积极培育功能完善、分工合理、投资多元、服务高效的农村金融机构，着力形成不同层次的广泛覆盖的可持续农村金融体系，深入拓宽政策性银行的支农功能。

通过完善中国农业发展银行功能定位和运作机制，在继续做好粮棉油收购融资的基础上扩大政策性业务范围，大力开展有政策指导、资本约束、与"三农"相关的业务，突出加大对农业综合开发、农村基础设施建设等中长期项目的金融支持，使其真正成为政策性金融服务"三农"的骨干和支柱。强化商业银行支农社会责任。商业银行要按照中央要求，支持各类商业银行到农村地区设立机构，开拓业务，自觉承担社会责任，将一定比例信贷资金运用于"三农"，加大对"三农"的信贷支持力度，稳定县域机构。同时为了稳步推进股份制改革，处理好面向"三农"和"商业运作"的关系，完善经营管理体制，加快经营机制转换，充分利用在县域的资金、网络和专业等方面优势，借鉴现有国有商业银行改制的经验。通过加大对县域经济发展的鼓励和支持，努力成为商业金融服务"三农"的支柱和骨干。

积极发展各类新型农村金融机构。稳妥做好调整放宽农村地区银行业金融机构市场准入政策试点工作，着力改善和提高农村金融机构覆盖度，激活农村金融市场，引导各类资本到农村投资创业，发展适合"三农"特点的村镇银行、贷款公司和农村资金互助社等三类新型农村金融机构，除了支持各类银行业金融机构到农村地区设立分支机构还要鼓励金融租赁公司、信托公司等非银行金融机构到县域设立机构和开展业务。允许这些机构按照市场原则和风险可控原则向银行业金融机构融资。引导商业性保险公司探索建立多层次体系、多主体的农业保险经营网络。逐渐改善和发展农村地区证券和农产品期货业务，发挥对农村金融服务的拾遗补缺作用，规范引导民间金融健康发展。积极推动有关部门制定颁布的《民间借贷条例》，规范和引导农村地区民间借贷，通过密切关注涉及众多自然人、借贷范围超出熟人社区的民间借贷行为，鼓励依法创办小额贷款公司来切实加强对民间借贷行为的监测。依法打击和取缔"高利贷"行为和台会、标会等各类"地下钱庄"。协调有关部门和地方政府依法处置各类非法集资活动，维护农村金融秩序的稳定。

创新是农村金融发展的动力，是提升农村金融服务水平和竞争力的关键。要积极适应农村社会经济的快速发展对金融业的新需求，不断创新农村金融服务业，加快完善农村金融服务功能，努力提高农村金融服务水平，不断满足农村日益增长的多样化金融需求。农村金融机构要不断更新发展理念，树立牢固的发展意识、创新意识、危机意识。要根据不同发展阶段和自身特点优化金融结构，提高金融质量，通过制定科学发展战略来确立差异化的内涵发展模式，建立以资本收益率为核心的经营业绩评价体系，通过推行经济资本管理来强化资本对风险与效益的限制。

只有建立在提高质量和讲求效益的基础上的资产规模扩张，才能做到发展规模与结构、质量、效益的有机统一，实现稳健的发展。为了积极推进机制创新，提高农村金融机构竞争力就要顺应金融业务综合化、金融交易电子化、金融产品多样化和金融服务个性化的发展趋势。为了提高贷款差别定价能力就要积极构建符合审慎信贷投放新模式，改进授权授信机制，改善贷款利率定价机制，同时鼓励和支持建立金融产品交叉销售机制，开展金融产品交叉销售。改进"三农"政策性金融项目运作机制，采取公开透明的招标制度，做到锁定风险、引导投向、正向激励、持续发展。

要大力发展符合农村特点的担保机制，积极推广农村各类"联保"模式，积极尝试开展高额抵押质押循环贷款。因地制宜探索经济林权、农村宅基地土地使用权等抵押方法，探索建立农村小额贷款与小额保险的联动机制，降低信贷交易成本，抑制交易风险。农村金融需求的多层次、个性化决定了农村金融产品的多样性和差异性。要大胆开发和创新金融产品，坚持以市场为导向、需求为基础。要根据基础设施建设的需求，创新中长期贷款方式，满足农产品物流设施建设、农村电网、路网建设改造、小城镇建设等信贷需求。要根据现代农业发展的需要，推进综合业务经营试点，加大对重点龙头企业、流通系统、特色农业的信贷投入，完善行（社）团贷款制度。要根据发展中小企业的需要，将联保机制延伸到中小企业、专业合作社等其他领域，大力扶持县域中小企业和小企业集群发展，完善农户贷款联保制度。要根据农户融资需求的变化，放宽农户小额贷款的额度、对象、利率和期限，向农村推广城市成熟的金融产品，开发具有适度保障且低廉保费的农民财产、健康、意外等不同种类的金融保险产品。

要根据小生产与大市场对接的需要，发展农产品期货市场，发挥引导生产、价格发现和规避风险的作用。为了建立信贷"绿色通道"，简化贷款操作流程，简洁贷款办理手续，提高贷款发放效率，农村金融机构需要按照便民利民惠民的原则，树立牢固的"以客户为中心"的经营理念，积极开办金融超市，提供多元化、全方位的"一站式"金融服务，并对大额客户提供个性化、差异化的上门服务。充分利用移动通信和互联网技术，提高金融服务便利度，在农村地区开办手机银行和网上银行，在主要农民聚居地设立 ATM 机和自助银行。对少数地域面积大、人口少、生产季节性强的村落，适当的提供代理或流动上门服务。提高农民获得公平贷款权的机会，引导推行涉农金融业务产品的流程、价格、贷款公开制度，实施"阳光放贷"。

另外，为了给农民提供方便、快捷、持续的金融服务，要健全登记、托管、交易和清算制度，加快农村金融现代化清算系统建设。根据各国扶持农村金融的惯例再结合农村金融弱势的现状，建立健全引导和激励农村金融机构加大对"三农"服务的政策扶持长效机制，综合发挥货币政策、财税政策扶持作用不可或缺。对农村合作社和新型农村金融机构等要增加其可运用资金，提高信贷支农投放实力，继续实行差别存款准备金政策。不断发展和完善支农再贷款政策，更好地发挥支农再贷款作用，重点用于支持粮食主产区和西部地区的农村信用合作社发放农户贷款。同时，应择机推进农村利率市场化改革。农产品期货市场是农村金融市场体系的重要组成部分，有利于分散农村金融市场风险。期货市场是现代市场经济的重要组成部分，是专门进行标准化期货合约买卖为内容的、具有套期保值和回避价格波动风险等特殊功能的市场。它与现货市场共同构成了现代市场体系。

现代期货市场的最根本的、最主要的功能有两个：一是能够回避价格波动带来的风险，即通过期货市场的套期保值，有效地转移和分解现货市场上出现的价格波动风险。多种多样的农产品期货交易，按照交易的目的，可以分为两种类型：一种是套期保值交易，其目的是转移农产品价格风险；一种是投机性交易，其目的是盈利。在这种形势下，期货市场上追逐风险利润或风险收益的投资者成为农产品价格波动的承担者，相反农产品的生产经营者和消费者不必为此付出代价。这对于套期保值者来说，以牺牲可能获得的最大利润为代价来达到回避农产品价格风险的目的；对于风险投资者来说，以承受最大的风险为代价从而达到可能获取最大利润的目的。二是可以提供正确稳定的价格信号。以此来减少资源配置的短期性和盲目性。进行长期交易的农产品期货市场其供求关系也是长期的，因此，其形成的价格信号便具有相对的稳定性；同时，因为众多市场参与者充分竞争才形成了农产品期货价格，所以其代表了所有市场参与者对未来价格的预期，也就可以较为精确地反映未来市场的供求关系。正因为这个缘故，农产品期货交易价格，与现货交易价格和远期合约交易价格相比较而言，有着更强的预期性。

在此基础上，也能够使农产品生产经营者生产经营决策的合理性得到增强。有利于分散农村信用风险的农产品期货市场与期货价格可以说是农产品市场机制运作的高级形式，发挥财税政策作用。鉴于农业贷款的高成本、高风险和低收益特点，通过发放农业贷款、提供财政贴息、保费补贴等方式合理补偿农村保险的机构或贷款（投保）对象，可以大力提高风险覆盖范围，最终使农村成为商业可持续领域，增强"三农"投入的积极主动性。在一定期限内要通过农村金融机构优惠税收政策消化历史包袱，应继续保持减免农村金融业营业税、所得税政策，缓解高成本压力，提高农村金融业的生存能力。其中，现代农村金融制度的主要任务是发展农村保险事业，健全政策性农业保险制度。相对发展中国家而言，在推进农村经济社会发展过程中，与如何发展农村金融一样，如何防范农业风险也变得越来越重要。作为农村金融服务体系重要组成部分的农业保险，有显著地提高农业经营者的救济能力，能降低农民的经济损失，保障农业再生产能力，从而使农村经济社会得到稳定的发展。从事较低利益产业的农业劳动者其收入也相对较低，相对于其他产业，农业比较利益最低且风险最大。尽管每一个产业都存在着一定的风险，不过不同于其他产业的是农业风险更复杂、更特别、更高。

首先，农业存在着不可控制和预测的自然风险。因与自然再生产交织在一起的农业的经济再生产，受水、旱、病、虫、风、雹、霜、冻等自然灾害影响甚大。

其次，农业的市场风险较高。农产品多半是不宜储存的鲜活产品，一旦出现供过于求现象，造成的损失难以数计。按照经典的蛛网理论，一种产品的供求弹性越高，其价格波动越小；反之，产品供求弹性越低，其价格波动就越大。就农产品价格波动而言，由于其供求弹性较低，造成农产品价格波动幅度较大。由于较低的供求弹性，使得无论源于供给还是需求任意一方的变化，都会使农产品价格大幅度波动。一方面是农业比较利益低，另一方面是农业系统性风险巨大，其产生的后果是，农民很难具备较高的保险产品支付能力，而保险部门具有的较高固定成本的保险产品，对于较低的农民人均收入而言是无力承担的，进而很难建立农村的商业性保险市场，更谈不上稳健而优质的发展。这就意味着我国的农业保险应当是属于政策性的农业保险。

我们应该看到其正面临着新的发展契机：①国家各项惠民政策正在发挥积极的效果，农村的经济实力将大大增强，农村的资金容量和资金流量会因具备雄厚资源优势和相对竞争力的地方龙头企业、骨干企业、工业地区和产业集群的出现而不断扩大，农民对金融服务的需求也会不断增加。金融市场的发展会因此奠定坚实的经济基础。②农村市场体系会逐步健全和完善，为农村金融市场的发展提供有效的市场基础。随着农村经济商品化程度的提高，将逐步建立包括消费品市场和生产资料市场的商品市场及包括技术市场、劳动力市场、资本市场、土地市场、产权市场在内的生产要素市场，而金融市场既与这些市场相互依存，又对这些市场的发展起着巨大的推动作用。③农民缺乏有效抵押物的问题会随着农村各经济主体和农民信用意识的不断增强而得到逐步解决，农村信用体系的建立和发展由此得到了良好的创造条件。④农村商贸中心——小城镇的建设和发展为金融市场的发展奠定了必要的基础条件，其交通、教育、通信及科技、医疗、文化、体育等基础设施将日趋改善。⑤随着一大批有识之士到农村去投资创业及农村职业教育的大力发展，会有效改变农村金融人才缺乏的现状。⑥农村金融改革向深层次发展，监管体系会得到有效改善。金融生态环境也会随着农村金融秩序的逐步好转而得到有效改善。可以预期的是，伴随着我国农村经济的发展和农村市场的成长及日趋稳健，特别是国家有关农村金融扶持政策的实施及农村金融体制创新，村镇金融市场一定会步入加速发展的快车道。体系健全、网点广泛、设施完备、竞争适当、交易频繁、运行有序、监管依法的现代化金融市场将是未来农村金融市场的全貌。

6.2.2　农村金融市场的需求层次分析

随着农村经济体制改革的不断推进，农村金融体制存在的一些根本性问题将会逐步表现出来。主要表现在：较低的市场化程度，色彩浓厚的计划经济不能够准确地为金融机构进行职能定位，大片领域存在空白；大量农村资金被抽离，"资金贫血"现象比较严重；农村信用环境渐渐地恶化，自我发展能力较弱，等等。由此引发了农村经济发展、农业经济结构转型的问题。农村金融供给不足逐渐成为农村经济发展的"瓶颈"因素，尤其是农业产业化、工业化、城镇化及农村经济活动组织化程度的提高，使得农村金融供需缺口存在持续扩大的趋势。根据国家开发银行对农村金融需求与供给的测算，农村金融供需缺口会在不进行大规模金融创新、大量增加金融供给的情况下持续上升，2010 年达到 5.4 亿元，2015年达到 7.6 亿元。农村金融问题的集中表现是供给短缺，而农村金融的主要矛盾是农户和中小企业的金融需求得不到满足。加之由于国有商业银行退出农村，农村金融缺乏竞争，造成农村信用合作社"一家独大"，市场机制很难充分发挥作用。更有甚者，通过邮蓄银行和商业银行吸储等渠道使大量农村储蓄资金流出农村，造成农村金融供给更加紧张。迄今为止，可以说中国农村金融体制改革不仅不利于农村金融资金留在农村而且促进城市金融资金向农村流动和倾斜的机制还远远没有建立起来。农村资金外流的主要渠道仍然是国有商业银行，许多西部地区的农村，实际上农村信用合作社已经成为唯一的向农户和农村中小企业提供金融服务的正规金融机构，然而其垄断性经营却不利于服务效率的提高和优化。

虽然邮蓄银行在改革方面有所突破，不过其在农村领域的信贷业务依然存在一定的局限性，农村资金流失的一个大"漏斗"仍然是邮蓄银行。邮蓄银行还没有建立起向农户和农村中小企业提供政策性信贷的机制。目前农村金融发展面临的主要问题是农村金融体系的结构性缺陷和功能性缺陷并存。具体为以下几个方面：金融体系不健全，无法适应新农村建设的要求。目前，不完善的农村金融体系、不健全的体制机制、不完备的机构功能、不配套的基础金融工具、不到位的扶持政策，使得农村金融成为整个金融体系的发展瓶颈和"短板"，不能满足农村金融服务多样化的需要，也不能满足农村经济多层次发展的需要，更不能满足社会主义新农村建设的需要。农村金融体系组织机构单调，服务功能不全等是其存在的基本问题。

一是基层国有商业银行改革了信贷管理体制，回收了贷款审批权，减少了基层支行的授信额度；并普遍实行经营战略转移，信贷投放集中于中心城市、优质客户。在这种经营战略主导下，支农作用将会削弱，这是因为银行贷款投放集中于少数重点企业，而对乡镇工业、特色农业生产及农业深加工等企业发放的资金少之又少。二是功能单一的中国农业发展银行，在鼓励农村经济发展的关键环节诸如农业产业化、综合开发、基础设施建设、农业科技推广等方面政策性效能受到限制。农村信用合作社仍然有着沉重的社会历史包袱，商业化发展有悖于合作金融性质。农村信用合作社在中国农业银行不断改革过程中，其在农村金融市场中的主体地位逐渐凸显。依据相关数据，目前农村信用合作社多项贷款余额中农业贷款余额占金融机构农业贷款余额的比重大于80%。并且，为"三农"服务的效果由于农村信用合作社商业化发展有悖于合作金融的性质而受到影响。这主要体现在：历史包袱问题使部分农村信用合作社资不抵债，农村信用合作社目前的资金规模难以支撑农村经济发展；农村信用合作社在商业化改革导向的影响下为追求自身利益最大化，越来越注重实行片面选择性贷款，贷款结构显现出的日趋"非农化"和"城市化"倾向不断降低了一般农户获得贷款的可能性，为农户提供金融服务的范围非常有限。自从处在农村金融市场边缘地区以来，混乱的民间金融体制作为非正式金融组织在农村经济、民营经济和社会发展进程中发挥着越来越重要的作用，对农村经济、民营经济等的资金需求起到了巨大的支持作用。然而民间金融受到了各种弊端的限制，如利率的限制和其自身体制的限制从而造成了发展空间过小，在金融领域中民间资本还处在边缘地位。由于不规范的民间金融组织制度，混乱的内部经营管理方式，相对宽松的内控、财务管理、贷款程序等一系列制度，造成了大量不规范的信用活动。没有纳入政府管理范围的大量资金，容易形成资金暗流，有着巨大的潜在金融风险，且易滋生个人非法金融问题，这样下去将会严重地影响金融市场的健康快速发展，对农村经济也具有相当程度的破坏性。

6.3　中国农村金融供给的变化

我国是农业大国，解决"三农"问题是我国目前农村经济的工作重心。新农村建设资金用途广、量大，我国农村金融的供给并不能有效地满足农村的金融需求：一方面农村正规金融由于各种原因支农力度不够，出现农村资金流出农村，流向城市的现象；另一方面民间资本不规范的存在，破坏资本市场，扰乱经济秩序。

农村金融界对正规金融和非正规金融的界定向来存在众多说法，但是目前被大多数人接受的说法主要来自亚当斯（Adams）和费特奇特（Fitchett）。他们认为正规金融机构主要是指受到中央货币当局或金融市场当局监管的金融机构；非正规金融机构是指受到中央货币当局或金融市场当局监管之外的金融机构。

在我国，农村正规金融机构主要由农村信用合作社、农业银行、邮蓄银行和中国农业发展银行这四大银行组成。上述正规金融机构提供金融服务主要面向农户和农村经济组织。农村正规金融机构的服务产品基本可分为储蓄、贷款、结算这三大类，具体包括农户生活储蓄、农村小额信用贷款、农村基础设施建设贷款、农业生产建设贷款、农村信用卡结算等。农村正规金融机构在我国农村营业网点多、金融产品传统，对农民来说具有较强的认同感。但是我国农村正规金融机构发展滞后，技术手段落后，出现向农村抽离的趋势。接下来我们对农村正规金融机构主体进行具体分析：

农村信用合作社：是农村经济的主导力量，它将农村闲散资金筹集起来，为解决"三农"问题、发展农村经济提供金融服务，对地方农村经济的发展起着无可替代的作用。

农业银行：本身是由我国政府出资，在经济建设过程中，为促进农村经济发展而设立的金融机构，对农村 GDP 的贡献巨大。农业银行致力于解决"三农"问题，对农村经济发展的贡献不言而喻。

邮储银行：立足于农村的根本利益，利用自身特有的网络优势，为广大农户和农村经济组织提供优质金融服务，支持农村经济发展，促进社会进步。

中国农业发展银行：是在农村经济发展过程中由国家指定设立的政策性银行，它主要利用国家信用来筹集农村发展所需资金。

我国的农村非正规金融机构主要是以民间借贷为主的金融机构。这些非正规金融机构同样向农户和农村经济组织提供金融服务。本书所提及的农村非正规金融机构的组织形式包括自由借贷、合会、银背、钱庄、典当行、民间集资、民间商业信用和民间票据市场、基金会、非政府组织小额信贷。非正规金融机构的金融资金交易主要依赖"地缘、血缘"关系，无须严格担保条件便能进行交易，我国非正规金融机构的合法性未得到我国法律法规的确认。以下对几种比较重要的非正规金融机构进行介绍。

自由借贷：包括农户间自由借贷、农村经济组织之间的自由借贷和农户与农村经济组织之间的自由借贷 3 种，是一种直接发生的无息或有息的借贷活动。

合会：是我国民间常见的一种组织形式，它一般是由某个人召集若干人组成，会首是召集者，会员是参加者，约定会议每隔一段时间举行一次，每次聚集一定数目的资金，会首获得首期款项，以后各期要按照一定的规则分别由会员轮流所得，各期金额相同。

钱庄：是指采取合伙制和股份制成立的、为借贷双方提供担保、以中小企业为放款对象的组织。

典当行：指出当人将其拥有所有权的物品抵押，从当铺取得一定当金，并在一定期限内连本带息赎还原物的一种融资行为。

本书将农村金融供给结构分为正规金融供给结构和非正规金融供给结构。

我们先从我国农村正规金融机构的存贷款额对农村正规金融供给结构进行分析：以某省农村信用合作社为例，指出农村正规金融机构的供求现状，表 6-1 为我国江苏省农村信用社的存贷款额。

表6-1　江苏省农村信用社的存贷款额　　　　　　（单位：亿元）

年份	2005	2006	2007	2008	2009	2010
存款	1 582.92	1 652.05	1 724.12	1 884.91	2 185.95	1 992.16
贷款	1 110.95	1 165.05	1 265.72	1 406.47	1 615.00	1 458.14
存贷差额	471.97	487.00	458.40	478.44	570.95	534.02

资料来源：江苏省统计局

从表6-1可以得知：除2010年外，我国农村正规金融机构的存款和贷款都随着经济的发展而不断增加；表6-1中一个明显的信息是存款数额和贷款数额之间存在显著的差异，而且这种差异大致上处于不断加大的趋势。

我国农村1/3的贷款需求是通过正规金融机构的资金供给的，很显然，它并不能满足农村对资金的需求，说明我国农村正规金融机构的资金供给并不能很好地体现资金对经济增长的作用。农户难以从正规金融机构获取全部贷款，多数农村经济组织生产所需资金也严重不足。截至2012年年底，全部农村金融机构的农村贷款余额为14.5万亿元，虽然同比增长19.7%，但是只能达到各项贷款余额比重的21.6%。所以我们要加大农村正规金融机构的信贷配给量以推动农村经济的发展。

接下来，我们从几大主要农村正规金融机构分析农村金融供给机构，这些主体的农业贷款余额有多少及这些主体农业贷款所占的比例如何都会影响农村金融的供给情况，我们就以农业银行为代表进行分析。

2009～2012年农村投放余额分别为84 764亿元、107 162亿元、145 476亿元、165 764亿元；2009～2012年农村投放占比分别为38.1%、36.9%、38.5%、39.3%。

农业银行的农村贷款余额虽然逐年增长但是贷款余额增长幅度并不是非常大；农业银行每年在农村的投放比例小且变动不大，基本稳定在30%。由农业银行的状况可知：我国正规金融机构的支农力度有限。

农村信用合作社的贷款余额在这四大正规金融机构之中最高的，是农村经济绝对的主力军。但是由于它发展方向不明确且开拓业务能力不足，存在资金外流现象。因此，农村信用合作社的服务功能正在弱化，难以促进经济的增长；农业银行自21世纪以来，为了追求自身的利益，其市场定位发生变化，贷款重心发生严重偏移。农业银行县级以下营业机构逐步撤离，城市工商业贷款大幅度增加，呈现淡出支农服务的趋势；邮储银行的贷款余额在这四大正规金融机构中排名第三，目前在农村具有相当普遍的营业网点和极具先进的结算体系，但是它并不能像其他金融机构一样将其所吸收的存款返还给农民，在某种程度上它所吸收的存款会转给中国人民银行进而上划,这样更是摆脱不了农村存款资金被抽离的命运;中国农业发展银行虽然从 2012 年起对农户的发放贷款条件有所放松,但是这个变化也不能否认长期以来中国农业发展银行只对某些收购企业发放收购贷款,没有发挥本应发挥的扶持作用,并将本应承担的扶持责任推给农村信用合作社,使中国农业发展银行变成单纯的收购银行。

农村正规金融机构由于种种自身因素,它的贷款能力已经难以与农村经济发展与日俱增的资金量要求相适应,使得非正规金融机构开始出现。

在农村贷款市场中,正规金融贷款份额约占 90%,非正规金融贷款份额约占 10%。虽然非正规金额贷款份额不能与正规金融贷款份额相比,但是作为民间金融,占比很大,我们应当引起重视。

由此分析我国农村金融供给现状形成的原因主要从以下几个方面。

1. 正规金融机构方面

分析我国农村正规金融机构供给现状形成的原因依旧从上述提及的四大正规金融机构分析。

(1)农村信用合作社:一方面,农村信用合作社资金供给既有国家政策性、合作性的功能,又有追求自身利益的情况,使得农村信用合作社的资金供给目标呈现多样化。另一方面,相当一部分农村信用合作社还存在惜贷心理与此相对应,它们感觉到资金充裕,但实际上农村信用合作社接收的存款增量均无法满足资金需要,而且还存在严重的资金外流现象。

(2)农业银行:作为支农的主要商业性银行,支农力度却有限。农村生产所需资金难以得到满足是因为近些年农业银行为了自身的利益发展出现过分地追求商业化行为,农村基础设施建设缺乏政策性金融支持,且农业银行存在不断缩减农村基层业务,退出农村基层市场的趋势都是造成供求矛盾的原因。自身定位不清晰及缺乏政策的支持造成农业银行有限的支农力度。

(3)邮储银行:是农村金融的"抽水机",它使农村金融资金外流严重。因为邮储银行不通过自身发放贷款,在某些情况下,它所吸收的存款会转给人民银行进而上划,所以农村储蓄资金会流出农村,流向城市。虽然邮储银行部分资金由中央银行作为中间人通过再贷款贷给农村信用合作社,间接实现对农村资金的返还。但总的来看,邮储银行只存不贷的性质使农村金融资金外流严重。

(4)中国农业发展银行:虽然为政策性银行,但是其经营效率低下。由于受到贷款资金来源的限制且自身发展管理机制的不完善,中国农业发展银行并没有起到相应的作用。例如,中国农业发展银行农村支行一般有 15—20 位职员,而城市分行职员人数却是农村支行职员人数的几倍甚至是十几倍。不合理的发展机制，容易产生问题，滋生腐败。此外，成立 10 多年来，中国农业发展银行至今没有一部健全的、全面的或是相关的法律、法规能够明确其的政策性金融地位、权利和义务，从而造成越来越低的经营效率。

2. 非正规金融机构方面

我国农村非正规金融机构没有明确的法律法规约束，行为不受政府相关机构的控制监督，其极大的自由性容易破坏农村经济秩序，影响农村金融市场的健康发展。非正规金融机构供给现状的形成原因有以下几点（彭宇文，2010）。

首先，分析我国农村非正规金融机构出现的原因：出于"血缘、地缘"的关系，人们在手头资金紧张的情况下，会第一时间寻求亲戚、邻里好友的帮助；农村地区闲散资金运用渠道单一，缺少购买国债、企业债券和股票等适宜的投资增值方式，部分富裕农户和其他经济组织拥有的临时性剩余资金很难找到合适的投资机会；而存款利率的多次下调，影响了农村储户储蓄的积极性；有些农户个人和农村非正规金融组织非法高息吸收存款，这就使希望资金增值的农村居民逐渐看好农村非正规金融，特别是高利贷，从而使这些剩余资金为农村非正规金融提供了资金来源。

其次，分析我国农村非正规金融机构需要重视的原因：我国农村非正规金融活动始终处在一种自发的状态下，使得农民的资金供给不可避免地带来很大的局限性：①它导致农户进入金融市场的机会不均等，而且存在个别亲戚邻里好友的融资能力也是极其有限的。出于"地缘、血缘"的考虑，农户在筹集资金时首先会选择向亲戚邻里好友借钱，然而并不是每一个农户都有富裕的亲戚邻里好友，所以一些农户就丧失了进入金融市场的机会；②非正规金融贷款主体缺乏金融风险意识，融资渠道风险较大，又不能得到法律保障和社会机制的认可，导致它缺乏有效监管的手段措施和有效的引导规范，有些民间金融活动甚至被视为非法活动，存在较大的风险，容易造成损失，严重阻碍民间金融活动对经济发展的推动作用。

由此我们可以得出以下结论。

（1）在期限上：农户或者是农村经济组织希望他们的还款期可以延长。大部分的正规金融机构不会提供中长期贷款给农民，即使是贷款数额很小，一般贷款的还贷期限仍然小于 1 年，还贷期限的限制暴露了正规金融机构的不足，难以发挥大作用。因此需要在产品生产结束之前、产品成熟之前、产品出售之前还清贷款的情况，所以农村金融需求主体期待延长还贷期，对严格的贷款期限放宽处理。

（2）在规模上：农村金融的需求规模在扩大，资金的需求量也在增加。随着经济的不断发展，规模要跟上轨道，农村正规的金融机构贷款的高标准，既有上限要求，又有期限限制，根本难以满足需求，促进经济的发展。

（3）自身条件：在农村金融需求防范风险上，需求主体自身贷款条件不够。借款人需要具备一定的条件才能向正规金融机构借款，如提供资产抵押和担保，无疑剥夺了许多农户和农村经济组织向金融机构贷款的权利，需求主体自身贷款条件不够，贷款难以满足，不能有效带动经济的发展。

（4）在需求结构上：以生活性与生产性需求并重。农户既有生活上的需求，又有生产上的需求，因此农户既需要生活贷款，又需要生产贷款。正规金融机构的种种约束条件，农户只能在最艰困的境地下，寻求农村非正规金融机构的帮助，进行民间借贷，有时甚至不惜借高利贷。

上述分析可以看出我国农村金融的需求量大且得不到满足，因此在供求矛盾下，我们可以从正规金融和非正规金融两方面得出结论。

我国农村正规金融：农村经济的飞速发展，正规金融机构功能定位的不合理，正规金融渠道对农村融资供给量少，根本难以满足农村金融需求量。据统计，正规金融机构只能满足 25% 的农村资金需求，70% 以上的资金需求难以得到满足，严重制约着农村经济的发展。

我国农村非正规金融：我国非正规金融对人们的经济活动影响大，且金融活动主体多数是农民个体，贷款只能依靠道德和信用来约束他们的行为，具有一定的风险；其规模相对较小、结构简单、管理水平也相对落后，内控机制不完善，缺乏国家政策的支持和法律的保护。

6.4　普惠类型农村金融市场的发展

普惠金融的内涵：普惠金融体系是联合国于 2005 年"小额信贷年"时提出的概念，后被联合国和世界银行大力推行。其基本含义是：能有效、全方位地为社会所有阶层和群体提供服务的金融体系。实际上就是让所有的老百姓都能享受更多的金融服务，更好地支持实体经济的发展。它的内容主要包括以下几个方面：首先，把普惠金融作为一种理念。只有每个人都拥有享受金融服务权利的时候，收入较低的农民才有机会参与经济发展，才能实现共同富裕，构建和谐社会。其次，在服务对象方面，普惠金融体系的核心是贫困和低收入客户在金融体系各个方面的行动取决于他们对金融服务的需求。最后，普惠金融只是价格较低而不是完全无偿提供金融服务。

可以说，普惠金融不是一种单纯的资金的转移，而是要让所有人都享受到实惠的、可持续的金融服务，是以较低的门槛将那些被排除在传统金融服务之外的人纳入金融服务体系之内。发展农村普惠金融的意义：现代农村经济的核心是对农村经济发展具有重大影响的农村金融。因此，为大力推动农村经济的发展，发展农村普惠金融，完善农村普惠金融体系是必不可少的。传统金融体系把贫困地区的农村人口排除在外，而他们又缺乏资金支持去发展生产，最终使他们无法致富。那么帮助他们摆脱贫困的基本途径就是通过发展农村普惠金融，向他们提供农村金融服务，使贫困者能够进行生产性投资。使农村地区的贫困人口获得平等充分的金融服务权利就是发展农村普惠金融的根本目的。除此之外，发展农村普惠金融也能够促进公平的教育、医疗等，进而可以提升整个社会的公平水平，有利于我国构建和谐社会。

我国农村普惠金融的发展现状：经过多年的发展，我国的农村金融机构已经形成了以正规金融机构为主导、以农村信用合作社为核心的农村金融体系。我国的农村金融市场与正规的金融机构的完备体系相比，还存在着广泛的以自由借贷等为主要形式的民间金融，同时，正规金融机构的迅速发展使我国的金融服务区域实现了广覆盖。然而，截至 2012 年年末我国有 1696 个乡镇还没有金融机构，事实上，在我国实现每一个村镇区域都有金融机构的目标，还存在着相当大的困难。2016 年 5 月 21 日，中国（海南）屯昌农民博览会普惠金融主题论坛发布了《中国农村金融发展报告 2015》。报告提出，过去几年围绕深化服务"三农"，促进农业发展方式转型，各地积极创新农村金融服务机制，在模式创新、风险控制等方面取得积极进展。国务院发展研究中心金融研究所副研究员郑醒尘在报告发布时称，农村金融服务面临三方面新变化（中国网，2016）。

首先，随着农户收入增加和生活水平的提高，对消费贷款的需求相应增加。随着农业劳动生产率提高和农户生产经营方式转型，农户拓展非农经营的融资服务需求逐步增加。据相关部门统计，从 2010 年到 2015 年，农户贷款中消费贷款所占比重上升了 10%，非农经营贷款所占比重上升 7%，而农业生产贷款所占比重则从 73.3% 下降到 55.8%。

其次，互联网技术在农村金融服务中快速推进。互联网技术对金融服务的信息收集、业务成本、产品创新日渐产生影响。银行业的电子化替代率整体接近 90%，全国农村信用合作社的替代率上升到 60%，手机银行、互联网银行、电话银行业务迅速普及，有效改善了农村地区金融服务水平。

最后，金融机构涉农贷款不断向基层下沉。据中国银行业协会统计，截至 2016 年一季度末，全国 1400 多家村镇银行涉农贷款户均 46 万元，同比减少 7 万元，涉农贷款占村镇银行贷款比重为 93%，表明村镇银行业务与目标客户逐步向农村下沉，省级农信社涉农贷款覆盖面不断提升。

我国农村普惠金融发展中存在以下问题：首先，农村和城市的贫富差距越来越大，这是因为农村居民将自己拥有的资金存入的农村金融机构，而农村金融机构却因为自身盈利第一的商业特性及农业生产的特性，不愿意将资金贷给农民。其次，作为农村金融需求主体的农民，不了解有关金融方面的知识，金融意识和信用意识非常淡薄，也因此大大地增加了农村地区金融服务的难度。再次，由于普惠金融的目标客户是农村中的没有抵押贷款能力的低收入者甚至是贫困群体，这就造成农村普惠金融业务的不良贷款率普遍上升，导致农村普惠金融机构贷款风险的大大提升。最后，我国涉及农村普惠金融的法律法规不是非常健全，现有的金融法规几乎都是针对城市出台的，农村金融目前还没有专门的法律来规范和保护。

第7章 西部地区农村金融生态环境效率的评估

农村金融生态环境是指为农村经济发展提供资金融通及其他金融服务的各类金融机构，与农村经济、金融发展相关联的所有因素及其他机构之间的密切联系、相互作用过程中形成的一种动态的、均衡的系统。

一般说来可以从广义和狭义两个方面来理解依照仿生学原理发展建立的金融体系的良性运作发展模式。

金融生态环境包括宏观层面和微观层面的金融环境，其中，广义的金融环境是金融运行的一些最基本的条件，其最注重的是金融运行的外部环境，主要包括法律、经济、文化、政治、区域特点、科技等一切与金融业有密切关系的方面。总的来说就是一种互动关系的自然、社会因素的总和。狭义上的金融生态环境是包括法律法规、行政管理体系、公民诚信状况、会计与审计原则、中介服务体制、企业的经营状况及银企之间的关系等方面的内容。改革开放以来，我国在农村经济构造、农业组织形式和农民生活条件等方面都发生了显著地变化。与此同时，我国的农村金融也经历了多次改革。然而，这些改革并几乎没有从源头上解决农村金融资金供给与农村经济发展之间的矛盾。金融是经济的重中之重，解决"三农"问题需要农村金融的大力支持，建设社会主义新农村的必要条件是充足的农村资金供给，而影响农村资金供给的一个关键因素是农村金融生态环境。一个社会信用状况良好、政策法律环境透明的金融环境，其银企关系必然融洽、服务机构相对健全、金融债权也必然会得到有效保护，最后会吸引更多的资金流入中国农村金融机构；反之，很难吸收支持农业的资金，甚至还会造成大量资金外流。因此，研究区域农村金融生态环境现状与其影响因素，除了关系到农村、农业和农民经济发展的大局，还对发展中国农村金融体系、全面推动各区域农村经济协调发展都有着不可估量的现实意义（周妮笛，2010）。

近年来，很多学者研究了金融生态环境方面的问题。周小川第一次提出了"金融生态"的理念，提出和分析了金融发展在生态学方面面临的问题，也就是从一个动态平衡生态系统的角度来看待金融业。之后一些学者也从各自不同的研究视角界定了金融生态环境的具体内涵，他们认为如果想要促进农村经济发展就应该通过改善农村金融环境来推动农村金融机构的改革。许多学者从公民信用、法律、经济基础和政府政策等方面提出了改进农村金融生态环境的相关意见，也运用因素分析法、层次分析法和数据包络分析技术对农村金融环境现状进行了评价。以上研究成果为本书研究农村金融生态环境提供了很好的视角和方法借鉴。但是它们几乎只是从一个具体角度对金融环境的有关问题进行分析，而很少对农村金融环境定量化评价基础上的影响因素进行分析。因此，为了给农村金融生态环境的改善提供一些参考意见。本章尝试综合运用数据包络分析和层次分析的两种方法来定量评价目前农村金融生态环境的状况，在此基础上分析影响农村金融生态环境的主要因素。

7.1　生态环境指标体系的构建

7.1.1　生态环境评价指标的选取

1. 设置区域金融生态环境评价指标体系应遵循的原则

（1）科学性原则。评价指标体系必须具有清晰的层次结构，利用科学分析和定量计算，形成对区域金融生态环境质量的结论。在进行指标设计时应利用现存的统计数据并且尽量以现代统计理论为基础。

（2）系统性原则。应把社会经济发展、资源、信用和法律法规放在一个大系统里面，通过区域金融生态环境评价指标，客观反映社会经济与生态金融的重要联系。

（3）可比性原则。设置区域金融生态环境评价指标时要考虑评价指标能否进行纵向和横向比较。与历史数据可比的就叫作纵向可比，应具有相对稳定的区域金融生态环境评价指标；相邻区域之间可比就叫作横向可比，在一个地区，区域金融生态环境评价指标至少应是 80% 以上省（市、县）都有的项目，如果只有几个省（市、县）才有的项目，那么得到的评价结果是没有意义的。

（4）定性与定量相结合原则。金融生态环境评价是错综复杂的工作，如果对指标都逐一量化，那么就会缺乏科学依据，从而难以令人信服，因此在实际操作中必须充分结合定性分析。不过评价的最终结果应形成一个比较明确的量化结果，这样做是为了排除定性分析中主观因素或其他不确定因素的影响（中国人民银行洛阳市中心支行课题组，2006）。

2. 指标的选取

根据层次分析法，指标体系一般分为 3 个层次：目标层、准则层、措施层（或方案层）。本书在参考李扬的方法，综合考虑农村经济发展水平、农村金融运行状况、农村法制信用及政府服务水平等方面的因素，综合构建一套相对简单的评价指标体系，见表 7-1（吴韡，2013）。

表 7-1　评价指标体系

目标层	措施层	准则层	指标层
农村金融生态环境	农村经济发展水平	农村经济总量	农村总产值增长率
			财政收入增长率
		农村产业结构	种植业产值占第一产业产值的比重
			人均第三产业产值
		农村就业状况	农业就业率
		农村可持续发展能力	农村固定资产投资占农村总产值比重
		农村居民生活水平	农村居民恩格尔系数
		农村家庭经济状况	农村居民人均纯收入增长率
	农村金融发展水平	农村金融服务覆盖水平	金融机构网点覆盖率
		农村保险业务发展水平	农业保险保费收入占农村总产值的比值
			人均农业保费收入
			农业保险保费增长率
		农村银行业务发展水平	农业贷款占比
			农业贷款增长率
			农户人均储蓄存款余额
	外部环境	政府财政支出	财政支农支出占农村总产值比重
			人均农林水事务财政支出
			农村小学生均预算教育经费
			人均农业科技研发经费投入
		农村社会信用	农村劳动力高中程度及以上占比
			农村信用合作社不良贷款率
		农村法制环境	劳动争议处理情况结案率
			每万人律师事务所的数量

7.1.2　基于 AHP 的体系模型构建

1. 分析方法的选择——层次分析法

评价方法的选择是构建生态环境评价系统的一个重要环节，是进行后续评价与分析的基础，所选择的评价方法是否科学有效，关系到评价结果能否有效地反映出评价目标的真实情况，检验评价分析结果的实用性。因此，选择并分析出一种比较科学合理的农村金融生态环境评价方法体系是重点。

目前国内常用的金融生态环境评价方法主要有层次分析法、数据包络分析法、主成分分析法等。其中，层次分析法的计算结果简单、明确，易于被决策者了解和掌握。

2. 层次分析法

层次分析法（Analytic Hierarchy Process，AHP），在 20 世纪 70 年代中期由美国运筹学家塞蒂（T.L.Satty）正式提出。它是一种定性和定量相结合的、系统化、层次化的分析方法。由于它在处理复杂的决策问题上的实用性和有效性，很快在世界范围得到重视。它的应用已遍及经济计划和管理、能源政策和分配、行为科学、军事指挥、运输、农业、教育、人才、医疗和环境等领域。

在多目标决策中，会经常遇到一些变量众多、结构复杂而有不确定因素作用等特点的复杂系统，而复杂系统中的决策问题对目标的估价又具有不可代替的重要作用。然而如何分析各因素的不一样的重要程度成为问题的关键，为了可以得知因素的重要程度，需要对各因素相对重要性进行估测（即权数），由各因素权数组成的集合就是权重集。权重是指标本身的物理属性的客观反映，是主客观综合量度的结果。系统工程理论中的层次分析法是一种较好的权重确定方法。它是把复杂问题中的各因素划分成相关联的有序层次，使之条理化的多目标、多准则的决策方，是一种定量分析与定性分析相结合的有效方法（常建娥等，2007）。

层次分析法首先将所要进行的决策问题放在一个大系统中，这个系统中存在多种互相影响的因素，为了将这些问题分成不同的层次，需要形成一个多层的分析结构模型，然后运用数学方法与定性分析相结合，通过层层排序，最终依据各方案计算出的所占的权重，来辅助决策。

在真实的生活中，常常会遇到很多决策问题，例如，出去旅游就会面临着如何选择旅游景点的问题，还有挑选升学志愿的问题，等等。在做出选择之前，我们一般会深入思考诸多方面的因素和一些所谓的判断标准，并把这些标准作为最终通过选择的准则。就像当你选择一个旅游景点时，可以从法华寺、普陀山、华山、丽江和秦皇岛中选择其中任意一个作为自己的旅游目的地，不过通常选择的时候，你会把旅游的天气、旅游的方式、景点附近的住宿情况和当地人的生活习惯及门票价格等因素都考虑在内。然而，这些错综复杂的因素是相互牵连、相互制约的。我们可以将这样的系统称为一个决策系统。很多这些决策系统中的因素之间的比较往往无法用定量的方式描述，此时需要将半定性、半定量的问题转化为定量计算问题，层次分析法是解决这类问题的行之有效的方法，将复杂的决策系统层次化，通过逐层比较各种关联因素的重要性来为分析及最终的决策提供定量的依据。

层次分析法的特点是在对复杂的决策问题的本质、影响因素及其内在关系等进行深入分析的基础上，利用较少的定量信息使决策的思维过程数学化，从而为多目标、多准则或无结构特性的复杂决策问题提供简便的决策方法，尤其适合于对决策结果难于直接准确计量的场合。

层次分析法是将决策问题按总目标、各层子目标、评价准则直至具体的备投方案的顺序分解为不同的层次结构，然后用求解判断矩阵特征向量的办法，求得每一层次的各元素对上一层次某元素的优先权重，最后再用加权和的方法递阶归并各备择方案对总目标的最终权重，此最终权重最大者即为最优方案。这里所谓"优先权重"是一种相对的量度，它表明各备择方案在某一特点的评价准则或子目标，标下优越程度的相对量度，以及各子目标对上一层目标而言重要程度的相对量度。层次分析法比较适合于具有分层交错评价指标的目标系统，而且目标值又难于定量描述的决策问题。其用法是构造判断矩阵，求出其最大特征值，及其所对应的特征向量 W，归一化后，即为某一层次指标对于上一层次某相关指标的相对重要性权值。

3. 层次分析法的步骤

1）建立递阶层次结构

应用 AHP 解决实际问题，首先明确要分析决策的问题，并把它条理化、层次化，理出递阶层次结构。AHP 要求的递阶层次结构一般由以下 3 个层次组成。

目标层（最高层）：指问题的预定目标；

准则层（中间层）：指影响目标实现的准则；

措施层（最低层）：指促使目标实现的措施。

通过对复杂问题的分析，首先明确决策的目标，将该目标作为目标层（最高层）的元素，这个目标要求是唯一的，即目标层只有一个元素。然后找出影响目标实现的准则，作为目标层下的准则层因素，在复杂问题中，影响目标实现的准则可能有很多，这时要详细分析各准则因素间的相互关系，即有些是主要的准则，有些是隶属于主要准则的次准则，然后根据这些关系将准则元素分成不同的层次和组，不同层次元素间一般存在隶属关系，即上一层元素由下一层元素构成并对下一层元素起支配作用，同一层元素形成若干组，同组元素性质相近，一般隶属于同一个上一层元素（受上一层元素支配），不同组元素性质不同，一般隶属于不同的上一层元素。在关系复杂的递阶层次结构中，有着不明显的组关系，具体表现在上下层的因素之间会形成相互交叉的层次关系，这就意味着上一层的一些元素对下一层的相关元素是同时起着支配作用的，不过尽管如此，上下层的隶属关系依然是非常明显的。最后一步就是思考如何通过上述准则解决决策问题（实现决策目标），这些可以具体到提出一些好的解决方案（措施），并把这些方案作为措施层因素，放在最下面（最低层）的递阶层次结构中。明确各个层次的因素及其位置，并将各种因素及其位置间的相互关系用连线连接起来，就可以形成递阶层次结构。

2）构造判断矩阵并赋值

判断矩阵很容易通过递阶层次结构构造而成。

判断矩阵的构造方法是：每一个具有向下隶属关系的元素（被称作准则）作为判断矩阵的第一个元素（位于左上角），隶属于它的各个元素依次排列在其后的第一行和第一列。

重要的是填写判断矩阵。大多采取的方法是向填写人（专家）反复询问：针对判断矩阵的准则，其中两个元素两两比较哪个重要，对重要性程度按 1～9 赋值（重要性标度值见表 7-2）。

表 7-2　重要性标度含义表

重要性标度	含义
1	通过比较两个元素，发现它们的重要程度相同
3	通过比较两个元素，发现前者重要程度稍微大于后者
5	通过比较两个元素，发现前者重要程度明显大于后者
7	通过比较两个元素，发现前者重要重要程度远远大于后者
9	通过比较两个元素，发现前者比后者极端重要
2, 4, 6, 8	表示上述相邻判断的中间值
倒数	若元素 i 与元素 j 的重要性之比为 a_{ij}，则元素 j 与元素 I 的重要性之比为 $a_{ji}=1/a_{ij}$

设填写后的判断矩阵为 $A=(a_{ij})n \times n$，判断矩阵具有如下性质：

（1）$a_{ij}>0$

（2）$a_{ji}=1/a_{ji}$

（3）$a_{ii}=1$

依据上面的相关性质，可以得知判断矩阵是一种具有对称性的矩阵，所以在填写时，一般先填写 $a_{ii}=1$ 部分，然后再填写上三角形或下三角形的 $n(n-1)/2$ 个元素就可以了。

在情况比较特殊的时候，具有传递性的判断矩阵满足等式：$a_{ij} \times a_{jk}=a_{ik}$

当等式对判断矩阵所有元素都成立时，就把这样的判断矩阵称为一致性矩阵。

3）计算权向量（层次单排序）

利用一定的数学方法对专家填写后的判断矩阵进行层次排序。计算权向量是指每一个判断矩阵各因素针对其准则的相对权重。计算权向量有根法、和法、幂法等，这里简要介绍和法。和法的基本原理是对于一致性判断矩阵每一列归一化后就是相应的权重。对于非一致性判断矩阵，每一列归一化后近似其相应的权重，在对这 n 个列向量求取算术平均值作为最后的权重。具体的公式是

$$W_i = \frac{1}{n} \sum_{j=1}^{n} \frac{a_{ij}}{\sum_{k=1}^{n} a_{kl}} \tag{7-1}$$

需要注意的是，在层层排序中，要对判断矩阵进行一致性检验。

在特殊情况下，判断矩阵可以具有传递性和一致性。一般情况下，并不要求判断矩阵严格满足这一性质。但从人类认识规律看，一个正确的判断矩阵重要性排序是有一定逻辑规律的，例如，若 A 比 B 重要，B 又比 C 重要，则从逻辑上讲，A 应该比 C 明显重要，若两两比较时出现 A 比 C 重要的结果，则该判断矩阵违反了一致性准则，在逻辑上是不合理的。

因此在实际中要求判断矩阵满足大体上的一致性，需进行一致性检验。只有通过检验，才能说明判断矩阵在逻辑上是合理的，才能继续对结果进行分析。

一致性检验的步骤如下。

第一步，计算一致性指标 CI（Consistency Index），具体公式为

$$CI = \frac{\lambda_{\max} - n}{n-1} \tag{7-2}$$

第二步，查表确定相应的平均随机一致性指标 RI（Random Index）

据判断矩阵不同阶数查表 7-3，得到平均随机一致性指标 RI。例如，对于 5 阶的判断矩阵，查表得到 $RI=1.12$。

表 7-3　平均随机一致性指标 RI 表（1000 次正互反矩阵计算结果）

矩阵阶数	1	2	3	4	5	6	7	8
RI	0	0	0.52	0.89	1.12	1.26	1.36	1.41
矩阵阶数	9	10	11	12	13	14	15	
RI	1.46	1.49	1.52	1.54	1.56	1.58	1.59	

第三步，计算一致性比例 CR（Consistency Ratio）并进行判断

$$CR = \frac{CI}{RI} \qquad (7\text{-}3)$$

当 $CR < 0.1$ 时，认为判断矩阵的一致性是可以接受的，$CR > 0.1$ 时，认为判断矩阵不符合一致性要求，需要对该判断矩阵进行重新修正。

4）层次总排序与检验

总排序是指每一个判断矩阵各因素针对目标层（最上层）的相对权重。这一权重的计算采用从上而下的方法，逐层合成。

很明显，第二层的单排序结果就是总排序结果。假定已经算出第 $k-1$ 层 m 个元素相对于总目标的权重 $w^{(k-1)} = (w_1^{(k-1)}, w_2^{(k-1)}, \cdots, w_m^{(k-1)})^T$，第 k 层 n 个元素对于上一层（第 k 层）第 j 个元素的单排序权重是 $p_j^{(k)} = (p_{1j}^{(k)}, p_{2j}^{(k)}, \cdots, p_{nj}^{(k)})^T$，其中不受 j 支配的元素的权重为零。令 $P^{(k)} = [P_1^{(k)}, P_2^{(k)}, \cdots, P_n^{(k)}]$，表示第 k 层元素对第 $k-1$ 层个元素的排序，则第 k 层元素对于总目标的总排序为

$$w^{(k)} = (w_1^{(k)}, w_2^{(k)}, \cdots, w_n^{(k)})^T = p^{(k)} w^{(k-1)}$$

或 $w_i^{(k)} = \sum_{j=1}^{m} p_{ij}^{(k)} w_j^{(k-1)} \quad (i = 1, 2, \cdots, n)$

同样，也需要对总排序结果进行一致性检验。

假定已经算出针对第 $k-1$ 层第 j 个元素为准则的 $CI_j^{(k)}$、$RI_j^{(k)}$ 和 $CR_j^{(k)}$，$j=1, 2, \cdots, m$，则第 k 层的综合检验指标

$$CI_j^{(k)} = (CI_1^{(k)}, CI_2^{(k)}, \cdots, CI_m^{(k)}) w^{(k-1)}$$
$$RI_j^{(k)} = (RI_1^{(k)}, RI_2^{(k)}, \cdots, RI_m^{(k)}) w^{(k-1)}$$

$$CR^{(k)} = \frac{CI^{(k)}}{RI^{(k)}}$$

当 $CR^{(k)} < 0.1$ 时，认为判断矩阵的整体一致性是可以接受的。

5）结果分析

通过对排序结果的分析，得出最后的决策方案。

4. 层次分析法的优缺点

层次分析法拥有很多的优点。

（1）系统性的分析方法。该方法把所研究的对象和问题当作一个系统，然后对其进行分解、比较判断，然后综合来判断决策，是一种重要的系统分析工具。系统的思想有着自身独特的优势，它不割断各个因素对结果的影响，从而经过层次分析法处理之后的每一层所设置的权重最后都会对结果有很大的影响，而且在

每个层次中的每个因素对结果的影响程度都是量化的，非常清晰、明确。

（2）简洁实用的决策方法。该方法不过分地迷信及追求高深的数学理论，又不片面地注重行为、逻辑、推理，而是二者有机的统一使用，能够分解复杂的系统，其计算过程也不会特别的繁杂，不会深奥难懂。当然，计算出来的结果也是简单明了的，决策者很容易学习掌握和运用。层次分析法思想简洁、操作简便，可以成功地应用于多目标决策，尤其适用于在缺少定量数据进行定性判断的情况。将判断结果定量化可以采用判断矩阵构造法，得到具有足够一致性的判断矩阵，而且在计算机上很容易实现。

（3）所需定量数据信息较少。该方法与评价者对评价问题的本质、要素的理解有关，并从此处出发，这也能体现出该方法很讲究定性的分析和判断。层次分析法是一种模拟人们决策过程所运用的思维方式的方法，这就意味着各要素相对重要性的判断步骤是由大脑决定的，而层次分析的任务主要是利用人脑对要素的印象，并将这些印象化为简单的权重关系进行计算。许多用传统的最优化技术无法着手的现实问题可以用这种思想解决。

层次分析法存在以下缺点。

（1）新方案不能在决策中被提出来。

（2）较少的定量数据再加上较多的定性成分，其得出来的结论也很难令人信服。

（3）指标过多的情况下，会因为数据统计过量而难以确定权重。

（4）错综复杂的特征向量和特征值的准确求法不能为决策提供新方案。

5. 以湖北省为例的农村金融生态实证分析

依据上文中对生态环境评价指标的选取，我们以湖北省农村金融生态现境为例，根据层次分析法，指标体系分为目标层、准则层、措施层（或方案层）。综合考虑湖北省农村经济发展水平、农村金融运行状况、农村法制信用及政府服务水平等方面的因素，综合构建一套相对简单的评价指标体系，见表7-4（吴韡，2013）。

表7-4　湖北省农村金融生态环境评价指标体系

目标层	措施层	准则层	指标层
农村金融生态环境 X	农村经济发展水平 X_1	农村经济总量 X_{11}	农村总产值增长率
			财政收入增长率
		农村产业结构 X_{12}	种植业产值占第一产业产值的比重
			人均第三产业产值
		农村就业状况 X_{13}	农业就业率
		农村可持续发展能力 X_{14}	农村固定资产投资占农村总产值比重
		农村居民生活水平 X_{15}	农村居民恩格尔系数
		农村家庭经济状况 X_{16}	农村居民人均纯收入增长率

续表

目标层	措施层	准则层	指标层
农村金融生态环境 X	农村金融发展水平 X_2	农村金融服务覆盖水平 X_{21}	金融机构网点覆盖率
		从村保险业务发展水平 X_{22}	农业保险保费收入占农村总产值的比值
			人均农业保费收入
			农业保险保费增长率
		农村银行业务发展水平 X_{23}	农业贷款占比
			农业贷款增长率
			农户人均储蓄存款余额
	外部环境 X_3	政府财政支出 X_{31}	财政支农支出占农村总产值比重
			人均农林水事务财政支出
			农村小学生均预算教育经费
			人均农业科技研发经费投入
		农村社会信用 X_{32}	农村劳动力高中程度及以上占比
			农村信用合作社不良贷款率
		农村法制环境 X_{33}	劳动争议处理情况结案率
			每万人律师事务所的数量

为简化起见，本书只分析到准则层。

首先，判断矩阵的构造。为了提高构造过程的准确度，可以根据 Santy 等提出的一致矩阵法同时依据建立的评价指标层次结构，采取交相比较的方法。得到 4 个判断矩阵（目标层 1 个：$X—X_i$，系统层 3 个：$X_1—X_{1j}$、$X_2—X_{2j}$、$X_3—X_{3j}$）。采用下述准则来评判各因素的重要性。

（1）标度含义：见表 7-2。

（2）若因素 i 与 j 比较判断值为 a_{ij}，则因素 j 与 i 之值为 $a_{ji}=1/a_{ij}$。

其次，确定层次权重值的同时进行一致性检验。要设计出一个调查表来比较不同的两个因素，就要确定相应的评价指标和评价标准，本书的 4 个判断矩阵是专家对农村金融生态环境评价指标体系做出全面评价的基础上得到的。判断矩阵的最大特征向量是各层指标的权重值，在通过软件求得以上 4 个判断矩阵求解权重的同时进行一致性检验，为了使之符合 $CR < 0.1$ 的判断原则需要在不改变专家总体评判方向的前提下对没有通过一致性检验的专家进行打分。通过分析可以得知系统层相对于目标层的权重为：$W=$（0.595，0.277，0.129），农村地区经济发展水平的权重为 $W_1=$（0.16，0.19，0.19，0.05，0.12，0.30），农村金融发展水平的权重为 $W_2=$（0.082，0.236，0.682），外部环境的权重为 $W_3=$（0.588，0.322，0.090）。

再次，划分农村金融生态环境的级别。可以根据各省的农村金融生态环境的真实情况及其对农村发展的相关作用进行划分，如可以将湖北省的农村生态环境划分为 5 个级别，用 Y_1、Y_2、Y_3、Y_4、Y_5 表示，$Y=\{Y_1, Y_2, Y_3, Y_4, Y_5\}=\{$ 好，较好，一般，较差，差 $\}$。

最后，评价农村金融生态环境。依据德尔菲法对农村金融效率构成因素的评分结果进行分析可以得到一种隶属度矩阵用来评价农村金融效率 X 到 R。那么综合评价结果就可以通过计算目标层的权重与评价矩阵得来。整体综合评判数值 $V=2.3349$，层次分析法的一般水平约等于 3，这就表明湖北省农村金融生态环境目前水平一般。

7.2　生态效率的评估

德国学者 Schaltegger 和 Sturn 首次提出生态效率并指出其就是经济增加值与环境影响的比值。随后，多国学者将自己的研究兴趣转到了生态效率研究的方向，1998 年经济发展与合作组织（Organization for Economic Co-operation and Developement, OECD）将生态效率解释为满足人类需要的生态资源效率；2000 年世界可持续发展工商业理事会（World Business Council for Sustainable Development, WBCSD）提出要想实现生态效率就需要提供具有相对价格优势的服务和商品，而提高人类生活水平的前提是，要保证在人类整个生命周期中对环境的影响始终处于小于地球估计承载力的水平，得到学界和社会的广泛认可；欧洲环境署（European Environment Agency, EEA）和国际金融组织环境投资部（EFG-IFC）也都主张生态效率是通过不断地提高生产方式来实现可持续经济可持续发展，力求低投入高回报。Fussler 将生态效率引入中国并获得了巨大的成功，国内生态效率的研究经过多年的时间洗礼，取得了快速惊人的进步，在介绍和引入国外相关概念和理论方法的基础上，初步形成了一些适合中国国情的认知体系和价值方法（刘飞翔等，2015）。

7.2.1　农村金融生态效率 DEA 法评估

1. 数据包络分析模型（DEA）分析方法的选择

虽然不同的组织对生态效率都有着各自不同的定义，然而在广义上各个组织机构都认同将生态效率看作是"产出投入比"，生态效率可以由两个方面表示——经济和生态，而且总体上可以通过以下 3 种方法对其进行评价：模型法、经济 / 环境单一比值法、指标体系法。不同的评价目标会使评价方法表现出不同的长处和短处。就目前的研究状况来说，数据包络分析法 (DEA) 是非常适合用于评价农村生态效率的一种方法。由于层次分析法的计算结果是粗略的方案排序，对于有较高定量需要的重大问题，仅仅用层次分析法是远远不够的；在评价指标的相关系数比较高时，主成分分析法能解决指标间信息相互重叠方面的问题，可以自动形成非人为的权重系数，但是这一方法没有对指标间的主次进行划分；以决策单元实际的投入产出指标数据为计算依据的数据包络分析法，可以不计算各指标的权重，主观因素对其影响甚微，但是这种办法很难反映出决策者的偏好。

综合考虑这些方法的优缺点，本书运用数据包络分析法来评价农村金融生态环境。

DEA 是 1978 年美国经济学家 Charnes Cooper 和 Rhodes 等首次在"相对效率评价"内容的基础上提出来的，其最引人入胜的地方是：在解决现实中的实际问题上具有较高的实践性，首先可以通过对多项投入产出的评估模式的处理来减少参数估计的困难；其次所计算的效率值是不受投入项与产出项计量单位影响的相对效率，并不需要预设的加权值只需以一个比值（最大为 1）表示一个相关研究单位投入与产出之间的关系，就能对不同的投入与产出组合进行处理；再次，其具有弹性的数据处理方式能同时处理顺序及比例尺度两方面的数据；最后，它可以计算出各决策单元（Decision Making Unints, DMU）的效率值并对其进行比较，根据计算结果分析应增加或减少多少 DMU 才能达到有效率状态。本书是在 DEA 方法的基础上对农村金融态环境效率开展相应的分析与评价。同时应看到，DEA 方法本身存在着一些不足，如何正确科学评价还需要在其原理基础上进行调整与完善。

2. 数据包络分析模型（DEA）基本概述

数据包络分析（DEA）是以相对效率概念为基础，根据多指标产出对相同类型单位（部门或企业）进行相对有效性或效益评价的一种新方法，是由美国的数学家和经济学家 Charnes Cooper 和 Rhodes 等于 20 世纪 70 年代末提出的一种效率评价办法。依据要评价对象的"输入"数据（通常指投入的资源、人力等）和"输出"数据（通常指产出的产品质量、经济效益、市场等）利用 DEA 可以求得有效生产前沿面，然后通过分析评价的对象是否在前沿面上，以决定其规模有效和技术有效等。

DEA 方法不断得到完善并在实际中被广泛运用，特别是在对非单纯营利的公共服务部门，如学校、医院、某些文化设施等的评价方面被认为是一个有效的方法。

假设有 n 个 DMU，每个 DMU 都有 m 种"输入"（表示该部门或单位对"资源"的耗费）及 s 种"输出"（表示该部门或单位消耗了"资源"之后表明"成效"的数量。其关系如图 7-1 所示。

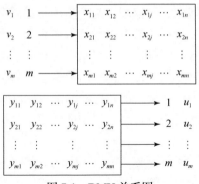

图 7-1　DMU 关系图

其中，x_{ij} 表示第 j 个 DMU 对 i 中输进去的相关投入量，$x_{ij} > 0$；

y_{ij} 表示第 j 个 DMU 对 r 中输进去的相关投入量，$y_{ij} > 0$；

v_{ij} 表示对第 i 中输出来的相关度量（或称"权"）；

u_{ij} 表示对第 r 中输出来的相关度量（或称"权"）；

$i=1，2，\cdots，m$；$j=1，2，\cdots，n$；$r=1，2，\cdots，s$。

x_{ij} 及 y_{ij} 为已知数据，可以根据历史资料得到；v_i 和 u_r 为变量，对应与权系数 $v=(v_1，v_2，\cdots，v_m)^{\mathrm{T}}$，$u=(u_1，u_2，\cdots，u_m)^{\mathrm{T}}$。任何一个决策单元都拥有属于自己的效率评价指数

$$h_j = \frac{\sum_{r=1}^{s} u_r y_{rj}}{\sum_{i=1}^{m} v_r x_{ij}}, \quad j=1,2,\cdots,n \qquad (7\text{-}4)$$

而且总可以选择使其满足的相关系数 v 及 u，使其满足 $h_j \leqslant 1$，$j=1，2，\cdots，n$。

现在对第 j_0 个 DMU 进行效率分析。以权系数 v 和 u 为变量，第 j_0 个 DMU 的效率指数作为目标，以所有的 DMU 的效率指数 $h_j \leqslant 1$，$j=1，2，\cdots，n$ 为要素，构成如下最优化模型（C^2R 模型）：

$$(C^2R)\begin{cases} \max \dfrac{\sum_{r=1}^{s} u_r y_{rj_0}}{\sum_{i}^{m} v_i x_{ij_0}} = V_P \\[2em] \dfrac{\sum_{r=1}^{s} u_r y_{rj}}{\sum_{i=1}^{m} v_r x_{ij}} \leqslant 1, j=1,2,\cdots,n \\[2em] v = (v_1, v_2, \cdots, v_m)^{\mathrm{T}} \geqslant 0 \\[1em] u = (u_1, u_2, \cdots, u_m)^{\mathrm{T}} \geqslant 0 \end{cases}$$

不难看出，利用上述模型评价第 j_0 个 DMU 不是有效的，而是相对于所有决策单元而言的。实用矩阵符号描述上述最优化模型，有

$$(P)\begin{cases} \max \dfrac{u^{\mathrm{T}}y_{j_0}}{v^{\mathrm{T}}x_{j_0}} = V_P \\[2mm] \dfrac{u^{\mathrm{T}}y_j}{v^{\mathrm{T}}x_j} \leqslant 1, j = 1, 2, \cdots, n \\[2mm] v \geqslant 0, u \geqslant 0 \end{cases}$$

使用 Charnes-Cooper 变换，将分式规划变为

$$(P)\begin{cases} \max \mu^{\mathrm{T}}y_{j_0} = V_P \\ w^{\mathrm{T}}x_j - \mu^{\mathrm{T}}y_j \geqslant 0\,(j = 1, 2, \cdots, n) \\ w^{\mathrm{T}}x_{j_0} = 1 \\ w \geqslant 0, \mu \geqslant 0 \end{cases}$$

线性规划（P）的对偶规划为

$$(D)\begin{cases} \min \theta = V_D \\ \displaystyle\sum_{j=1}^{n} x_j \lambda_j + s^- = \theta x_{j_0} \\ \displaystyle\sum_{j=1}^{n} y_j \lambda_j - s^+ = y_{j_0} \\ \lambda_j \geqslant 0\,(j = 1, 2, \cdots, n) \\ s^+ \geqslant 0, s^- \geqslant 0 \end{cases}$$

定义：若线性规划（P）存在最优解 $w^0 > 0, \mu^0 > 0$，并且最优值 $V_p=1$，则称决策单元 j_0 为 DEA 模型。

由线性规划的对偶定理知，对偶线性规划（D）的最优值为 1 时，线性规划（P）的最优值也为 1，可以利用对偶线性规划来判断决策单元 j_0 的 DEA 有效性。

3. DEA（数据包络分析模型）分析法的优缺点

1）DEA 方法评价效率的优点

（1）DEA 方法可用于多项投入与多项产出的效率评估。与以往仅能够处理单项产出的效率评估方法有所区别的是，此种方法无需建造生产函数对参数进行估计就能够分析解决多种投入与多种产出的关系。

（2）产出量纲不会对 DEA 方法产生影响。用 DEA 方法得出的最终效率评估结果不受计量单位的影响，这意味着即使分析过程中有不同的计量单位，也依

然可以求出有关的效率值。

（3）DEA 方法是用综合指标来评价效率的。这是一种代表资源使用情况的适合描述全要素生产效率状况的指标，可对 DMU 之间的效率做出比较。

（4）人为主观方面的因素不会影响 DEA 方法中的由数学规划产生的权重。这样一来对 DMU 的评价就非常公平。

（5）非效率的 DMU 是通过 DEA 方法所提出的一个改善方向。通过对相关变量的研究，DEA 方法可进一步了解非效率 DMU 资源的利用情况，并对其非效率的资源提出改进的方向和大小，从而为决策者提供改善效率的途径。

2）运用 DEA 模型的缺点

（1）DEA 方法只是对 DMU 的相对效率进行评价，而非绝对效率评价，所以 DEA 是不可以全部取代传统比率分析法对绝对效率的研究。

（2）产出为负的状况 DEA 方法根本无法分析。线性模型的目的是使 DEA 分析更加简单，然而产出为正却是线性规划得以实践的前提，这意味着在负的产出情况下这种方法根本无法进行下去。

（3）如何选择 DEA 方法中的投入与产出对效率评估结果至关重要。假设投入项与产出项数值不符合常规，那么生产前面的形状和位置就会受到影响，进而效率评估的精确性也会受到影响。

（4）虽然用 DEA 方法可以评价相关效率，不过仍然需要进一步考察是哪些原因造成了有效率或无效率。

（5）DEA 方法评价的 DMU 必须有相当的数量。也就是说受评估的 DMU 个数应该为投入与产出项个数之和的 2 倍或 2 倍以上，否则将导致大多数 DMU 有效。

7.2.2   实证结果及分析

金融生态的作用在于促进金融配置效率的提高，因此，可以用金融生态环境的好坏来推断不同地区的金融效率究竟是处在什么样的水平上。在此基础上，不同地区农村、村镇金融效率的比较使用的方法是原来用于比较不同部门生产效率的 DEA 方法。而确定投入和产生变量是利用 DEA 方法对农村金融生态效率进行测量的重要部分。本书通过利用李杨等对金融生态评价因素的相关规定，并依据湖北省农村的真实情况，把湖北省金融生态效率的投入要素确定为农民就业率、农村生产总值、服务业产值、财政收入，同时把湖北省金融生态效率的产出要素确定为银行存贷款余额。对于样本和指标数量 DEA 也有一定的规定，即或者样本的数量是指标数量的 2 倍，或者样本数量要大于或等于投入和产出指标数目乘积，符合样本和投入产出指标的相关选取规定。本书的样本包括湖北省 17 个市的 4 个投入变量，分别是农民就业率、农村生产总值、服务业产值、财政收入，包括湖北省 17 个市的 2 个投入变量，分别为银行存款余额和银行贷款余额，通过分析可得样本的数量是大于投入和产出指标乘积的。

选取的数据是湖北省 17 个市 2005～2012 年的数据，得到的 DEA 结果如表 7-5 所示（吴鞼，2013）。

表 7-5　湖北省各市金融生态综合效率分析

城市	2005	2006	2007	2008	2009	2010	2011	2012	平均值
武汉	1.000	1.000	1.000	1.000	1.000	1.000	1.000	1.000	1.000
黄石	0.694	0.647	0.689	0.765	0.754	0.723	0.836	—	0.730
十堰	1.000	1.000	1.000	1.000	1.000	0.716	0.937	1.000	0.957
荆州	1.000	1.000	1.000	1.000	1.000	1.000	1.000	1.000	1.000
宜昌	0.959	1.000	0.909	0.846	1.000	0.963	0.809	0.808	0.912
襄樊	1.000	1.000	1.000	1.000	1.000	1.000	0.714	1.000	0.964
鄂州	0.608	0.519	0.482	0.511	0.464	0.497	0.582	0.402	0.508
荆门	0.827	0.787	0.784	0.777	0.783	0.895	0.973	0.805	0.829
孝感	0.930	0.871	0.752	0.749	0.732	0.778	0.850	0.926	0.824
黄冈	0.857	0.811	0.830	0.936	0.787	0.859	0.906	1.000	0.873
咸宁	0.623	0.580	0.638	0.627	0.587	0.625	0.661	0.673	0.627
随州	0.590	0.565	0.601	0.637	0.625	0.691	0.821	1.000	0.691
恩施	—	1.000	1.000	1.000	1.000	1.000	1.000	0.939	0.991
仙桃	0.866	0.749	0.641	0.653	0.648	0.814	—	0.723	0.728
天门	—	1.000	1.000	1.000	1.000	1.000	0.968	—	0.995
潜江	—	0.852	0.932	1.000	1.000	1.000			0.957
神农架	0.462	0.525	0.703	0.887	0.757	0.933	1.000	1.000	0.783
平均值	0.815	0.818	0.821	0.846	0.832	0.853	0.870	0.877	0.845

注："—"表示数据缺失

从横向比较来看，武汉和荆州的金融综合生态效率都是 1，这表明，与湖北省的其他市区相比较，这两个市的农村金融生态环境还是比较好的。而宜昌、十堰、仙桃、天门、黄石、鄂州和神农架的金融生态环境较弱，均低于 0.8；潜江、黄冈和荆门等居中，集中在 0.8～0.9；其他各市则在 0.9 以上。因而可以得知，在湖北省其各市之间的农村金融生态发展水平是参差不齐的。

在纵向的角度观察可以发现，在 2005～2012 年的湖北省的农村金融综合生态效率是不断上升的（除 2009 年受金融危机的影响有些许的下降），从 2005 年的 0.815 上升到 2012 年的 0.877，总体上看来湖北省农村金融生态环境还是在不断的发展的。

从总体来看，湖北省 2005～2012 年其 17 个市平均的金融生态效率为 0.845，低于 1.000，说明湖北省大体上普遍存在着资源闲置和浪费的现象，因此其农村金融生态综合效率提高的幅度不是太大。根据本书所采用的投入与产出要素指标相互比较的方法可以推知，尽管最近几年湖北农村经济的发展取得了一定的成就、农村生产总值有较大幅度的增长、政府加大了对农民的财政支持，然而农村的银行存、贷款余额并没有得到同等程度的增加，甚至有些年份、有些地区出现了负增长现象。引发此种现象的原因可能是多种多样的，不过其中一个最重要的因素就是农村地区的资金大量地流入城镇地区，表明湖北农村金融生态环境还存在着很大的可发展空间。

本章通过 AHP 和 DEA 方法对湖北农村金融生态进行了相关的评估，其中，AHP 的一级评价指标系统层是指农村经济发展水平、农村金融发展水平、外部环境，专家通过评估赋值和模糊综合评价的方法，计算出湖北农村金融生态的总体综合评判分值为 2.3349，低于一般水平（一般水平为 3）；DEA 方法中，研究湖北省金融生态效率所使用的投入要素是农民就业率、农村生产总值、服务业产值、财政收入，研究湖北省金融生态效率所使用的产出要素是银行存款余额和银行贷款余额，测量出湖北省 17 个市的平均金融生态效率为 0.845，低于 1.000，说明湖北省农村金融生态的整体效率是较低的。两种实证方法所得出的结论是一致的。

第 8 章　构建普惠性农村金融体系的政策建议

我国西部农村地区对存款、贷款、汇兑等金融服务的需求尚未得到充分的满足，尤其是西部贫困地区甚至出现严重的金融排斥现象。对这些被金融体系排斥在外的西部农村地区来说，民间借贷融资的方式或许可缓解农村地区资金供不应求的现象。但是若要真正解决汇兑、存款等基础金融服务缺失的问题，正规金融机构仍需以营业网点为载体来提供替代性较小的基础金融服务。

8.1　增强农村金融服务的供给能力

近年来，国有大中型银行经营的重点开始向下转移，促成了一批新型农村金融机构的兴起，我国小微企业的贷款增长速度稳步上升（王安军等，2007）。从金融供给来看，仍然不能满足广大农村中小企业群体融资者的需求。基础设施的不完善、金融产品有效供给不足、传统金融机构的融资限制、小微金融机构风险承担能力较低等现象，仍然存在融资难的一个不容忽视的问题（沈荣勤，2014）。为了解决普惠性农村金融发展的外部性和内部性问题，解决银行等金融机构资金没有有效投资、中小企业及贷款公司融资困难的局面，应当对普惠性农村金融服务的供给能力进行多样化的改革，消除金融领域不充分的因素（刘振界，2014）。

1. 设计合适的监管机制，推动村镇银行的建立

在中国西部的贫困地区，传统农业作为贫困农户主要的生产经营活动，难以满足商业银行及其他金融机构对于营利性和安全性的监管要求。因此，相关金融机构对贫困农户的服务往往是有所选择，甚至是将其排除在传统金融体系之外。

为了改变目前的这种不平等的金融状态，发展普惠性农村金融，建立属于不用阶层的金融合作组织，允许贫困人口自愿、自发的结成相应的组织，使贫困人口自己的金融机构面向所有贫困人口，发展金融的普惠性，为西部地区发展普惠性农村金融提供新的出路。

　　为了使贫困地区金融机构健康发展，需要具备一定的条件：第一，贫困人口参与金融机构的管理和监督；第二，金融机构为贫困人口提供资金运用的决策。西部地区普惠性农村金融的发展必须以金融的普惠性为目的，旨在为低收入的群体带来金融服务，真正的降低准入的门槛，提高全社会整体福利。

2. 发展小额信贷组织需注重的问题

　　在我国西部地区，受其经济结构和发展状况的影响，小额信贷是贫困地区在金融体系下对于解决贫困和提供融资的成功手段，这种成功的实践，对普惠金融的改革和发展产生了正面的影响。发展符合西部地区普惠金融下的小额信贷组织需要注重以下问题。

　　（1）保障公平、提升效率。小额信贷的发展，不仅仅是为大量贫困地区中小企业的发展，同时也是为中低收入者提供合理的金融服务。金融机构通过优化管理，实现可持续发展，在金融机构内真正重视小额信贷业务，逐步扩大小额信贷规模。

　　（2）降低小额信贷利率水平。为了让小额信贷可持续发展，降低贷款利率的方式尤为重要。我国小额信贷的主要群体为低收入群体，小额信贷额度小、成本高，传统金融机构往往需要很高的存贷差才能弥补其借贷成本。政府应当积极介入到低收入群体与金融机构中间去，对双方融资均补以补贴，降低贷款利率，增加金融机构利润，降低运营成本，减少小额信贷者的负担。

　　（3）创新小额信贷机制。使低收入群体的抵押机制增加，不仅仅像传统金融机构以不动产抵押为主，可以提倡通过信贷用途下的未来现金流或联保等方式替代不动产，从而增加小额信贷渠道。

　　（4）对低收入者提供小额信贷知识普及。提高对西部地区小额信贷者的金融知识普及教育，提高他们对小额信贷市场、金融产品、电子技术的认知，合理规划低收入者理财方式，提供市场信息，加强培训，从而降低信贷融资风险。

　　（5）设立信贷保险。小额贷款的用途主要以农产品种植、水产品养殖和简单扩大规模的再生产为主，这些用途风险性较大，容易受到天气、市场的影响。设立贫困地区低收入群体信贷保险，减少信贷机构遭受的信用风险，也为贫困地区基础行业发展提供保障。

3. 发展西部贫困地区农村金融改革，建立普惠性农村金融体系

　　（1）确立西部贫困地区农村金融改革方向。优化对西部贫困地区村镇银行及相关普惠金融机构的产权及信贷抵押物改革，以扩大小额信贷为主要破发点，借鉴国外成功经验改革相关金融机构。政府与普惠金融机构联合大力发展农业保

险，推动西部贫困地区普惠金融均衡、完善发展。

（2）优化体制内外结构。对于西部地区发展普惠性农村金融，要对体制内机构与体制外机构进行合理的规范和监督，充分利用现有资源，形成优势互补的金融结构体系。第一，建立规范的法律，来保障民间融资的进行，民间借贷在西部贫困地区的广泛存在，说明其存在的必要性。应当由相关农村金融机构及管理部门，对处于法律管理体系下的民间借贷给予规范化、合法化，合理管控民间借贷的借贷利率，防止高利贷引起的经济不稳定风险。第二，降低民间资本的准入门槛，引导民间金融融入传统金融体系，同时加入市场化的有效市场机制，对金融机构实行优胜劣汰。第三，建立人性化的监管体制。提倡西部地区成立监督机构，实施自我监管和司法监管同步进行，通过案例形式对民间金融纠纷进行合理处置。第四，完善破产保护制度。保障小额信贷及普惠性农村金融下的中小贷款人的个人利益，并且对金融投资人给予适当的担保补偿，建立适当的保险制度与信用担保制度，促进普惠金融的全面发展。

（3）创建普惠金融体系的垂直型合作。传统金融机构往往将农村金融和非正式金融排除在体系之外，但是金融发展必须是全面的、多样的，同时，普惠金融也要让社会的每一个人享有公平的金融服务，因此发展农村金融和非正式金融的必要性显而易见。垂直合作的金融体系，是由正式放贷人和非正式放贷人对信贷进行合理的分工，并由分工之后的条件向信贷需求者进行转移贷款。所以，为了建设需求主导型的普惠金融体系，需要推动正式部门放贷人与非正式部门放贷人的垂直金融合作，走出目前仅仅以农村信用合作社为贷款途径的窘境，最终建立有效的西部地区普惠性农村金融发展体系。

8.1.1 完善农村金融基础设施建设

普惠性农村金融基础设施是指普惠金融运行中的硬件设施和制度安排，主要包括普惠性农村金融支付体系、普惠性农村金融法律环境、公司治理、会计准则、普惠性农村金融信用环境、反洗钱及由普惠性农村金融监管、中央银行最后贷款人职能、投资者保护制度组成的普惠性农村金融安全网等。发展普惠性农村金融基础设施建设，保障普惠性农村金融基础设施在西部地区的覆盖率和有效性，保证西部贫困地区、偏远地区的服务质量，为普惠性农村金融消费者提供无差别的农村金融服务（刘运涛等，2015）。对于基础设施的完善可以从以下几个方面进行健全和保障。

1. 健全普惠性农村金融法律制度

目前，我国对普惠金融的法律保障还在起步阶段，只有整体性的规范约束，针对性的普惠性农村金融法律并没有建立，这种总括性的金融法律不能很好地解决金融领域的各方面问题。因此，必须建立普惠金融的法律法规体系，规范国家、企业、金融机构和个人在普惠金融运行下的权利和义务。及时建立查找、修改现有法律制度中的不适应条款，加快对农村普惠金融服务的法律保障，重点扶持农村金融机构的发展。制定适当的普惠金融准入、退出机制，规范民间借贷、高利贷等非正规金融，规范普惠金融市场。

2. 完善普惠性农村金融监管体系

通过以中国人民银行为核心的领导监管及各分支监管机构的合作监督，建立政府调控、央行监管、机构协作的有效的政策协调机制和信息共享机制，防范普惠金融运行中的金融风险。鼓励运用大数据下的网络分析手段，进行科学监管，建立云监管平台，对普惠金融资金运营中风险进行实时分析，及时发布预警，提供预警预案，控制普惠金融运营中产生的金融风险。

3. 改善普惠性农村金融支付平台

改善我国西部欠发达农村地区普惠金融交易环境，减少对新型农村金融机构及非正规金融机构加入中国人民银行支付结算体系的限制。优化非现金类金融工具的使用环境，凭借现有的银行体系服务点推广借记卡、贷记卡、票据、手机银行、网络银行等现代非货币金融工具的应用，通过委托代理的方式，为在普惠金融下办理金融业务的机构办理银行汇票及银行承兑汇票等经济业务。加强普惠金融下农业、工业企业与商业性金融机构的合作关系，进一步促进农村结算体系与城市结算体系的融合。普惠性商业银行与当地互联网企业、网络电信运营商等广泛开展高程度、高深度的合作，创新普惠金融服务模式、普惠金融融资渠道和普惠金融产品，降低金融融资风险。借助大数据下的互联网技术和网络运营商，利用数据支持下的科学技术，增强支付结算、资金融通等服务功能。从而改善我国西部欠发达地区广大农业、少数民族地区的支付结算服务，降低支付结算成本，助推农业、少数民族地区转账结算系统建设，提升我国普惠金融乃至金融业的整体结算速度和效率。

4. 优化普惠性农村金融信用体系

加快我国西部大部分地区农户、小微企业主个人信息档案和企业信息档案的建立，形成跨地区的信息资源共享数据库，将金融信息共享，使普惠性农村金融的受益者和商业银行可以更有效地进行金融服务。对普惠性农村金融信用体系进行统一化的管控，方便数据信息的统计、调用、分析，发挥金融部门对普惠性农村金融信用体系的协调和指导作用。尽快建立完善的普惠性农村金融法律保障体系和普惠性农村金融全面监管制度，以法律和监管为依托，构建普惠性农村金融信用信息共享平台，完善普惠性农村金融信息数据库，促成普惠性农村金融征信体系的沟通协作机制。在数据收集完善的情况下，研发普惠性农村金融基础数据采集模式，利用现有金融机构在西部欠发达地区的网点和设施，扩大普惠性农村金融信息的采集范围，深入我国西部基础设施落后的偏远地区，优化数据采集、更新、处理的工作。

5. 开展普惠性农村金融实践教育

开展西部普惠性农村金融建设的过程中，金融教育的重点并不只是将专业的金融知识教科书式的教育给金融服务的需求者，重要的是使金融服务对象形成良好与正确的理财观念和行为（孙同全等，2014）。

在金融相对落后的广大西部地区发展现代金融业，尤其是普惠性农村金融这类比较陌生的新型金融概念。要建立完善的普惠性农村金融生态环境，民众的知识水平、信用观念、风险意识都需要共同提高。提升欠发达地区金融机构从业人员的业务水平和金融素质，开展普惠性农村金融实践教育，对贫困地区的金融机构如农村信用合作社、邮储银行、新型小额信贷组织的从业者进行业务技能培训，提升其普惠性农村金融服务能力，加强对普惠性农村金融的认识。对相关负责人进行小额信贷、农业保险、普惠性农村金融改革、金融资本市场运作等方面的培训，提升金融对贫困地区经济发展的杠杆作用的意识和能力。对欠发达地区贫困人口进行金融知识的普及和教育。

8.1.2　加强传统金融机构在农村金融体系中的作用

普惠性农村金融可以为金融需求者提供最基本的金融服务，如存款、取现、汇款、小额贷款及小微企业融资等金融服务，同时由金融机构提供适当的营业网点及自助终端。根据世界银行统计数据显示，我国正规金融机构账户覆盖率达到63.3%（程立茹等，2015），在发展中国家处于较高水平，因此发展信贷融资成为了中国普惠性农村金融发展的主要方面，为城市中的低收入阶层、小微企业、"三农"等弱势群体提供广泛、全面、人性化的信贷支持成为了建立普惠性农村金融体系的重要目标。

我国西部欠发达地区小微企业融资困难，东西部金融失衡的问题尤为突出，金融机构仍然大量集中在中国东部地区，对西部地区放贷一直不愿放开，尽管小微企业的银行贷款金额增长速度大于全部企业的贷款增长速度，但是小微企业的资金缺口仍然不足，融资满足率偏低，阻碍着小微企业的正常运营和发展。在传统信贷方面，金融机构的看法与普惠性农村金融的信贷存在着较大差距。普惠性农村金融更加强调社会性、公平性、公益性，而传统金融则注重营利性。西部欠发达地区小微企业、城市低收入群体、"三农"等群体贷款抵押担保的信用程度低、信息高度不对称，带给贷款机构巨大的运营风险。

传统金融机构在面对高风险、低回报时，更多地选择规避风险，采取停止或者不贷款的措施。政府对普惠金融的推进，通常采用减免、补贴、奖励措施，但是面对庞大的风险和效率损失，这些措施基本不足以弥补风险带来的资金损失。同时，受限于我国西部地区交通不便、通信设施匮乏、农村居民信息闭塞、教育覆盖面缺失等问题的存在，使得向西部落后地区提供金融服务的难度加大，同时也提高了金融的服务成本（王金龙等，2014）。

"互联网+"时代的到来，颠覆了传统金融机构地域的成本问题，为金融服务提供了新的模式，对传统金融业带来了巨大冲击，与此同时，互联网的应用也带来了信息的公开性、高速性、对称性。新的模式大大降低了普惠性农村金融服务的交易成本和信息不对称的程度，使金融资源有效配置，提高了社会福利。传统金融机构应当借助"互联网+"下大数据分析的机遇，收集、处理、分析相应的数据，并及时作出对市场的反应，创造新的普惠金融产品，合理评估小微企业贷款风险，及时有效地对市场的金融资源进行合理分配。

吸收借鉴互联网交易平台的融资方式，开展新型业务模式如第三方支付、P2P、众筹、基金、财富管理等。借用互联网金融的便利，弥补传统金融不具备的优势。刺激传统金融机构转型和升级，降低金融服务交易的交易成本，扩大金融服务的服务对象，弥补传统金融服务的盲区，改善对于欠发达地区的金融排斥现象，增加对欠发达地区及落后地区小微企业的金融资源倾斜，提高金融资源的配置效率，使普惠性农村金融全面、完善发展。

8.1.3   支持小微金融机构的发展

在 20 世纪 90 年代后期，国有企业的改革，促成了我国严峻的下岗问题，在这样的背景下为了解决下岗再就业的问题，产生了大量的资金需求。而在 20 世纪末，我国初步建成了小康社会，使得我国贫困问题得到了一定程度上的缓解。

经过了 2000 年的亚太经合组织（AEPC）的合作，我国再一次打开了对外开放的大门，对金融服务的需求也更加广泛和精细。公益性质的小额信贷模式似乎已经不能满足对于经济发展和小额信贷的资金需求，而在这个时机，全面促进经济更好发展——发展性微型金融随之而来。

相关学者曾提出，在发展性微型金融服务阶段，对小额信贷需求的目的不再以扶贫为主，而是兼顾提高居民生活质量、促进城市就业；从主体来看，正规金融机构开始全面介入小额信贷（许英杰等，2014）。在公益性小额信贷阶段，公益是关注的重点，小额信贷作为国家扶贫的重要工具，促进了城市居民就业，同时也提高了农民收入。但是在发展性微型金融阶段，公益逐渐退出了我们的视线，小额信贷增加了许多正规的金融机构，而不仅仅是非政府组织、半政府组织的小额信贷试点。

对于发展性微型金融来说，促进微型金融的发展可以在很大程度上缓解低收入群体的融资困难，如处在低收入群体中的农民和城市下岗职工。另外，发展性微型金融也可以提高农村人员和城市失业人口的收入和生活质量的提高。

在西部欠发达地区和偏远的农村地区，市场不够完善、运营成本高昂、信息高度不对称、资源传播不顺畅、交通运输不发达，造成了较大的运营风险，使小型金融机构纷纷退出了当地金融市场。政府应采取适当的措施，主动调配市场资源，集中资源分配给相应中小微企业，解决市场失灵，推动普惠性农村金融建设。

在西部农村地区有其独特的区域文化背景和经济特征，面对农村的具体情况提供相应的金融服务，因地制宜地建立与当地主体需求相匹配的农村金融轻型网点及相应的金融业务，创新其特有的经营模式，是我国当前农村建设农村金融轻型网点的主要任务。这样可以服务于农村地区、促进农村经济发展，同时也是令农村金融轻型网点持续经营的基础。设立农村金融轻型网点支持小微金融机构的发展，开办适合农村特色的个性化服务。每一个金融机构能否存活的基础是能不能够应对当今金融行业激烈的竞争。小微金融机构致力于服务"三农"、立足农村，只有适应我国农村的金融创新业务发挥其巨大的潜力，才能发挥行业竞争中的有力竞争力，这种潜力也是农村金融轻型网点的首要根本保障和内在要求。农村金融轻型网点要立足西部地区农村、面向"三农"，专心服务于小微企业及贫困社区农户。要面对西部地区农村社区，把特定的金融服务业务用于特定的行业、机构和人群。农村金融营业网点在布局上，应当构成发达区域、一般区域及贫困区域形成合理的空间结构，有效防止因为分布过于密集或不均衡带来的恶性竞争，同时在其他地区却存在金融盲点、缺乏社区金融服务的现象。确定需要提供普惠金融、农村金融帮助的农户和中小企业，在接触的客户中留意发展前景较好或安全性较高的客户，以便今后业务的继续开展，并且在这些客户的基础上与之成为熟人型的"关系客户"，再一次拓展用户群。在目标客户定位上，农村金融轻型网点利用其独特的区间优势，解决西部农村地区的生存问题。西部欠发达地区普惠金融便利店的开业，方便了农村群众就近办理各项金融业务。创新金融便利店，使其成为集人工服务和 24 小时自助银行于一体的新型服务载体，以连接农村与社区居民为主要目的辅以相应的自助服务，通过自助存取款机、助农 E 终端、发卡机等自助设备提供自助存款、取款、转账、查询等以农村客户为主要服务对象，致力为农民提供更加便利、快捷、高效的金融服务，打造农村区域的轻型网点、打通农村金融服务最后一公里。金融便利店的设立，是全面推进深化农村支付服务环境建设的具体举措，为农民致富、农业增收和农村经济发展架起了桥梁，有力推动了"三农"经济发展。

8.1.4　创新农村金融产品

农村金融市场具有内在因素和外在因素影响，把握好内外因的联系需要完善农村金融产品和农村金融服务创新，这需要对内在因素进行探索，也要着手从外部对农村金融产品的创新予以支持。而农村金融机构作为农村金融市场发展的主力军，外部环境下的作用自然不可忽视，政府作为农村金融产品和服务创新最主要的主体，要从政策方面给予扶持，通过深入了解农村金融市场的现有情况，出台符合农村金融市场实际情况的有效的货币政策和财政政策，拉动农村地区普惠金融产品和创新的发展。同时也要注意加强金融行业内正式金融机构和非正式金融机构的合作，也要对农村金融市场中的从业人员进行思想指导，树立服务意思和创新意识，从根本上完善农村金融产品和服务的创新。

创新普惠金融为农村金融服务的产品，要克服目前农村金融发展的缺乏便利，服务网点缺失，服务成本高昂，门槛参差不齐的现状，就要结合目前高速发展的互联网金融的方向，使用农村金融与互联网金融相互融合，在普惠金融的发展环境下，为农村地区金融需求者提供普惠性金融服务。

截至 2015 年 12 月，我国互联网网民规模达 6.88 亿，互联网普及率为 50.3%；手机网民规模达 6.2 亿，占比提升至 90.1%，无线网络覆盖明显提升，网民 WiFi 使用率达到 91.8%，相较 2014 年年底提升 2.4%。如今，中国已经有半数以上人口接入互联网，互联网网民规模逐渐提升。与此同时，中国网民个人上网客户端进一步向手机端集中，我国互联网网民数量稳居世界第一。随着互联网网络环境的完善和网络技术的发展，移动互联网应用的开发，互联网应用进一步地贴近我们的生活，从而带动三四线城市、农村地区人口的使用，使互联网更加快速的普及。

随着我国互联网和高速移动网络的使用、使用人群的广泛化及年轻化发展，互联网和高速移动网络对金融服务提出了更高的要求，并提高了金融服务的需求，我国传统金融服务正在被互联网的多样化应用催生出多样的变革。

对于互联网金融的创新，是提升普惠金融的重要内容，通过建立互联网金融的共享平台，使更多的金融需求得到满足，使更多处于金融欠发达地区的人享受到互联网支付、网上借贷及移动财富管理的便利。搭建互联网金融的平台可以显著降低信息不对称及道德风险，从而降低交易成本，使更多的用户可以使用网上支付的新途径，获得更加多样性的金融服务。利用互联网金融，可以使借贷交易的程序更加透明，使原本很难获得借贷资金的低收入者及急需借贷资金的融资人获得资金。通过互联网金融的发展，利用方便快捷的互联网金融管理平台，可以使更多的金融相关者参与到金融财富的管理当中，从而为财富管理提高了服务质量，也为其降低了入门门槛。

以 2013 年支付宝的成功来看，互联网金融的蓬勃发展给金融业带来了新的创新动力。与传统金融相比，互联网金融有以下特点：第一，大大降低融资成本。传统金融机构融资往往通过网点、人员来参与交易，这种交易方式无形地增加了网点费用和人员费用，而互联网金融利用网络平台进行交易，这种交易方式可以很大程度上降低融资成本。第二，融资产品覆盖面广。互联网金融可以通过网络和移动终端随时随地地进行交易，交易的服务更为直接，覆盖范围也更加广泛。第三，人力资本运行效率高。互联网金融的快速发展使得业务流程更加清晰具体，金融使用者足不出户可以享受到方便、快捷、使用的金融服务，互联网的应用，可以使得标准化、流程化的操作得以广泛采纳和复制，从而使客户简化复杂的操作，节约其时间成本与融资成本。互联网金融为我国普惠性农村金融发展带来"颠覆性"的冲击，为改变商业银行的经营模式，提供了强大的动力。互联网金融以互联网、大数据和云计算为依托，拓展普惠性农村金融生态领域的边界，为西部欠发达地区小微企业的融资提供了更加高效、便捷的路径，西部地区小微企业融资迅速增长的需求也促进了互联网金融的发展与壮大。

在互联网金融下提高普惠性农村金融的方式，可以使普惠性农村金融发挥出传统金融不具备的经济优势，利用"互联网 +"的思路建设普惠性农村金融，促使普惠性农村金融长远发展，提升全社会的福利。

1. 通过网络便利拓宽业务操作平台

西部地区金融服务营业网点少，业务经理人员不足一直是国有银行在西部地区推行普惠性农村金融的一大障碍，普惠性农村金融在"互联网 +"的低成本下广阔的辐射范围为西部地区普惠性农村金融的推进提供契机。近年来，商业银行作为电子商务的第三方支付平台，逐渐开展互联网业务，但作为第三方平台的银行缺少对于金融服务的话语权和主动性，另外如余额宝一样的脱离银行的支付形式的出现再次为我国银行业敲响警钟。商业银行作为我国普惠性农村金融中的重要部分，面对互联网金融下金融服务客户量的迅猛增加，还需利用互联网及大数据拓宽其自身的业务范围，覆盖西部大多数中低薪阶层及农村，利用国有银行特有的传统业务形象，缓解互联网金融冲击下的存款流失。

2. 融合各平台资源，创新大数据金融

互联网金融的精髓是开放和平等，传统金融机构在开展普惠性农村金融是过高的信息成本可以通过与电子商务平台共享资源来解决。在"互联网＋"的时代背景下，电子商务平台利用自身独有的大数据优势，使供应链更加有效的运行。

普惠性农村金融机构加强与西部地区核心企业的合作关系，通过结合相关核心企业贸易背景真实性审慎调查，对中小企业在交易过程中的应收账款和存货等资产进行大数据分析，对其提供精准配套的融资。基于电子商务的供应链融资服务能够有效地解决融资流程中固有的因为信息不对称产生的融资、担保难的问题。我国商业银行供应链金融尚处于起步阶段，传统的西部地区金融机构要和互联网电子商务平台密切合作，主动对接电子商务平台平台，获取目标金融需求企业交易信息，构建基于大数据下的企业信用评级模型，对普惠性农村金融下的贷款企业高效率、低风险地开展业务。

商业银行基于大数据平台构建专门服务于欠发达地区小微企业的融资平台。为相关融资企业试点搭建财务会计云平台，为小微企业完成财务会计功能，监控融资企业的物流状况、现金流量、信息共享，促进融资企业健康发展。

3. 创新互联网金融下普惠性农村金融产品

互联网金融的普惠化为不同财富实力的人群，提供了差别性的金融产品，使金融产品的民主化、便利化、普惠化成为现实，同时创造了基于互联网的新的现代金融体系。利用互联网金融这个新兴的渠道，是创新普惠性农村金融及减少西部地区贫困问题的突破口，通过建立强大的协同服务网络，借助物联网、云端金融和互联网金融创新，为金融客户提供全方位、立体化、个性化的普惠性农村金融产品与资金管理服务。大数据的应用，使得金融机构可以在竞争中，迅速了解同行运营动态，分析自身发展方向，测度用户的行为方向，并对用户的倾向性、消费性进行个性化调整。利用大数据的高速处理分析能力，重视被忽视的小规模金融市场，凝聚市场价值，使更广大的人群受到普惠性农村金融的服务。

4. 促进大数据下普惠性农村金融产品营销

以商业银行为主的传统金融机构应该在大数据的背景下借助云端网络平台迅速发展，提升金融服务质量，创新服务方式，加强融资公司与客户的联系。利用微信或微博等大量用户体验群体的平台上发送新型金融产品，以 QQ 群、微信群等网络聊天范围为传播渠道，使这种媒介与电话客服同步服务，实现与金融产品客户更加方便、快捷的交流与沟通。目前，各大银行都相继推出了手机端、电脑

端的银行管理软件，推广和改进金融使用者的用户使用体验，也是大数据下普惠性农村金融产品营销重要的课题。

5. 发展线下交易，改善金融服务流程

传统金融机构面对互联网金融的崛起时面临的挑战巨大，但是面对这种互联网金融环境的便捷、迅速、精准带来的压力时，传统金融机构发挥自身线下优势，改进自身服务流程，维护传统金融机构在金融市场中的优势地位。传统金融机构，在中国西部欠发达地区拥有大量的营业网点，扎根于群众当中，遍布城乡。这种方便的优势，结合当今中国发展不平衡的现状，必须使互联网的线上金融与营业网点的线下金融同时进行。基于传统金融机构的地缘优势，利用网点、柜台优势对线下的贷款主体进行信用风险调查，详细了解市场的运营环境和贷款主体的融资需求，最大幅度地降低金融风险，提高金融运行效率。

6. 简化银行运作结构提高运行效率

借助大数据的分析平台，可以将海量错综复杂的数据进行分类、汇总、挖掘、分析，掌握客户、竞争者、同业的相关交易信息、消费习惯等，更加可靠地预测客户及同业做出的行为。利用大数据的综合分析，全方位评估贷款者的预期风险，减少并简化审核流程，为客户提供便利的融资环境，提高金融系统融资的效率。

银行通过实时信息共享，将银行的运营情况及金融产品、金融工具的投资状况予以披露，保证客户权益。增强抵押担保的评估体系，加快审批速度，简化审批流程，降低准入门槛，提高贷款监管，改善服务效率，提升信息透明度，为借款人提供便利。

8.2　改善和优化农村金融生态环境

对于欠发达地区的经济增长而言，金融具有牵一发而动全身的核心地位。经过多年改革，中国绝大多数地区正规金融体系的组织框架已经基本建立起来，但欠发达地区的金融机构、金融资源仍然非常缺乏，其中以贵州省为例的普惠金融发展水平相比东中部省份明显落后，金融排斥度非常严重，金融基础设施覆盖率低，城乡、地区的金融资源配置也很不均衡。以贵阳市为例，一个市的贷款就占全省贷款的 43%，接近一半，而国家贫困县金融机构少、金融资源严重缺乏，农村、中小企业、低收入阶层的金融需求难以得到有效满足。在金融服务存在"真空"的欠发达地区，综合运用行政和经济手段着力填补信贷空白点，有利于改善城乡二元结构，以此实现区域均衡发展。因此，在西部地区大力发

展普惠金融，促进西部地区后发赶超，对于我国全面建成小康社会具有重大的战略意义。

在我国西部欠发达地区，农村贫困问题尤为突出，以贵州省为例，88个县级单位中有50个国家扶贫开发重点县，全国排名第一，是全国农村贫困人口最多、贫困面最广、贫困程度最严重的省份。大量研究表明，普惠金融在消除贫困、促进后发赶超等方面具有重要的作用。但是贵州金融资源仍十分匮乏，且金融资源配置存在严重的不均衡、覆盖面小、金融排斥度严重等问题；西部欠发达地区大量的农村、中小企业、低收入阶层等弱势群体的金融需求难以得到有效满足，极大地制约着西部欠发达地区的后发赶超。因此，在西部欠发达地区大力发展普惠金融，不仅具有重大的战略意义，更具有巨大的社会需求。

针对西部欠发达地区"三农"、主导产业、社区及中小企业等对普惠金融的迫切需求，有效聚集西部地区省内外政、产、学、研创新要素和资源，形成协同创新的整体优势，促进人才培养、学科建设、科学研究、文化传承"四位一体"创新能力的全面提升，成为省内外具有重大影响的、欠发达地区区域创新发展和普惠金融服务引领阵地、人才培养重要基地、各级政府制定重大政策决策咨询中心和高端智库，引领和支撑贵州加速发展、加快转型、实现跨越，为成为地区性国家级协同创新中心奠定坚实基础。

围绕普惠金融制度体系构建、弱势群体金融服务创新、金融支持特色优势产业发展、互联网金融发展、普惠金融绩效评价及普惠金融可持续发展等6个重点研究方向，实施40～50个协同创新重大项目，实现"金融创新带动区域发展、区域发展推进金融创新"的良性互动。

进一步整合优势学科和优势资源，深化体制机制改革，围绕欠发达地区经济社会发展和金融服务重大需求，科学凝练重点研究方向，构建"首席专家＋创新团队"的科研创新机制和协同创新平台与模式，建立和完善协同创新体制机制，营造有利于协同创新的环境氛围，促进各协同创新主体之间在人才培养、科学研究等方面的深度合作。

全面提升人才培养、学科建设、科学研究、文化传承四位一体的创新能力，形成一批对推动西部欠发达地区经济社会发展和普惠金融服务创新产生重大影响的研究成果，实现90%以上的科研成果转化或被地方政府部门所采用。逐步推广应用至更多社会上创新型普惠金融服务。

大量研究表明，大力推广包括无抵押、无担保微型信贷产品在内的普惠金融服务，能够使贫困人群增强自我扶贫的能力。大量学者认为农民扶贫互助资金是实现农民增收的有效途径。金融机构对贫困地区的信贷门槛较高，享受不到金融服务的贫困农户容易掉入"贫困陷阱"，应构建普惠金融体系，降低农户的信贷门槛。通过正规金融机构和乡村本土中介的互惠合作，金融联结能以市场化方式将信贷资金导入农村地区，以商业化模式实现金融的"包容性"发展和促进金融普惠。它赋予金融机构的财务可持续性，同时又能将贫困农民纳入到金融市场，能有效提高贫困农民的经济独立能力。

实证研究表明，包括贵州和广西在内的 12 省（自治区、直辖市）金融排斥程度非常严重，即金融普惠程度很差。因此，以西部欠发达地区为重点，围绕包括连片特困在内的欠发达地区经济社会发展的重大需求，开展普惠金融创新发展，对于新时期大力实施欠发达地区集中扶贫攻坚、优化社会资金配置、促进区域协调互动发展、推进"三化同步"、推动文化传承与产业发展、创新区域合作与发展模式和机制等方面都具有十分重要的理论和实践意义。

与此同时，相较于主流的金融研究领域，学术界对普惠金融的关注度尚显不足。当前国内外学术界的研究重点集中在普惠金融发展水平的测度、影响普惠金融发展的因素、普惠金融在国民经济中的作用及普惠金融体系的构建等几个方面。从整体上看，普惠金融理论发展还很缺乏，缺乏一个相对完整的理论框架，理论研究和数理分析严重不足。国内学者大多通过对普惠金融发展状况进行定性描述和分析，提出规范性的政策建议，而缺少具有充分说服力的定量研究，且视角比较宽泛；对普惠金融在支持"三农"、特色产业、中小企业和社区等金融需求中的作用机制缺乏深入的研究，对普惠金融制度体系构建和可持续发展层面的研究明显不足，而对普惠金融如何支持欠发达地区特色优势产业发展则极少关注。因此，以西部欠发达地区发展普惠金融为重点，通过开展欠发达地区普惠金融协同创新来推动普惠金融理论体系的构建和完善，具有非常重要的学术价值。而充分利用普惠金融推动西部地区经济后发赶超，与全国同步实现小康，对改善西部地区农村金融生态环境具有重大的现实意义。

8.2.1　推进西部农村信用体系建设

农业的低产出和低收益降低了金融机构贷款的动力，政府的财政补贴十分必要。西部地区农村金融市场的信息不对称问题十分严重，此外农村市场的信用体系也不完善，农村信贷机构发放的贷款存在着无法收回的可能性。政府可以通过担保融资或小组贷款的方式降低风险；在推行利率市场化改革时，应当循序渐进，避免出现利率过低的情况导致农村金融市场混乱。良好的农村金融信用体系可以帮助个人和小企业获得银行及其他金融服务，降低借贷成本并加快贷款处理老化，促成进入金融企业的发展。建立抵押权登记制度，特别是动产（包括机器设备，应收账款和存货）的质权登记，以及评估贷款损失担保机制的实施，可以大大提高信贷总量和降低信贷成本。

信用管理体系的构建,国家需要首先通过法律的制定和相关法规的不断完善,对行业进行规范,只有这样金融业才能拥有一个良好的发展环境。法律的制定对于信用体系来说,可以通过对违法的行为进行打击,充分发挥法律的作用。其次,国家必须十分重视信用体系,对信用档案进行保管并不断升级。最后,构建信用平台,对信息进行不断整合,合理分析信息的效用。

在当前状况下,我国小额贷款不断发展,但是为小额贷款提供担保的机构十分少,仅为了进行普惠金融扶持而政策规定设立的机构,在金融系统中只占少数,这样普惠性农村金融的发展受到制约。为了减小进行贷款担保的风险,需对客户信用进行资格审查,担保机构自身需加强风险方面的控制,资格审查必须严格执行,之后才进行相对的贷款。国家通过相应金融机构对担保机构进行监管,并帮助担保机构控制风险。

加快我国大部分西部地区农户、小微企业主个人信息档案和企业信息档案的建立,形成跨地区的信息资源共享数据库,将金融信息共享,使普惠金融的受益者和商业银行可以更有效地进行金融服务。对普惠金融信用体系进行统一化的管控,方便数据信息的统计、调用、分析,发挥金融部门对普惠金融信用体系的协调和指导作用。尽快建立完善的普惠金融法律保障体系和普惠金融全面监管制度,以法律和监管为依托,构建普惠金融信用信息共享平台,完善普惠金融信息数据库,促成普惠金融征信体系的沟通协作机制。在数据收集完善下,研发普惠金融基础数据采集模式,利用现有金融机构在西部欠发达地区的网点和设施,扩大普惠金融信息的采集范围,深入我国西部基础设施落后的偏远地区,优化数据采集、更新、处理的工作。

加快农村金融信用体系建设,对于更好地发挥信用信息作用、发展普惠金融、改善农村信用环境、缓解"三农"发展融资难、促进农村经济发展具有重要意义。

农村信用体系建设是以中国特色社会主义理论为指导,深入贯彻落实科学发展观,按照"农户信用、农村产权(土地承包经营权、农业设施、苗木花卉、活体生物等)、贷款授信三联评,小额信用贷款、农村产权抵押贷款、农户担保(联保)贷款三联动,政府、银行、农户三联手"的要求,建立农村信用等级评价制度,进一步深化农村信用户、信用村和信用乡(镇)创建工作,全面推广农户小额信用贷款和农村产权抵押贷款,加大对农户创业创新的信贷支持力度,加快推进社会主义新农村建设。在西部贫困地区范围内开展农村信用等级评价和综合授信工作,评价面要达到行政村的100%,在此基础上,开展信用村、信用乡(镇)创建工作,并建立全区统一的农户信用信息管理平台,为金融机构开展信贷业务提供信息支持。

8.2.2　大力优化投资环境，吸引内外资金

1. 构建普惠金融的可持续保障机制

保障普惠金融的可持续发展，需要建立政府有效的支持机制，利用财政补贴，可以大大减少挤出效应和市场扭曲，逐步引导西部欠发达地区农业、中小企业走上普惠金融融资的道路。国有政策性银行需要定期进行重新评估，并做出相应的决策，对企业和农业融资进行简化流程、加强监管，并做决策将其进行商业化改革或进行关闭。为了使国有政策性银行有效的进行改革，需要使银行的治理和管理架构不受政治压力的影响，建立全面的风险管理制度、贷款风险定价模型、利用多样化的资产组合进行风险规避。

建立风险分摊与投资担保机制，促进在普惠金融下的西部地区金融需求者有效地进行贷款。在担保同时并行保险市场的发展，扩大金融的覆盖广度和宽度，由政府提供保费补贴，对再保险市场和不可抗力情况下的保险基金提供财政支持，尝试新型公私合营的普惠金融基础设施建设，保障普惠金融的可持续发展。

国家在对普惠金融进行支持时着重培养良好的政策环境、提升金融服务、保护金融相关者权益。

第一，支持金融服务的创新。鼓励西部欠发达地区农业、企业服务创新，提升企业服务能力。提高国有金融机构服务质量，让国有金融机构作为其他金融机构的标榜，对金融行业产生正面影响，全面提升普惠金融服务体系。在西部欠发达地区和偏远的农村地区，因为市场不完善、成本高昂、信息不对称、资源传播不畅、交通不发达，造成了较大的运营风险，使小型金融机构纷纷退出了当地金融市场。政府应采取适当的措施，主动调配市场资源，集中资源分配给相应企业，解决市场失灵，推动普惠金融建设。

第二，国家应对金融服务进行简化的政策制定。扩大金融服务商对市场数据的收集，加强对数据的分析和应用，利用大数据下的分析条件，对相应的数据进行回收利用，建立普惠金融专用的全国数据处理中心，确保可以从金融机构的层级来分析金融服务数据，使金融使用者方便地使用金融服务数据，并且可以使政府、金融机构的政策制定更加便捷。

第三，大力支持消费者权益保护，积极培育金融服务需求方的金融能力，开展西部地区对普惠金融知识、普惠金融产品的理解和投资技巧。政府和金融机构应该联合做出符合社会发展和普惠金融环境稳健发展的决策，从消费者和提供者两方面进行法律维护，提高全民金融意识，保护自身权益不受侵害，全面提升全民金融能力、改进金融需求者的金融行为。

2. 积极确立普惠金融发展目标

一是以打造优秀、高端协同创新团队为核心，集聚和培养一批优秀创新人才，产出一批具有重要影响的创新成果，提升普惠金融协同创新水平和服务欠发达地区经济社会发展的能力。

二是以构建协同创新平台与模式为支撑。充分利用已有基础，汇聚各协同创新主体资源，搭建协同创新平台，构建适应不同需求、形式多样的协同创新模式，大力推动各协同创新主体之间的深度融合。重点包括以下两点。

（1）利用已有的合作基础，围绕欠发达地区贫困与发展重点研究方向，以普惠金融协同创新中心为载体，通过跨行业、跨部门、跨学科、跨专业等的联合，聚集各创新主体的创新资源和要素，建立优势互补、合作共赢、务实高效、开放灵活的政产学研持久合作平台。

（2）从有利于深入推进各主体协同创新出发，探索建立适应欠发达地区经济社会发展需求、形式多样、多部门参与、开放、集成、高效、持续的普惠金融协同创新模式，促进各协同创新主体开展广泛而深入的协同。

三是以建立并完善协同创新机制与体制为保证。坚持政府主导与市场机制相结合，加强协同创新机制与体制建设，打破阻碍协同创新开展、制约创新能力提升的体制机制壁垒，激发创新要素活力，营造有利协同创新的环境氛围。包括以下 6 个方面。

①推动组织结构创新，建立流动、开放、协同的组织管理体制，汇聚、融合创新要素与资源。

②推动合作机制创新，促进各协同创新主体之间的持久合作、深度融合。

③推动项目决策机制创新，促进欠发达地区普惠金融需求应用主体与以高校为主导的创新源头主体的有效对接。

④推动资源配置机制创新，打破学科之间的藩篱及内部人、财、物、信息、流程之间的各种边界，充分利用和盘活现有创新资源，提高创新资源配置效率和协同创新的整体竞争力。

⑤推动人员聘用与收入分配机制创新，增强对国内外优秀创新人才的吸引力和凝聚力，着力打造持续创新、紧密型实质性协同作战的科研大团队。

⑥推进评价考核机制改革，营造有利于协同创新的环境氛围，促进各协同创新主体及人员之间在人才培养、科学研究等方面的深度合作。

全面提升人才培养、学科建设、科学研究、文化传承四位一体创新能力，产出一批标志性的创新成果，成为省内外具有一定影响的欠发达地区普惠金融和区域创新发展的引领阵地、人才培养的重要基地和各级政府制定重大政策的决策咨询中心和高端金融智库，为西部地区发展农村金融提供良好的发展环境。

3. 促进普惠性农村金融与西部地区各单位间协同发展

围绕普惠金融发展中心目标与任务，进一步深化体制机制改革，完善协同西部地区普惠金融管理运行机制，促进西部各地区普惠金融参与单位之间的深度合作。

构建科学有效、持续创新的组织管理体制。加强顶层设计，科学建立中心决策协同机制。建立由各协同创新主体多方参与的协同创新理事会，负责重大事务协商与决策，制定发展规划，协调各方人员、资金及其他相关资源，落实各方责任、权利及成果、知识产权等归属。完善协同创新理事会领导下的中心主任负责制，强化责任意识，落实相关条件，推动协同创新工作的深入开展。完善协同创新的准入方式和标准，推进组织管理协同。

建立成果共享、风险共担的创新合作机制。深化内部治理结构改革，完善知识产权管理、成果收益分配等制度，妥善平衡各创新主体的责任权利关系，形成优势互补、分工明确、成果共享、风险共担的创新合作机制，促进跨行业、跨部门、跨学科的有机协同。探索建立资源共享型、优势互补型、利益导向型等适应欠发达地区经济社会发展需求、形式多样的协同创新模式。

建立外部需求驱动与专家咨询相结合的项目遴选机制。以西部欠发达地区经济社会发展重大需求为导向，以中心咨询委员会为项目决策主体，科学、合理地确定协同创新重大项目，并在协同创新过程中不断发现和解决重大问题，把协同创新不断引向深入。

优化以学科交叉融合为导向的资源配置机制。坚持学科交叉融合的战略导向，完善管理制度，加强宏观管理，打破条块分割与学科阻隔，优化创新资源配置机制，促进跨学科交叉与协同创新，推动协同西部欠发达地区普惠金融创新中心内部各协同创新体之间的全面合作。

健全以任务为牵引的人事聘用与分配机制。适应协同西部欠发达地区普惠金融创新多学科、多领域的复杂性要求，坚持以任务为牵引，以项目为支撑，以"首席专家 + 创新团队"的科研组织管理模式为核心，推动人员聘用和分配制度改革，完善跨单位人员互聘与考核机制，全面提升人才培养、学科建设、科学研究、文化传承四位一体的创新能力。

完善以创新质量和贡献为导向的评价考核机制。改变以论文、获奖为主的考核评价方式，围绕协同创新目标与任务，注重解决西部欠发达地区普惠金融发展重大需求的实效，建立以创新质量和贡献为导向的评价机制和退出机制。

4. 积极走好普惠金融发展道路

以"提高创新质量、解决实际需求"为根本导向，针对西部欠发达地区经济社会发展重大战略、重要任务、重点难题及主导产业和骨干企业的重大需求，紧紧围绕欠发达地区普惠金融制度体系构建、弱势群体金融创新服务、普惠金融支持特色优势产业发展、互联网金融发展、普惠金融绩效评价与普惠金融可持续发展研究6个重点研究方向开展协同创新研究，力争在3～5年内产出一批具有重大影响的创新成果。

普惠金融制度体系构建。围绕欠发达地区如何通过构建普惠金融制度体系实现区域发展、区域发展进一步推动普惠金融制度体系构建，重点开展普惠金融体系构建、普惠金融投融资体系、普惠金融管理体系及普惠金融基础设施建设等相关问题的研究。

弱势群体金融服务创新。以促进西部欠发达地区弱势经济群体健康、快速、可持续发展为目标，围绕农业富省、工业强省、城镇化带动战略的实施。重点开展"三农"金融创新服务、"中小"企业金融创新服务及"社区"金融创新服务等相关问题的研究。

普惠金融支持特色优势产业发展。立足西部欠发达地区贫困问题与民族地区特色产业和优势产业发展问题相互交织的特殊性，重点开展金融服务对西部欠发达地区特色产业和优势产的支持机制、普惠金融支持西部欠发达地区中草药产业发展、普惠金融支持西部欠发达地区茶产业发展、普惠金融支持西部欠发达地区矿产产业发展、普惠金融支持西部欠发达地区旅游产业发展、普惠金融支持西部欠发达地区特色农业发展等相关问题的研究。

互联网金融发展。重点开展如何在欠发达地区推动互联网金融发展等相关问题的研究，从覆盖面、可持续性及福利效应三方面，利用实际数据对互联网金融背景下普惠金融的绩效进行评价分析，进而以产业组织理论为基础，分析互联网支付的市场行为、市场结构、收费机制，以及发展中存在的问题、矛盾和风险，并针对互联网支付如何才能更有效地满足普惠金融的目标，如何促进我国互联网金融市场的规范、健康发展提出政策建议。

普惠金融绩效评价。结合中国现实与西部欠发达地区金融发展现状，在商业银行、信用联盟和金融合作的分支机构数、ATM机数量、存贷者数目、存贷款账户数目、存贷款金额等基础性指标体系之上，引入金融服务质量指标，特别关注金融知识及消费者保护，构建一个更为全面的普惠金融绩效评价指标体系，以寻求能够比较科学、全面地反映普惠金融发展水平。

普惠金融可持续发展。重点开展普惠金融发展战略、普惠金融可持续发展的内生机制、普惠金融可持续发展的补偿机制、普惠金融发展模式与发展路径、普惠金融发展配套措施研究等方面的研究。

围绕上述 6 个重点研究方向拟开展的主要研究计划，采取"首席专家 + 创新团队"的科研组织管理模式，组建 10 ～ 15 个跨行业、跨部门、跨学科的协同创新团队，实施 40 ～ 50 个协同创新重大项目。

协同创新普惠金融重大项目一律实行面向社会公开招标，招标工作由协同创新中心组织。各协同创新单位要充分发挥各自在人才、资金、技术、信息等方面的优势，积极整合力量和资源参与重大项目的招标竞争。在同等条件下，协同创新重大项目向各创新单位首席专家牵头的创新团队倾斜。

5. 建立良好外部环境，改善农村信用环境

农村金融市场融资渠道单一、融资成本较高的原因之一在于农业生产的高风险性，这是农业生产的自然属性，难以通过人的行为予以干预。但是良好的信用环境可以成为规避农业生产高风险的一种必要手段，也是降低农村金融交易成本的一项有力措施。因此，建立良好外部环境，改善农村信用环境则显得尤为重要。

首先，改善农村信用环境要以建立健全法律法规作为基本保障。从目前来看，我国涉农金融机构对于金融产品和服务的创新还停留在"人情关系"契约阶段，这种契约关系最显著的特点就是松散、稳定性差、范围窄。这种依据乡情、亲情及邻里之间在生活、生产过程中所建立起来的相互帮助的关系，发展成为资金关系时，就成为了信用的象征。在传统的农村金融市场中，这种依靠人情的信用关系可以为农村经济主体在进行借贷活动时提供一定的资金来源，但是随着市场经济的发展，农村经济主体的资金缺口日益扩大，而信息不对称导致的农村经济主体和金融机构间的交易成本过高的问题又亟待解决，农村信用中介则为这个问题提供了良好的解决方案，农村信用中介运用自身业务特点和运行方式为农村金融市场提供农村经济主体进行借贷活动时所需的信用状况、经营状况和财务状况，为农村信用环境的良好运行提供了基础保障。

其次，利用现代科技建立完善信用信息平台。应充分利用信息现代化技术，利用互联网对各类部门和组织的信用信息进行收集、筛选和发布，为个人和企业的信用状况建立数据库，利用计算机科技建立数据信用分享平台。具体操作可以以中国人民银行为主要载体，通过中国人民银行的先天优势整合各部门、组织中的个人信用信息，通过对信用信息的征集、筛选、评估和发布为个人甚至是企业建立专属的基础数据库，用以累积个人和企业的各类信用历史数据，推动农村金融市场的信用有偿共享机制。

8.3　健全农村普惠性农村金融服务体系

金融服务的目标主要有两个，一个是促进资金的流转从而使 GDP 增长，另外一个是消除两极分化。事实证明，在金融市场发达的国家，上述两个问题都得到了较好的解决。对于普惠金融其主要目的不仅仅是为贫困的家庭提供信贷，更重要的目的是扩大金融服务的范围，提供全方位的金融服务，覆盖到所有人。普惠金融的主要含义是为弱势的群体、产业和地区提供金融服务，实质是对农民金融服务范围的扩大。面向所有人而提出的普惠金融服务，其主要意义在于使贫困的人也能享受金融服务，从而平衡经济发展不平衡的状况，也能减轻贫困问题。普惠性农村金融的着力点是全员参与，金融提供者充分利用自己的长处，为全体需要金融服务的西部地区贫困人口提供合适的金融服务，消除两极分化。

8.3.1　发展农村金融中介服务机构

中介服务业是指介于各类市场主体之间，提供居中专门服务，发挥鉴证、经纪、咨询、代理、监督、公证等功能的行业总称。目前我国已出现的货币经纪公司是为金融机构媒介金融产品、提供交易信息、促进交易达成并从中收取佣金的专业性的金融中介服务机构（戴小平等，2013）。

金融体系的发展和改革，不论是国家政府还是银行等金融机构，都将发展金融业的重心放在传统金融机构的发展，如银行业、证券业、保险业、信托业、融资租赁、经营租赁、多种基金等金融行业的发展，同时对于西部地区的小型金融机构也凸显出了对于经济的建设的重视。但是在发展金融的同时，专门为金融业务交易服务的金融中介服务业却被各种金融机构的发展忽视，这类服务机构在金融机构中逐渐显现出独特的地位和作用。

在现实中的金融中介服务机构，从 2005 年开始至今，基本只有四家，分别是上海国利货币经纪有限公司、上海国际集团有限公司、深圳平安利顺货币经纪公司、中诚宝捷思货币经纪有限公司。服务机构是我国金融发展的一块短板，与快速发展的银行业大相径庭。金融服务机构的数量和种类都非常缺乏，以经济最为发达的上海为例，属于金融业务中介机构的评估类、代理类和经纪类机构主要包括信用服务（信用评级和征信）和保险公估，证券代理、保险代理和融资担保，证券经纪、保险经纪、期货经纪、租赁经纪、货币经纪和基金管理。在我国对市场准入的严格限制下，这些金融中介机构对应的服务公司基本处于消失状态。其原因主要在于：第一，没有充分考虑金融发展的多方面需要，没有意识到服务对于金融业发展的地位和作用。第二，社会普遍认为金融服务公司缺乏诚信和认知度，难以得到普遍金融投资者的认可。第三，金融中介服务机构人员不够专业、管理设施薄弱、承担风险较高。第四，金融中介服务公司因为其经营不负责，采取如资金诈骗、非法融资、违规经营的方式，扰乱金融秩序。第五，从事中介服务机构的组成规模较小且基本为民营企业，容易遭受到大型金融机构的忽视，误认为金融中介服务机构的发展会影响到国有银行的发展。社会整体缺乏对服务机构的充分认识，对处于消费者和金融机构中间的服务机构的性质、业务定位不清楚，管理的盲目性，造成了我国金融服务机构整体发展缓慢。发展西部地区普惠金融，不仅应该促进相关金融机构的发展，还需要润滑消费者和金融机构间的服务环节，这就需要金融中介服务机构的存在。

在金融服务公司中，以上海普兰金融服务有限公司（以下简称普兰金融）的普惠金融为案例，普兰金融是行业的领导者，是上海浦东新区政府"票据中介"的试点单位，是行业的领导者。公司成立于 2002 年，经过 10 余年的发展，公司进入高速发展阶段，拥有员工 800 余人，在全国拥有 30 个分支机构，9 个分公司，29 个办事处。在运营中逐渐形成了高素质的经营团队、质量优良的企业文化、高效规范的交易平台，首创了票据经纪佣金模式，广受好评。普兰金融的成功为西部地区发展金融服务机构创造了新的启迪。

（1）推动金融服务机构形成独特的企业文化。普兰金融的企业文化中"至纯、至美、至精"对运营内涵、形象特征、运营行为全面的涵盖。发展西部地区金融服务机构形成独特的企业文化，就要建立机构的社会责任感、完善机构治理结构，企业机构的管理要遵循制度领先业务紧随、程序领先操作随后的原则。将防范风险、创新服务、提升价值、严谨管理、合法运营作为金融服务机构的运行准则，提升金融服务机构自律、诚信、高效运行。

（2）发展金融服务机构主要业务。面对广泛的金融工具和金融市场，金融服务机构应主动找准自身最核心、影响力最大的经纪业务，建立地区性金融交易网络服务，成为消费者和金融机构间最完整、最可靠、最快捷的服务方式，满足用户需求。主动为主要客户（银行、企业）提供合适的交易平台，降低双方的金融融资成本，加快融资速度，同时充当中介作用，加快资金周转。逐步扩大服务机构经纪规模、延宽网点覆盖面、规范金融服务。

（3）主动扩大金融服务对象范围。以最为成功的普兰金融为例，普兰金融的客户范围覆盖全国，普兰金融拥有规范最为严谨的行为方式，众多的合作银行，并且不受外界影响的经纪业务，使众多金融机构对金融服务产生了依赖性。金融服务机构通过提升与对应金融机构的金融合作，减少金融机构的出口问题，同时可以提升金融机构的后续服务，为金融机构日常处理减轻压力，使合作的金融机构专注为融资机构提供更好的金融服务。同时，与不同行业的金融机构建立服务联系，扩大服务范围。

（4）完善金融服务机构内部治理结构。通过制定决策、执行、监督分离的管理制度，加强公司内部管理体系，完善风险管控，降低金融融资过程中分风险。整合业务流程、简化服务，促进业务流畅、平稳、高效运行，采取严格的内部控制措施，从管理决策、业务流程等方面进行高效的监控。设立相应的业务管理部门与风险控制部门，保障其独立的做出科学、安全的管理决策，充分保证惯例的科学性、前沿性、独立性。在机构间分工流水作业，为每一个部门和机构提供对应的职务要求，不得越岗管理。保证服务管理中的管理人员的独立性和相互监督。这种设计，可以大大降低金融业务的经营风险，减少了金融业务中的营私舞弊、串通作案的违法行为，有效制约风险的发生。金融服务机构不涉及金融机构与融资企业间的中间交易环节，使融资企业、金融服务机构、金融机构三方的资金都能得到安全的流转，也禁止了管理人员受贿的可能性。

（5）逐渐引导优秀服务机构引领金融市场。以普兰金融为例，普兰金融的出现顺应了上海这个国际金融中心的金融需求，上海的金融多样化使金融中介服务机构成为了必须弥补的短板。同时，普兰金融的管理制度严格而规范，成为众多票据市场及货币市场的引领者，这种规范的制度也使金融机构可以长期活跃在金融市场，并高速发展，培养其市场用户。众多中小企业，中小银行也正是因为其规范并且可持续的服务管理制度而增加金融业务，降低了融资成本、提升了融资的安全性，方便了融资方式。普惠金融的发展需要金融服务机构的支持，也需要这类服务机构对自身从事的金融事业贡献出自己的努力，将监管价值、交易价值、创新价值、经纪价值、规范价值发挥给社会，使普惠金融及金融市场可以可持续健康发展（王凡，2009）。

（6）放宽政府对金融服务机构的准入。发展金融市场，政府应当积极认识金融中介服务机构的重要性，贯彻国务院关于"鼓励民间资本发起设立金融中介服务机构"的要求，逐步规范金融中介服务机构的准入部门。将金融服务机构纳入金融机构，根据我国经济发展的实际情况，给予不同的金融服务机构合适的准入审批，根据不同的金融管理状况，可以采取地方管理政策，简化管控压力，有利于简化程序。提升金融安全，促进金融服务业的发展。

农村金融的发展要积极吸取成功金融服务机构的案例，从推动金融服务机构形成独特的企业文化、发展金融服务机构主要业务、主动扩大金融服务对象范围、完善金融服务机构内部治理结构、逐渐引导优秀服务机构引领金融市场、放宽政府对金融服务机构的准入等方面入手积极提升和培育农村金融机构及普惠金融在西部地区的良好发展。

8.3.2　推动农村金融多元化服务

金融机构从分业经营到金融的多元化金融服务是金融资源优化配置的重大调整，金融机构根据自身的情况开展多元化的服务可以提升我国金融机构的竞争能力，普惠性农村金融多元化服务可以改善金融资源控制力的"垄断和集中"，但是，多种金融的业务重叠和发展，有可能会带来相应的金融风险和危害，这种复杂的组织形式是否会带来金融运行的不便降低金融监管的效率。金融机构的多元化服务通常有商业银行、投行、保险公司、基金公司等多种金融业务组建，通过金融集团的形式得以实现。多元化的金融机构可以通过多种极端形态和多种形式来实现，一种是完全化的金融集团形式，另一种是完全的混业经营形式。金融集团中最重要的金融部门，商业银行主要面对金融集团发生的主要风险，同时风险在金融集团内部也可以传递，在集团内的金融交易可以看作是一种"混业经营"的金融方式。多元化金融，是金融集团中各部门相互独立，分业经营，分业管理。这种分业经营提升了金融集团内部的广度，提高了业务领域和行业收入水平。各个业务模块之间有严格的分工和限制，防止金融交易相互之间的干扰，降低企业运营风险。在风险控制、会计审核、管理体系上严格分离，行程独立的业务部门体系。

在金融集团和金融集团多元化的两种形式，"分业经营""混业经营"之间存在着更为常见的经济形式，这种金融服务机构主要分为以下几类：①金融集团一体化经营。在集团内部各项经纪业务间建立严格的管理和控制体系，防止发生利益冲突。②金融集团内部分业经营。这种方式以重点保护抵押存款和居民储蓄为目的，提供更加保障的金融服务。③以商业银行为母公司，其他类型的金融机构为子公司。银行以存贷业务为主，非银行业务则分配给相应的子公司。④商业银行与保险公司合作互相参与公司业务。以多数股权参股和少数股权参股为主要方式。⑤银行控股公司。通过控股公司的交叉销售、产品组合、资本市场内部化来实现各项经纪业务一体化经营。⑥控股公司拥有类似银行及非银行金融机构的子公司。这类公司在主营业务上并没有实现一体化。⑦新设合资企业。将各种不同业务的金融机构融资成立建立新的金融机构，开展综合性金融服务，提供创新性内部资本市场、产品组合和交叉销售。

多元化的普惠性农村金融服务需要借鉴多种金融服务的实践，大致可以发展下面的 3 种组织形式。

1. 发展普惠性农村金融综合银行模式

发展普惠性农村金融综合银行，在西部欠发达地区，是可以在一个集团内部体制中从事全部的金融业务。集团内部各个职能部门实现资源共享，发挥信息传递的优势，扩展信息的传播实效及流动，从而实现规模经济和范围经济。

同时应当鼓励集团内部子公司建立防火墙，采取相应的风险防范措施，减少相关金融体系内部的利益矛盾，加强普惠金融安全网。银行在投资部门和信贷部门之间建立稳定的防火墙，在金融交易中防止银行利用其信息的优势，进行投资和投机活动。从而增加集团与金融机构之间的信任，增加金融融资企业与该银行的业务往来。

2. 发展普惠金融新型母公司——非银行子公司模式

在当今的分业经营的金融发展模式下，发展普惠性农村金融，是以传统商业银行作为母公司，其子公司作为证券、保险及其他非银行业务的公司进行市场操作。通过这种模式，银行的母公司可以和非银行的子公司之间建立"防火墙"，使得银行的业务与其他类别的业务活动只能通过公开渠道部分实现。

这种方式与综合性普惠金融机构相比，有助于实现风险分担，虽然这种模式会影响金融机构的规模经济和范围经济，但是通过交叉销售的业务方式，可以提高企业的现金收入流，提升融机构的商业价值。相关监管部门要积极在银行和相应的证券部门、保险部门之间建立监督机制，确保金融机构交易的安全性，降低企业及金融机构的运行风险。

3. 创新普惠性农村金融下的控股公司模式

普惠金融控股公司，可以拥有商业银行和证券、保险等业务的金融公司，同时在公司内部的各金融服务之间建立防火墙，从而降低集团内部各个金融服务机构间的一体化程度，不同的金融服务机构拥有独立的核算、会计、管理、资本，并对各自的经营风险进行承担和管理。因为不同的金融服务子公司从事不同的金融业务，所以可以使得经营风险得以分散。结合西部地区实际环境及情况，促进普惠性农村金融的发展。

在金融控股公司中，主要分为经营性控股及非经营性控股两种形式。经营性控股公司可以通过发行债券、吸纳储蓄的方式，为集团内的子公司提供合适的金融交易工具，并且为子公司提供担保，可以通过调整不同企业、不同部门之间的交易活动，获得投资收入。

在非经营性控股公司中，这属于金融集团内部的一个组织，这种多元化的组织主要处理企业内部的金融交易业务。通过管理集团中子公司的金融交易、管理子公司的金融投资、管理子公司的资产使用状况，为金融机构提出融资支持和公司投资。通过多样化的管控、服务、管理，规避风险，支援金融集团健康运转。

综合性金融银行与金融控股公司的主要区别在于，金融控股公司的证券子公司的资本由金融控股公司控制，而综合性金融银行则是由商业银行控制。控股公司对自己所持有的资本投资负有有限责任，因此，在控股公司下的多样化的金融机构受到经济风险的影响较小，并且金融机构拥有高度的透明度，可以为监管提供良好的方式。

4. 加快支付方式转变，推动线上、线下全面融合

我国农村居民分散、呈块状分布的聚居特点决定了我国农村金融市场在进行金融交易活动时不论是从资金供给方角度出发还是从资金需求者的角度出发，都存在着较高的交易成本，这也成为了制约农村金融市场发展的一大难题。而随着先进的通信技术和计算机技术的应用与发展，城市金融市场中电话银行、手机银行、网上银行的科技项目越来越普遍，这种依托于互联网和通信行业的支付清算系统为农村金融市场从事金融交易活动成本较高的问题提供了解决的办法。

支付结算工具是实现资金电子转移的网络载体，它能有效传递来自收付两方的支付指令，具有快速、高效、便捷的特点。快捷支付方式的出现，不仅可以适应我国经济迅速发展所产生的多样化金融需求，更极大地方便了金融市场中经济主体的支付行为，也有效地降低了双方交易成本。各类银行都逐步推出了各具特色的新型支付业务，如手机银行、电子银行、e 动终端等。同时在支付结算领域进行了一场电子革命，改变了传统的"一手交钱、一手交货"的支付方式，以电子支付取而代之，将货币由金属货币、纸质货币向电子货币、货币符号进行转移。这种科技革命极大地降低了经济主体在进行货币交易时的时间成本、运输成本及制造成本，提高了双方从事交易活动时的交易效率，对于增加农村金融市场上的货币供给量，提高我国农村金融产品和服务创新的活力具有重要意义。

其他方面，面对目前互联网金融和物联网金融的蓬勃发展，京东、阿里巴巴等互联网电商纷纷开拓业务并转向金融市场，支付宝、微信钱包等新型支付平台的诞生对传统的金融支付方式造成了巨大的冲击。但面对农村金融市场来说，是机遇与挑战并存的环境。面对金融脱媒的危险，中国建设银行和民生电子商务公司首先迎接挑战，提出了电子商务和银行业务相融合的经济策略。对目前我国西部地区广大的农村金融机构来说，提供了良好的经验借鉴。这类借鉴主要有以下3 个方面：第一，利用农村金融市场的优势，推出农产品服务推广电子商务交易平台，为西部地区具有特色的农产品或中小微企业提供电子发展平台，服务内容具体可以囊括绿色农产品推广、电子支付、物流运输服务等一体化的服务体系；第二，利用现有的阿里巴巴、京东等电商已经发育完善的电子交易平台，与其展开金融合作，主动为参与电子商务的小微企业提供资金结算、融资服务；第三，

积极与支付宝、微信支付等第三方支付公司开展合作，扩展农村经济主体在进行金融交易活动时的网上支付结算业务的范围，努力降低农村金融活动中的交易支付成本。

8.3.3　培养金融专业人才

发展普惠性农村金融是为农村所有的阶层和群体提供全方位、更有效的金融服务。在我国西部欠发达地区，交通、通信不足，资金需求分散且单一客户金融需求量小，使得农业、中小微型企业融资存在风险高、金融知识水平低下、社会保障不足的情况。而金融机构在西部欠发达地区提供金融服务，会加大成本、增加风险，西部地区因此缺乏足够的金融吸引力，这种普惠性农村金融服务的不足正是西部地区推行普惠性农村金融的重要立足点。金融专业人才作为当前及未来社会经济活动的重要参与者，培养更好的金融素养、储备更多金融相关知识、正确应用金融行为，可以让这些金融专业人才更好地融入普惠性农村金融及大数据下的互联网金融中。

1. 注重培养普惠性农村金融意识

我国相关教育机构应该将金融相关基础知识作为各院校学生的通识课程，树立学生普遍的正确的金融、经济观。对于西部欠发达地区的相关高校，应当着重普及普惠性农村金融教育，使这些学生基本具备初级投资理财能力、金融保险规划能力及大数据下的互联网金融服务及处理能力。另外高等教育机构应当根据西部地区的发展状况开展相应的课外教育活动，增强金融人才对普惠性农村金融意识的体验和增强感知。高校金融人才是未来的金融服务提供者，金融的教育不仅仅是金融服务的使用者，对于未来的金融提供者和金融监管者来说，合理、公允、端正的金融服务，是促进和提升普惠性农村金融发展的必要需求。面对新型金融的发展状况，培养正确的普惠性农村金融意识可以避免金融服务中的隐瞒、误导、欺骗消费者的行为，享受普惠性农村金融服务。

2. 注重教育机构课程设置时代特征

在当今的大数据时代，互联网与金融的快速融合，使得普惠性农村金融快速的发展。大数据下的普惠性农村金融融合了金融业、物流行业、通信行业、征信中介机构、投资担保机构等部门，融合了多方面的知识和技能。高等教育机构应当根据当地实际金融发展需求，开设相应的大数据下的普惠性农村金融发展及互联网金融与普惠性农村金融结合的相应的金融课程。促进普惠性农村金融与互联网金融相互融合的贷款模式、普惠性农村金融与互联网金融融合的融资模式、普惠性农村金融与大数据的融合方式，在大数据时代形成高效、快速、准确、安全的高技术金融发展新特征，高等教育机构的相关金融课程设置应充分考虑对金融业高端人才的技能、专业知识培养，加以最新的大数据分析，提升整体金融业的从业人员操作能力、战略规划能力，从而提升行业整体创新能力。

3. 注重保持金融教学方法与时俱进

金融业在大数据时代的快速变革，对公平性需求的增加使得普惠性农村金融发展迅速，西部地区因为其经济、教育、文化、社会的整体落后，发展普惠性农村金融是一个长期的过程，普惠性农村金融的教育应当与时俱进，高等教育机构教师，应当改变传统教学方法。对于业态新出现的互联网金融及普惠性农村金融方面的知识，因为还没有完善的理论框架，所以并不能用传统的教育方法进行教学，这就要求高等教育机构教师同金融经济类的学生进行研究性教学，充分结合国内外金融业发展状况及普惠性农村金融的发展状况，取长补短，通过鼓励学生研究金融理论及实物发展动态，力求与时代接轨。

高等教育机构应当积极建设各种金融实验室，如大数据下互联网金融实验室、模拟投资银行实验室、普惠性农村金融研究实验室等，帮助高校学生将理论中的感性认识向理性认识进步，加强同金融机构的合作和培养，使更多的学生进入金融机构实习，提升这些未来的金融从业者的独立思考、分析判断、实务操作的能力，积极开展大学生金融创新活动，发掘金融创新潜能。

4. 注重金融专业师资高层次建设

金融教育不仅需要利用专业的金融知识和金融技能，还需要不与金融机构直接打交道的个人和家庭内部的财务管理知识和技能，以及相关金融观念的转变和金融行为的养成。尊重金融教育的规律，注重金融服务需求的调查，积极开展金融知识普及教育，就需要将教育对象放在首位，在此基础上的教材和引进教材也应当积极结合当地的实际情况。普惠性农村金融的发展在西部地区应当重点注重培养高层次的金融专业师资队伍，高等教育的教师是金融教育乃至普惠性农村金融发展的根基和基石，因此必须注重金融专业师资高层次建设。

培养高层次的师资，应当考虑到教育机构的目标、当地金融机构的需求、当地金融使用者的需求等方面，根据金融使用者的特点和需求，制定相应的金融市场对应的金融服务及金融教育，做到学以致用，全面提升师资的教学研究能力，不能急于求成，要注重教育的质量，有的放矢。国内高等教育机构的金融专业师资在近年来的规模和质量上有了相当大的进步，但是与国际先进的金融教育还是有一定的差距，对于普惠性农村金融进行的学术研究还不够深入和具体，不能很好地将国外成功的案例与国内的实际情况相互联系和使用，缺乏西部欠发达实践的经验。高校为了应对这样的系统性缺乏优良普惠性农村金融师资的问题，选派高层次的师资去国外深造，选派优秀教师进入不同的普惠性农村金融区域的金融服务机构去接受相关教育培训，切身体会普惠性农村金融的复杂性和提出解决途径。高等教育机构在派出留学人员的同时，还应该引进国内外具有国际普惠性农村金融经验的金融专家，莅临指导，或者聘请国内外普惠性农村金融实务工作者进行专题的演讲或讲座授课，这是增强和普及普惠性农村金融的一部分，同时也是金融专业师资高层次建设的延伸（洪宇等，2016）。

8.4　完善农村金融的法律、监管和制度建设

目前，我国对普惠金融的法律保障还在起步阶段，只有整体性的规范约束，针对性的普惠金融法律并没有建立，这种总括性的金融法律不能很好地解决金融领域的各方面问题。因此，建立普惠金融的法律法规体系，规范国家、企业、金融机构和个人在普惠金融运行下的权利和义务，及时建立查找、修改现有法律制度中的不适应条款，加快对农村普惠金融服务的法律保障，重点扶持农村金融机构的发展。制定适当的普惠金融准入、退出机制，规范民间借贷、高利贷等非正规金融，规范普惠金融市场。

通过以人民银行为核心的领导监管及各分支监管机构的合作监督，建立政府调控、央行监管、机构协作的有效的政策协调机制和信息共享机制，防范普惠金融运行中的金融风险。鼓励运用大数据下的网络分析手段，进行科学监管，建立云监管平台，对普惠金融资金运营中风险进行实时分析，及时发布预警，提供预警预案，控制普惠金融运营中产生的金融风险。

完善农村金融的法律，改善我国西部欠发达农村地区普惠金融交易环境，促进新型农村金融机构及非正规金融机构加入中国人民银行支付结算体系。促进普惠金融下农业、工业企业与商业性等金融机构之间的合作关系，促进农村及城市结算体系的融合。普惠性商业银行应当积极参与互联网企业、网络电信运营商的合作，在新型金融服务模式、融资渠道和普惠金融产品的基础上，逐步降低普惠金融融资风险。优化非现金类金融工具的监管环境，凭借现有的银行体系服务点在借记卡、贷记卡、票据、手机银行、网络银行等现代非货币金融工具的应用上加强审核监督管理。借助大数据下的互联网技术和网络运营商，利用数据支持下的科学技术，增强支付结算、资金融通等服务的监管，利用法律手段加以规范。从而从法律上、制度上、监管上改善我国中西部欠发达地区广大农业、少数民族地区的支付结算服务，降低支付结算违约成本，助推农业、少数民族地区转账结

算系统建设，提升我国普惠金融的健康发展。

在我国大部分西部地区农户、小微企业主逐步建立个人信息档案和企业信息档案，形成跨地区的信息资源共享数据库，将金融信息共享，也是完善金融监管的重要组成部分。统一化的管控对普惠金融信用体系，可以使金融部门对数据信息的统计、调用、分析，起到积极的协调和指导作用。逐步建立完善的普惠金融法律保障体系和普惠金融全面监管制度，依靠完善的法律制度和监管体系，构建农村金融信用信息共享监督平台，对应农村金融信息数据库，促成农村金融征信体系的沟通协作机制。逐步研发农村金融基础数据采集模式，利用现有农村金融在西部欠发达地区的网点和设施，扩大农村金融信息的采集范围，深入我国中西部基础设施落后的偏远地区，优化数据采集、更新、处理的工作，再运用数据的采集和处理来完善农村金融法律保障体系和农村金融全面监管制度。

金融教育在开展西部普惠金融建设的过程中的重点并不只是将专业的金融知识教科书式的教育给金融服务的需求者，更重要的是使金融服务对象树立良好与正确的理财观念，并将这种良好的行为观念运用到实际的金融服务使用当中。

建立完善的普惠金融生态环境，民众的知识水平、信用观念、风险意识都需要共同提高，同时，也需要相关法律规定和监管体系的配套。提升欠发达地区金融机构从业人员的业务水平和金融素质，开展农村金融实践教育，对贫困地区的农村金融机构如农村信用合作社、邮政储蓄银行、新型小额信贷组织的从业者进行业务技能培训，提升其普惠金融服务能力，加强对农村金融的认识。对相关负责人进行小额信贷、农业保险、农村金融改革、农村金融资本市场运作等方面的培训，提升金融对贫困地区经济发展的杠杆作用的意识和能力。逐步在社会层面改善目前欠发达地区农村金融法律意识薄弱，监管体系不完善的问题。

8.4.1 构建农村金融法制环境

在我国西部欠发达地区，因为道路、通信欠佳，资金需求分散且单一客户金融需求量小，造成了农业、中小微型企业融资存在风险高、金融知识水平低下、社会保障不足的情况。而农村金融机构在西部欠发达地区提供金融服务，普遍存在成本大、风险高的情况，使得西部地区缺乏足够的金融吸引力，这种金融服务的不足正是西部地区推行普惠金融发展的重要立足点。

建立支持性的法律法规体系。对于农业，可以改善对于土地所有权的保障，可以方便土地的占用者通过抵押土地获得贷款（黄颂文，2014）。对于企业，可以将企业的固定资产和持有的厂场设备进行抵押，或者提供相应的土地作为担保，金融机构在有土地抵押的情况下，会更加愿意提供抵押贷款，使贷款效率得到提升，简化贷款手续。

　　建立良好的仓单管理法律体系，让生产性小微企业、农民可以使用自己的存货进行质押，而为了提供仓单融资的顺利进行，建立恰当的法律法规和监管制度势在必行，保障小微企业在质押时的风险，减少库存损失和价格波动的风险。制度环境是经济生长的基础条件，什么样的制度环境造就了什么样的经济环境。合适的制度环境是金融创新的前提条件，没有阻碍金融创新的制度修改和完善，金融创新就如无根之木。我国现在的经济制度环境还影响着金融创新，影响着的供给能力，因为制度安排是金融创新的起点和依据。如果制度安排同创新在方向和内容上同频共振，其必然会形成创新供给源源不断的浪潮，也就是说，具有自发"制度能力"的制度，是创新活跃的基础和土壤。反之，制度安排则会阻滞创新供给。同时，制度和市场基础所共同决定的所能容纳的金融供给存量，也制约着新产品和新服务的供给增量。

　　现存制度环境下，法律制度是核心组成部分，相对创新供给而言，经济和金融法律则具有直接约束力。

　　一方面，上层建筑特别是现行法律滞后于经济金融的发展，法律条文上的很多条款和市场经济相脱节，不能有效维护金融债权人利益，不能有效打击逃废银行债务问题，影响了金融机构保护自身权益的有效性。另一方面，执行操作上，由于我国特有的执行难，对失信行为缺乏有效的惩罚约束，对政府官员或失信主体主导的逃废债务无能为力，使合法的债权人的权益得不到维护，挫伤了金融机构创新的主动性。我国长期的金融实践，面对的一个突出金融风险就是逃废银行债务问题始终得不到治理，究其根源，法律环境出现了问题：一是法律本身不完善，二是对地方政府违法行政无力惩治，使银行变成了"唐僧肉"，各个地方都想啃一块。如果逃废银行债务问题和政府违法行为得不到治理，法院变成政府的部门或御用工具，将引发严重后果。一是影响司法公正；二是影响政府形象；三是产生金融风险；四是无法建立社会的公平正义。20世纪末21世纪初，我国之所以剥离出1.4万亿元银行不良资产，很多信贷均是地方政府、法院和企业共同逃废银行债务造成的，是发放的所谓"安定团结贷款"和"准财政"性质的贷款。近10年来，我国金融监管部门，无论是成立大区人民银行，还是实行垂直领导，或者是信贷审批权力的上收，根本原因是防止政府的干预，也取得了预期的效果。但是我国逃废银行债务仍时有发生。地方政府一边示意法院宣布企业破产，一边剥离优质资产卖给私人投资者，留下了个空壳给银行，损失巨大，教训十分深刻，这方面案例很多。因此，如何用法律和法治限制并约束政府权力，用法律和法治约束银行行为，是一个十分紧迫的问题。我国的金融法律实践中，对催讨债务有个诉讼时效的规定，当时的目的主要是保护权利人的权利，但实践中反而成为债务人逃废银行债务的一种手段。我国法律规定的诉讼时效中断事由很简单、很笼统，使借款人恶意逃债有了便利。农村金融债权案件中，执行难问题也十分突出，一些诉讼或者久拖不决、或者判决不公、或者执行周期过长，司法强制力未得到体现，论其根源，主要是司法权威缺乏、司法人员执法不严等造成的。

实践中，农村金融机构也很难对失信行为产生惩戒和制约，自我保护能力较弱，而失信者也无需为违约买单。即使一些银行花费很大力量胜诉，执行了抵债资产，但是由于损失率高、变现难度大，使处置工作得不偿失或者中途搁浅。

另外，赋予农村各项财产的抵押权利，仍是我国金融法律需要进一步完善的地方，因为这一项关系"三农"融资和农村金融机构的业务创新，也关系着农村经济的发展。

以法律形式约束金融机构的发展，使金融机构积极的提供和支持西部欠发达地区农业、工业的发展，要确保普惠金融政策的可持续性和稳定性。政府应明确支持西部欠发达地区普惠金融发展的相关法律法规，健全法律体系，为中小企业者、农业相关者提供制度依托和全面保障。同时，积极引导以民间借贷为主的非正规金融机构的发展，为其提供更好的解决方式，培育竞争性金融机构。建立着实有效的非正规金融机构的监管机制，加强非正规机构的信息公开、信息披露，建立风险衡量指标，坚强对非法金融活动的打压，促进金融市场的良性发展。

引入金融消费者的理念，建立金融保护者法律，尤其是保护农村地区缺乏金融知识的金融消费者，为这一弱势群体提供法律依据。在普惠金融消费领域，严重的信息不对称、交易双方实力和地位不平等、金融消费者所处的弱势地位成为其金融信贷权益容易受到侵害的主要原因。市场机制自身和消费者自己的努力并不能很好地改善他们所受到的侵害。政府应积极干预，对处于弱势的消费者提供倾斜保护。

金融消费者的保护可以采取两种方式：一种是完善《消费者权益保护法》，在法律中加以补充，增加关于金融消费、普惠金融体系、信贷风险等消费者保护，对特殊条款加以专门规定。另一种是更高层次上给予专门立法，借鉴西方发达国家的金融消费者保护法，如美国《信用卡履责、责任和公开法》这类具体金融领域的消费者保护法，建立金融保护机构，从根本上解决消费者权益保护问题。借鉴美国的金融发展经验在金融监管机构之外设立独立的金融消费者保护机构；吸取英国的做法，设立对金融服务局负责的金融巡视员服务公司（FOS）专门处理金融产品的消费者投诉，作为替代性争议处理制度（方平，2010）。

同时，以美国的经验来看，建立消费者金融保护署的重要职能就是防范金融消费者金融风险的发生，增加了消费者金融权益保护的复杂性。这不仅需要识别金融商品设计、借贷产品销售等缓解金融风险的专门知识，还需要预测经济周期对金融风险周期性的影响。因此，设立金融保护机构时必须从金融管理组成、组织经费、组织机构、工作程序等多方面保证其金融独立性，防止受到其他部门的过度干预，确保金融保护机构从金融消费者的角度，以公平公正的视角利用金融知识为金融消费者解决纠纷，使金融消费者保护机构对金融消费者进行指导和教育的权力有效执行。

8.4.2 优化农村金融的治理结构

目前，普惠性农村金融下的金融机构，普遍存在着董事会结构不合理、产权过于集中、业绩评估和激励机制不健全、信息披露不完善等问题。而普惠金融的发展，需要政府与相关金融机构一同努力，提高其治理方式，行使有效的普惠金融治理政策。

1. 优化组织结构

目前，我国普惠金融办理机构建立时间较短，从行业和机构的周期来看，此时的金融机构正处在生命的成长期或上升期，因此优化组织结构设计的缺陷、合理安排组织流程、科学管理组织制度，可以更好地制衡和监督金融机构各部门之间的关系，减少权力越位和责任缺失，并且降低损害金融机构对普惠性农村金融使用者的相关利益行为，减少公司经营出现的各种管理失误，从而扩大金融机构的营业规模、拓展金融机构的业务范围。

2. 优化外部法律法规的监管

目前，我国对混业经营的金融控股公司，并没有明确的法律规定来监管，对于农村金融的相关金融机构也是如此。为了维护金融机构的健康持续发展及与世界国际化的普惠金融发展，促进西部地区农村金融的良好促进，相关金融机构的法律监管应涉及市场准入结构、组织结构形式、业务范围、公司管理模式、信贷风险控制及法律责任等角度。完善农村金融机构的结构治理，保护中小投资者、股东、债权人等普惠金融使用者所拥有的合法权益。

3. 规范金融业经营发展

我国目前金融行业的经营方式，尤其是经营发展不够规范，需要解决金融业的矛盾和根源问题，同时也要规范金融控股公司的规范发展。逐渐开展政府联合金融机构进行金融工作，发展农村金融，对社会大量的资金持有者的资金进行吸收，利用控股和参股的形式进入相关性不高的领域，实现其多元化发展的战略。将相关金融业务进行聚合，从而可以利用金融控股集团的方式参与金融市场的发展。同时，全面接轨西部地区农村金融与国际农村金融市场，主动吸取国外金融行业的规范和经营方式，增强母公司对其子公司的风险评估和预案控制能力，避免其子公司遇到金融发展的困境。

4. 大力发展产权市场和相关市场

普惠性农村金融机构的治理需要一定的产权结构，产权结构的合理性影响着普惠金融机构的健康发展。面对滞后的产权市场，产权的交易就会受到影响，从而影响金融机构顺利进行资产评估、并购、重组、租赁、拍卖、股权转让及资产调配的活动，影响产权资源的优化配置，从而加大治理结构的难度。金融机构的相关市场主要有资本市场、产品市场和经理市场 3 种，我国目前这 3 种市场的发展并不完善，产权和相关市场的发展不成熟，限制了普惠金融资金的合理分配，经济结构多元化的发展就困难重重。解决深层次的金融发展的矛盾势在必行，加强内部法人治理结构、外部相关治理机制的必要性大大增加。

8.4.3 完善农村金融的审慎监管体系

审慎监管是指监管部门为了防范和化解银行业风险，通过制定一系列金融机构必须遵守的周密而谨慎的经营规则，客观评价金融机构的风险状况，并及时进行风险监测、预警和控制的监管模式。全球金融危机后，在强化微观审慎监管的同时，全面加强宏观审慎监管已成为国际金融健康发展的共识。我国发展普惠金融体制，就是要促进金融的全面健康发展，完善普惠金融审慎监管体系势在必行。

宏观审慎监管将整个金融体系看作一个完整的系统，重点关注那些对金融稳定具有系统重要性影响的金融机构和金融市场，采取针对性的逆周期监管措施进行调节，在监管资源上进行相应的倾斜政策，维护金融体系的健康运行。宏观审慎金融监管体系包括宏观审慎金融监测分析、宏观审慎金融政策工具和宏观审慎金融政策安排三大要素。以美英为主的西方国家为了加强宏观审慎金融监管，相继成立了对应的宏观审慎金融监管机构。我国应构建宏观审慎金融监管机构，建立宏观审慎金融监测分析系统，并注重研究开发宏观审慎金融监管政策工具。加强宏观审慎政策的研究，将审慎监管体制贯彻到金融监管与宏观调控中，完善普惠金融的审慎监管体系，对推动普惠金融的发展有十分重要的作用。

1. 建立普惠金融审慎监管实体机构

建立职责明确、功能健全的普惠金融审慎监管框架可以有效防范金融系统性风险,保障金融业的健康稳定运行。我国在2003年通过《中国人民银行法修正案》,在机构改革中设立了金融稳定局,然而,法律对金融稳定的规定并不是很详细,同时我国央行金融稳定的权责不对称。央行的职责是"防范、化解金融风险,维护金融稳定",银监会、证监会、保监会拥有银行、证券、保险业的监管权。由于央行拥有的工具仅有货币政策工具与充当最后贷款人的职责,其他微观监管机构又缺乏必要的宏观系统性风险的监管意识,势必会造成在系统性金融风险发生后,没有明确的负责机构的局面。

为了更好地开展普惠金融审慎监管,在全国设立风险管理委员会,由国务院设立、财政部、发改委、央行、银监会、证监会、保监会参与。这种形式可以突出政府在宏观审慎金融监管中的领导地位,合理分配金融监管资源,协调部门行动。

2. 建立普惠金融审慎监管分析系统

防范金融系统性风险,尤其是西部地区普惠金融风险的有效防范,需要对整个金融体系及宏观经济数据进行全面的整合、分析、检测、评估和报告,对金融系统内部发现的系统性风险和影响金融发展的不稳定因素发出提前的风险预警。利用大数据及"互联网+"的发展,联合普惠金融下的互联网金融企业,建立专门的分析平台,整合金融与经济运行中的信息数据。

目前,建立普惠金融审慎监管分析系统,需要明确对金融数据整合分析的职能部门,可以是中国人民银行,也可以新建一个部门。另外,在金融数据处理的基础上,增加对系统性风险的收集和处理,分析金融体系资本充足率、市场流动性比率、杠杆率,以金融数据为依托,分析可能存在的金融风险。构建全面的风险评估体系,从银行业、证券业、保险业入手,加强宏观金融风险检测,分析微观风险对系统性风险的影响。完善风险预警机制,实时监控风险企业风险状况,及时发布系统性风险研究报告,关注国际金融行业风险状况,促进在稳定金融环境下的审慎监管体系。

3. 开发普惠金融审慎监管政策工具

我国银行业相关监管部门已经采用动态拨备、动态资本等方法实行政策监管,通过提高最低资本要求的方法抑制银行信贷增长过快的情况,银监会在2009年提高了拨备覆盖率,从100%提高至150%(陆岷峰等,2011)。但是仅仅依靠动态拨备、动态资本等方法来增加金融审慎监管是不够的。监管部门应结合西部地区实际情况开发出全新的监管模式、监管规则,主要从以下3个方面入手。

（1）引入有效的资本监管。通过建立有效的资本监管标准,全面衡量银行资本质量,提高金融体系的风险稳定性。完善拨备金调整、资本充足率研究等政策工具,使银行可以达到风险需求下的资本充足率,增强银行等金融机构在经济运行中应对风险的能力。在良好的经济运行期,储备超额资本,增强银行抵抗经济危机冲击的能力。

（2）研究多种方式资本缓冲。政府及金融机构应针对金融系统周期性的经济状况,研究应对金融周期性的资本缓冲、留存资本缓冲及动态拨备工具等方式,使金融机构可以在提高拨备覆盖率的情况下,解决贷款增长风险、资产潜在损失的因素,从而加强整个金融业抵抗金融危机的能力。

（3）研究杠杆率稳定工具。通过创新和研究新型杠杆率分析工具,防止银行因过度放贷造成的杠杆率过高及风险增加的情况,降低银行杠杆比率过高带来的系统性风险,从而控制系统性风险的生成和积累。

4. 对不同的机构实施差别化监管

在整个金融体系影响力较大的金融机构通常发生系统性风险往往会引发危及金融体系安全的金融危机,因此对重要的重点的金融机构应采取更加严格的监管政策。通过金融机构规模、可替代性和相关性的标准,全面评估系统重要性机构,并且考虑金融机构结构、宏观经济环境等因素。有一些中等规模的金融机构,因其业务跨市场、跨行业和高杠杆化的特殊性,具有"大而不倒"的性质,也应重点纳入监管的金融机构。对不同的机构实施差别化监管,首先,通过对重要的金融机构实施附加资本要求,从而提高其抵抗风险损失的能力。其次,对不同的金融机构,通过加强和严格杠杆率的要求,防止其在信贷业务上的资产过度扩张,降低其风险。再次,在日常金融监管中进行现场检查和非现场监督、改进并通过内部监管、完善金融公司治理等方式,降低金融机构倒闭的可能性。最后,提升金融机构处置倒闭的能力,一旦发生系统性金融风险,能够使相关问题机构有效地从市场退出,减少对金融体系造成系统性影响。这就要求对重要的金融机构建立起具有实际约束力的破产倒闭预防机制,减小其市场退出所产生的超预期影响和纳税人损失。

5. 促进金融监管机构间信息共享

发展普惠金融审慎监管需要大量的数据和多方面的信息来分析、判断宏观形势,从而加强监管。相关金融机构通过收集微观审慎数据信息、宏观经济、金融运行信息,对经济形势作出强有力的判断。相关监管部门之间要充分协调与配合,保证金融数据和相关信息的共享和利用。在美国发生金融危机之后,对全球经济环境产生了巨大影响。

我国以中国人民银行为主体，银监会、证监会、保监会为重要支点的"一行三会"分业监管现状，政府部门已经认识到金融监管机构之间信息沟通的必要性。为了实现金融监管信息之间的交流与共享，建立应对金融危机的宏观审慎监督管理数据库，开发完善、自主、可自动生成统计指标和职能监管指标的管理信息系统。中国人民银行要及时向银监会、证监会、保监会等部门，通报货币政策执行情况和金融业总体运行情况，银监会、证监会、保监会也应即时、定期地开展现场检查、非现场监管，并及时将信息资料及其他相关分析报告报送中国人民银行。为了有效开展宏观审慎监管工作，我国还应该建立包括中央银行、国家发改委、财政部和银监会、证监会、保监会之间的信息共享，有效开展宏观审慎监管工作，促进经济运行与金融运行等方面的信息及时、全面地共享和沟通。

6. 加强对金融消费者的保障

随着我国经济的快速增长，金融消费者意识的增强及海外"消费者增权理论"的影响，金融消费者保护维权问题会越来越突出，消费者维权意识愈加强烈。以银行为主的金融机构，应当将保护金融消费者利益作为金融监管的第一目标。要缓解在经济快速发展下不断增多的金融使用者与银行放贷者之间的矛盾、金融保险下的投保人与保险人之间的矛盾、债券股票投资人与发行人之间的矛盾，要求金融机构和政府监管部门在金融监管和金融改革中更加重视消费者的权利。

提升金融运行效率，维护金融安全，提高我国的金融行业实力，需要维护好金融消费者的利益。从金融监管的角度，信息披露作为金融机构的最基本义务，应该是我国重点监管的内容。在金融机构监管下，各金融服务者自行收集、披露相关信息，各监管机构着重对本部门信息披露进行监管，避免形成信息壁垒。金融机构在混业经营的运营当中，金融服务者交叉销售金融产品，同类产品在相同义务的规制下负有同等的信息披露义务，各金融机构在机构性监管模式下使用相同信息披露规则，令同类金融商品的信息披露成为强制性要求，真正保护金融消费者的信息权益。各类金融服务机构在功能性监管模式下定期根据其自身经营成果、财务指标和对风险调控等相关信息进行公开发布，为消费者提供金融风险信息公示。同时，在当今各种金融理财产品弥足丰富的表象之下抽象出其共性的部分，政府机构对各种金融服务的相同之处做出规范化管理，避免出现金融法律与金融规则之间的冲突、忽视与反复，实现对金融消费者合法权益的保障。同时，各监管机构在实施监管时也要做到及时的信息共享与协调，避免出现监管的真空与重复。

通过我国现行的《中国人民银行法》《中华人民共和国保险法》《证券法》等法律规范确认下的金融监管体制，仍然还是机构性监管模式，即使在 2006 年《中华人民共和国证券法》中为银行业混业经营预留了制度接口，但是从立法层面上完全转变为功能性监管，并非是短期内能够完成的制度改变。另外，中国金融市场拥有其与世界不同的特殊性，直接照搬国外的制度，往往难以发挥其应有的作用。纵观各国的金融监管模式演变，即使是在选择机构性监管的国家，在监管实践中仍然不可避免地增加功能性监管的内容，这是源于金融市场通常是不受法律影响而立刻变化的市场。为此，针对我国目前的金融市场发展情况，基于国情与金融消费者需求，在保障金融消费者权益的宗旨领导之下，逐步在现有金融机制之下采取功能性监管的内容，实实在在的以保障金融消费者信息权益为目的设计监管制度。

7. 完善金融纠纷处理程序

我国农村地区普惠性农村金融的发展应立足于我国国情，建立多元化的金融消费纠纷处理机制。一是健全金融机构内部金融消费者争议处理程序。这是金融监督处理服务的初始化程序，也是在国外不少国家和地区实行的先进经验。二是设立金融消费者监管机构，专门从事金融消费者行政保护工作，工作具体形式有：监控金融机构，是否遵守与消费者保护相关的法律；改善金融机构执行消费者保护法律的政策和程序；开展金融消费者普惠性农村金融教育，协助他们提高对普惠性农村金融服务和普惠性农村金融产品的了解；受理金融消费者的问题投诉，对违反金融法律的金融机构进行行政处罚。同时借鉴西方发达国家的做法，优化行政处理的程序。三是成立独立于金融机构的金融消费者纠纷处理机构，即金融服务监督检察机构。四是在我国西部地区各级消费者协会内设立普惠金融专业委员会，加大对普惠金融消费者的支持力度。五是发挥仲裁在普惠金融消费争议解决中的独特作用。金融仲裁具有快捷、高效、公平低成本的优势；其第三方中立断案的特点，可以在很大程度上保证裁决结果的公正性和权威性；仲裁裁决的强大执行力可以为金融纠纷当事人提供可靠的金融保障。另外，当事人可以根据自身的需求选择仲裁员，这种特点也是金融消费督察机制所不具备的。因此，进一步发挥仲裁在金融消费争议解决中的独特作用显得特别重要。六是普惠金融行业自律组织应建立专门的办事机构，利用同业自律组织的优势，规范和约束同行金融机构的行为，主动提出金融同业普遍存在的具有突出性的典型性问题，并提出解决方案，获取金融消费者的信任和支持。七是在当地法院系统设立经济审判庭，提高审判人员的金融专业素质和能力，使审判人员更好地审理和裁决金融纠纷等案件。通过多种争议解决机制相互配合，各自发挥其处理金融消费纠纷的优势和作用，取长补短，从而保护普惠性农村金融消费者的合法权益。

8.4.4　普及农村金融教育

在西部欠发达地区开展普惠性农村金融建设的过程中，普惠性农村金融的教育不只是将金融的专业知识强加给金融服务的需求者，重要的是使金融服务对象拥有良好与正确的理财观念和行为（孙同全等，2014）。

普及普惠性农村金融的教育主要以 3 种目标人群为方向，分别为农民及外来务工人员、欠发达地区缺乏教育的低收入者、金融业服务提供者及相关监管者。对相关群体进行普惠性农村金融教育，可以提升他们的金融素质，从根本上改善贫困地区的金融生态环境，做好扶贫开发的金融服务工作。

1）农民及外来务工人员

外来务工人员经常被称作"农民工"，他们有和农民类似的成长环境，他们中很多人对电子设备非常陌生，而当今社会，移动电子手段利用信息技术已经蔓延至生活的各个角落，银行、金融机构越来越多的采用电子化、信息化、无纸化的方式来开展金融业务，这对于农民及外来务工人员来说，是极大的挑战。要更好地发展普惠性农村金融，必须要根据普惠金融的受益者的特点和需求专门开发相关资料和师资，使其充分学习如何使用银行、汇兑、银行卡、信用卡，并且培养其风险意识，防止欺诈受骗。增强理财意识，合理规划自己、子女、长辈、家庭的财务理财，树立理财观念和理财习惯。

2）欠发达地区缺乏教育的低收入者

中国教育基金会在 2008 年指定了"金融教育十年规划"，开展持续十年的"金惠工程"的金融教育。世界上许多国家和政府对低收入者提供金融教育的教材，并在全球范围进行金融教育的培训。我国普惠性农村金融的发展中，欠发达地区缺乏教育的低收入者是完善金融体系的重要环节，我国西部地区农民、小型金融机构从业者、当地政府涉农领导干部均需要进行金融知识的普及和培训。正确的金钱使用观念需要正确的金融教育，而理性的金融服务消费、高素质的金融消费、高质量的金融理财必将有利于普惠金融的建设。

3）金融业服务提供者及相关监管者

在金融服务领域，金融业服务的提供者和相关监管者的教育往往是被忽略的问题，社会普遍关注金融服务的使用者。在这种意识下，金融服务在客户中总是合适的、公正的、合理的，以大公司、大银行、大政府为主的金融监管者是公允、中立、正直的。但是，自美国金融危机引发的全球金融危机之后，金融服务中的监管者中存在着大量的掩盖事实、隐瞒真相、误导投资、欺骗消费者的行为，监管者并没有像人们所信任的那样成为完全中立的裁判，因此提高金融服务的提供者和监管者素质，是促进普惠金融健康茁壮成长的必要举措。

　　金融机构的普惠性农村金融教育也亟待解决，金融机构的金融普及教育不仅仅对消费者传授金融知识和金融相关技能，同时也在包装着自己的金融理财产品，试图对消费者进行再营销。这种非纯粹的金融宣传教育，明显带有道德风险。金融从业者的职业操守和道德教育在这种情况下就显得更加重要，应当积极培育金融从业者最基本的核心价值观，诚信地开展普惠性农村金融教育。

　　4）树立金融产品和服务的创新意识

　　对于涉农金融机构来讲，当前工作的重点是从上自下的在意识领域树立金融产品和服务的创新意识，并且致力于打造具有涉农产品特色的品牌产品。

　　（1）依托电子商务的发展与信息技术的革新推动金融机构创新。在科技日新月异的今天，金融产品和服务的创新紧紧围绕着客户的需求，不仅要坚持对已有科技产品的创新和开发，还应努力增加金融产品的科技含量。随着互联网和现代电子产业的飞速发展，信息产业和金融业已经初现相互交融的局面，金融产品和服务的创新也越来越依托于信息业的发展。尤其是互联网的发展，电子银行、手机银行、各种第三方支付客户端的诞生都对我国农村金融市场现有的金融产品生产方式产生了严重的冲击。新型电子支付的崛起不仅节省了资金供求双方在市场中的交易成本，也节省了时间成本，对于金融机构来说，更是极大程度地减少了营业网点的运营成本和决策成本。因此，要充分把握实际，面对信息化、电子化的挑战，抓住机遇，充分利用现有条件大力发展农村金融市场中的电子商务技术，利用信息创新的机遇大力发展农村金融产品和服务。

　　（2）涉农金融机构要充分发挥国家现有政策的作用，不能囿于传统经营理念，故步自封。首先围绕农民补贴政策大力发展金融创新。国家关于农民惠农等一系列政策在具体工作中遭遇的核心问题为财政资金的支付渠道过于单一、过于狭窄。鉴于此，银行应该及时发挥日趋成熟的结算支付系统及运营网络，对接财政部致力构建的补贴网站，大力开发惠农金融产品与服务，使自身成为支农程序中的有效金融载体和金融渠道。其次围绕国家支农惠农的扶持政策推动金融创新。第一，以政策性农业保险制度为中心，采用"农业保险＋龙头企业＋基地农户""农业保险＋财政补贴＋农行贷款"等方式寻求新型"三农"信贷产品。此外，夯实与地方政府和中介机构的协作、互动，创新地方政府和中介机构的担保功能，从而在一定程度上解决农村贷款担保缺失的问题。建设丰富多样的农村保险体系，探究匹配农业、农村和农民基本需求的农业保险产品与服务。对部分主要农产品采用试点的策略，评估农业保险的效果与可行性，以作推广。分步骤分阶段构建政策性农业保险制度，更好为国家粮食的稳定、健康生产建立制度基础。第二，全力配合国家支农惠农财政扶持政策，创新本身独立经营的小额农户贷款、农业事业法人信贷、农业企业贷款等，达到满足农村有效信贷需求者的融资需求程度。

最后围绕农村社会保障体系创新社保金融，在农业生产方面，要积极发展此方面保险，以集中大量分散农民的资金，充分发挥经济补偿的作用，为农民的生产活动提供一定的风险保障。在教育、文化方面，强化和教育部门的合作关系，发展学生金融服务，加速教育文化事业的发展；在农业医疗方面，加强与卫生部门的合作沟通，以新农合为核定内容，创造新农合的贷款产品，完善国家农村医疗金融服务，提高医疗金融服务的质量与水平。毫不夸张地说，社保机制的缺失已然变成限制农村经济发展的瓶颈，拥有农村社会保障机制不仅能够通过健全的农村养老、医疗、子女教育、就业培训等方面的制度措施，增强农民抵御风险的能力，鼓励农民进入市场并敢于进行投资；而且通过建立农产品收购制度、农产品期货交易制度等方式，减弱农业生产中的自然风险程度，从而降低农民非生产性的借贷额度，增强生产性借贷资金的使用效益。

（3）增设信贷产品的种类，支持新农村建设与大力推展劳务经济。在支持新农村建设上，一方面推广组合性信贷产品，将不同类型的信贷产品捆绑在一起，为农户提供综合性信贷服务。另一方面发展大额贷款信贷产品，目前情况下仅有的小额贷款已经不能满足农民的需求，因此，有必要对信贷产品的额度进行调整，在贷款额度及期限上有所增加，从而更好地支持新农村的建设。在大力推展劳务经济上，一方面提高金融支持水平，在可控范围内，不懈创新创办企业的信贷业务，例如，推广土地和山林承包权、矿业权、仓储货单、存货、应收账款、专利权、商标权等形式的动产及权利抵（质）押贷款和法定代表人抵押担保贷款、联保协议贷款等一系列新型信贷种类。另一方面拓宽信贷服务领域，尝试将培训转移劳动力归入信贷支持范围，通过政府扶持、社会支持、金融支持等多种渠道解决培训资金投入稀缺的问题，从而构建农民工长效培养机制。

（4）激发金融机构的创新精神，还需要改善现有农村金融机构的内部管理，提高职员的素质，激发职员的创新热情和意愿。以农村信用合作社人才为例，其从事人员素质水平普遍较低、营销理财、电子商务人员的培训极其不足，专业人员储备稀缺，尤其是科技开发人员。虽然近年来计算机人才越来越多，但是同时具备实际金融经验及深入了解金融知识的人才并不多。此外，农村金融市场中现存的金融机构中，大部分机构都没有对本机构的人力资源做出明确规划，也没有建立能够辅助金融产品和服务创新的相应激励机制，这在一定程度上抑制了从业人员主动创新的积极性，更趋向于安于现状。

这两大方面直接导致涉农机构的自主研发能力偏低，服务效益评价粗放，金融创新的意识弱化，严重制约着农村金融产品和服务的创新步伐。因此，如何科学地解决金融机构从业人员对于金融产品的创新得积极性，调动他们的工作积极性也是一个亟待解决的难题。

参 考 文 献

爱德华·肖 . 1989. 经济发展中的金融深化 . 王威，等译 . 北京 : 中国社会科学出版社 .

曹晨光 . 2007. 农村金融供给：一个基于制度经济学的分析视角 . 金融理论与实践 , (8): 67-69.

常建娥，蒋太立 . 2007. 层次分析法确定权重的研究 . 武汉理工大学学报 (信息与管理工程版)，
29(1): 153-156.

陈典 . 2013. 西部地区农村金融发展的经济效应研究 . 重庆 : 西南大学硕士学位论文 .

程立茹，向凡 . 2015. 论"互联网 +"时代传统金融机构普惠化转型 . 人民论坛 , (36): 68-70.

代文化 . 2013-06-25. 应多措并举优化支付结算环境 . 金融时报，第 0101 版区域周刊·经营 .

戴小平，付一书 . 2013. 金融中介服务机构：金融市场的润滑剂——对普兰金融服务公司的调查
与启示 . 征信 , 31(2): 10-13.

邓莉，冉光和 . 2005. 重庆农村金融发展与农村经济增长的灰色关联分析 . 中国农村经济 , (8):
52-57: 67.

丁振阔，顾芳睿 . 2013. 对我国农村金融发展的思考 . 上海农村经济 , (3), 34-37.

丁志国，谭伶俐，赵晶 . 2011. 发展农村金融对减少贫困的作用效果研究 . 农业经济问题 , (11):
72-77.

董晓林，吴昌景 . 2008. 四大担保模式化解农民贷款难题，农业经济问题 , 29(9): 35-40.

杜婕，霍焰 . 2013. 农村金融发展对农民增收的影响与冲击 . 经济问题 , (3): 97-102.

杜晓山 . 2006. 小额信贷的发展与普惠性金融体系框架 . 中国农村经济 , (8): 70-74.

杜晓山 . 2009. 我国小额信贷发展报告 . 农村金融研究 , (2): 37-44.

度国柱，李军 . 2003. 我国农业保险试验的成就、矛盾及出路 . 金融研究 , (9): 88-98.

范小云，郭步超 . 2009. 工业后发地区金融抑制研究：以中西部五省区为例 . 经济问题 , (7): 88-
91.

方平 . 2010. 我国金融消费者权益保护立法相关问题研究 . 上海金融 , (7): 5-9.

高凌云，刘钟欣 . 2008. 浅议我国农户联保贷款制度 . 沈阳农业大学学报 , 10(2): 150-152.

高晓燕 . 2007. 基于供给视角的农村金融改革 . 财经问题研究 , (11): 59-63.

郭鑫，郭凯 . 2004. 保险代理手续费调查 . 农村金融研究 , (7): 43-49.

韩俊，罗丹，程郁 . 2007. 信贷约束下农户借贷需求行为的实证研究 . 农业经济问题 , 28(2): 44-
52.

何德旭，苗文龙 . 2015. 金融排斥、金融包容与中国普惠金融制度的构建 . 财贸经济 , 36(3): 5-16.

何广文. 2001. 中国农村金融供求特征及均衡供求的路径选择. 中国农村经济, (10): 40-45.

何广文. 2003. 改善小额信贷与优化农户贷款环境. 农村经济与科技, 14(1): 17-19.

何广文. 2006-10-26. 关注弱势群体, 深化我国小额信贷事业的发展. 金融时报.

河南省淅川县农村信用合作联社. 2009-06-05. 农村需求呈现六大变化. 中国信息报.

洪宇, 牛实华. 2016. 普惠金融人才培养机制. 中国金融, (3): 52.

胡炳志. 2003. 中国金融制度重构研究. 北京: 人民出版社.

胡金焱, 张乐. 2004. 非正规金融与小额信贷评述: 一个理论述评. 金融研究, (7): 123-131.

黄光伟. 2008. 建设新农村背景下的农村金融问题研究. 成都: 西南财经大学博士学位论文.

黄颂文. 2014. 普惠金融与贫困减缓. 北京: 中国经济出版社: 11.

贾崎, 杨恒, 兰庆高. 2007. 我国商业性小额信贷可持续发展的思考. 经济问题, (11): 93-95.

贾振成. 2015-12-17. 邮储银行的改革故事. 人民日报海外版. 第 05 版.

焦瑾璞, 黄亭亭, 汪天都, 等. 2015. 中国普惠金融发展进程及实证研究. 上海金融, (4): 12-22.

焦瑾璞, 杨骏. 2006. 小额信贷和农村金融. 北京: 中国金融出版社: 79.

寇凤梅, 刘云, 李佳凝. 2012. 农村金融对农村经济的影响分析. 生产力研究, (12): 45-47.

劳海燕. 2003. 对西南地区农户小额信用贷款发展的实证研究. 金融参考, (4): 1-8.

雷蒙德·戈德·史密斯. 1990. 金融结构与金融发展. 周朔, 等译. 上海: 上海三联出版社: 36.

李光. 2004. 我国农村投融资体制的问题与对策——基于全国百县农村财政和金融体系的实证研究. 体制改革, (1): 97-112.

李建军. 2014. 中国普惠金融体系理论、发展与创新. 北京: 知识产权出版社.

李静. 2002. 农村金融发展情况 // 中国社会科学院农村发展研究所, 国家统计局农村社会经济调查司. 中国农村经济形势分析与预测 (2011-2012). 北京: 社会科学文献出版社.

李军. 2008. 中国农村金融 "三元结构" 制度研究. 沈阳: 辽宁大学博士学位论文.

李娜. 2007. 完善中国金融生态环境研究. 天津: 天津财经大学硕士学位论文.

李毅, 向党. 2008 中小企业信贷融资信用担保缺失研究, 金融研究, (12): 179-192.

李永清. 2011-12-29. 改善农村支付服务环境的五点思考. 金融时报, 第 012: 农金周刊·调研.

李雨帆. 2013. 基于 PEST 框架的农村地区移动支付业务发展分析. 西部金融, (4): 76-79.

李宗荣. 2005. 西部农村资金制度性保障的缺失: 财政与金融双约束. 农产品市场周刊, (6): 24-25.

梁锐, 王皓. 2008. 区域经济与区域金融相关性分析——基于广东省的实证分析 // 高金伍, 刘克. 中国青年信息与管理学者大会论文集: 191-201.

林浦. 2012. 西部地区小额信贷发展研究. 成都: 西南财经大学硕士学位论文.

刘旦. 2007. 我国农村金融发展效率与农民收入增长. 山西财经大学学报, 29(1): 44-50.

刘飞翔, 钟平英, 张文明. 2015. 我国山区县农业生态效率综合评价——以福建省武平县为例. 西北农林科技大学学报 (社会科学版), 15(3): 94-99.

刘平青 . 2004. 对民间资本投资农业的评析与思考 . 中国农村经济 , (10): 46-55.

刘仁伍 . 2006. 新农村建设中的金融问题 . 北京 : 中国金融出版社 : 79-85.

刘卫柏 . 2012. 我国农村金融体系的改革与展望 . 财经问题研究 , (2): 61-65.

刘锡良 . 2005. 多机构共存下的小额信贷市场 . 金融研究 , (3): 68-79.

刘晓婧 , 陈林 . 2011. 我国西部地区农村保险的现状及策略研究——以四川省为例 . 阿坝师范高
　　等专科学校学报 , 28(2): 45-47.

刘运涛 , 曹楠 . 2015. 我国普惠金融发展的金融基础设施建设研究 . 金融发展评论 , (8): 141-146.

刘振界 . 2014. ND 市普惠金融服务体系构建研究 . 昆明 : 云南师范大学硕士学位论文 .

陆岷峰 , 葛虎 . 2011. 逆周期金融宏观审慎监管的预警体系构建探析 . 现代财经 (天津财经大学
　　学报), 31(7): 59-63.

罗恩平 . 2005. 农村金融需求总体特征及发展趋势研究 . 福建论坛 (人文社会科学版), (9): 22-25

罗富民 . 2007. 农村金融结构与经济增长问题研究综述 . 经济与社会发展 , 5(9): 64-66.

罗纳德·麦金农 . 1997. 经济发展中的货币与资本 . 卢聪 , 译 . 上海 : 上海三联书店 , 上海人民出
　　版社 .

马九杰 , 沈杰 . 2010. 中国农村金融排斥态势与金融普惠策略分析 . 农村金融研究 , (5): 5-10.

裴辉儒 . 2010. 我国农业信贷与农业经济增长的相关性研究 . 农业技术经济 , (2): 31-41.

彭川西 , 罗润年 , 王琼 , 等 . 2001. 对我国农村金融问题的现实思考 . 金融研究 , (1): 37-41.

彭克强 . 2007. 农村合作金融存量改革与增量发展 : 一个增量渐进发展论的分析框架 . 北京科技
　　大学学报 (社会科学版), 23(4): 37-45.

彭宽胜 . 2005. 论我国农村金融服务体系的完善 . 郑州 : 郑州大学硕士学位论文 .

彭宇文 . 2010. 我国农村金融供给的现状、问题及对策 . 山西农业大学学报 (社会科学版), 9(1):
　　23-26.

皮建才 . 2007. 所有权结构、自私性努力与投资阻塞问题 . 经济研究 , 42(5): 115-124.

皮立波 , 庹国柱 . 2000. 建立农业政策性保险制度迎接 WTO 的挑战 . 中国农村经济 , (5): 49-53.

齐春宇 . 2008. 小额信贷、高利率成因及其缓解 . 改革 , (10): 71-75.

齐亚莉 . 2006. 中国金融生态问题研究 . 成都 : 西南财经大学博士学位论文 .

邱杰 , 杨林 . 2009 农村金融发展与经济增长关系的实证研究 . 工业技术经济 , 28(8): 129-134.

闫永夫 . 2004. 中国农村金融业——现象剖析与走向探索 . 北京 : 中国金融出版社 : 46-49.

沈荣勤 . 2014. 普惠金融与金融服务均衡化——以浙江与江苏两省为例 . 金融论坛 , 2014, 19(9):
　　16-25.

宋宏谋 . 2003. 中国农村金融发展问题研究 . 太原 : 山西经济出版社 .

孙同全 , 潘忠 . 2014. 普惠金融建设中的金融教育 . 中国金融 , (10): 62-63.

孙勇智 , 孙启明 . 2013. 信贷模式创新金融支持与农村经济发展 . 当代经济研究 , (7): 72-77.

孙兆康 . 1988. 外国农业金融 . 北京 : 中国金融出版社 : 217.

谭露, 黄明华. 2009. 基于交易费用视角下我国农村金融弱化问题研究. 金融经济, (10): 92-93.

田霖. 2011. 我国金融排斥二元性的空间差异与演变趋势 (1978-2009). 金融理论与实践, (3): 27-30.

田霖. 2013. 金融包容：新型危机背景下金融地理学视阈的新拓展. 经济理论与经济管理, (1): 69-78.

托马斯·赫尔曼, 凯文·穆尔多克, 约瑟夫·斯蒂格利茨. 1997. 金融约束：一个新的分析框架. 经济导刊, (5): 42-48.

万广华, 史清华, 汤树梅. 2003. 转型经济中农户储蓄行为的实证研究：中国农村的实证研究. 经济研究, (5): 3-12.

王安军, 王广明. 2007. 贫困地区金融供求分析与建立普惠金融服务体系的建议. 海南金融, (8): 68-71.

王定祥, 田庆刚, 李伶俐, 等. 2011. 贫困型农户信贷需求与信贷行为实证研究. 金融研究, (5): 124-138.

王凡. 2009. 中介服务机构在金融市场中的定位和发展. 上海：复旦大学硕士学位论文.

王广谦. 1996. 现代经济发展中的金融因素和金融贡献度. 经济研究, 31(5): 58-64.

王广谦. 1997. 经济发展中金融的贡献与效率. 北京：中国人民大学出版社: 38.

王国华, 李克强. 2006. 论中国农村金融抑制与金融制度创新. 中央财经大学学报, (5): 26-34.

王纪全, 张晓燕, 刘全胜. 2007. 中国金融资源的地区分布及其对区域经济增长的影响. 金融研究, (6): 100-109.

王金龙, 乔成云. 2014. 互联网金融、传统金融与普惠金融的互动发展. 新视野, (5): 14-16.

王曙光, 王东宾. 2011. 双重二元金融结构、农户信贷需求与农村金融改革. 财贸经济, 32(5): 38-44.

王曙光. 2013. 普惠金融：中国农村金融重建中的制度创新和法律框架. 北京：北京大学出版社: 31.

王文长等. 2001. 西部特色经济开发. 北京：民族出版社.

王文莉, 罗新刚. 2013. 农村信用社支农服务问题及其改革路径研究. 宏观经济研究, (11): 60-68.

王晓. 2016. 小贷公司回归本业, 支持三农、小微兼顾借贷收益. http: //money. 163. com/16/0504/06/BM715ONI00253B0H. html[2016-09-20].

王信. 2014. 我国新型农村金融机构的发展特征及政策效果研究. 成都：西南财经大学博士论文.

王岩伟. 2008. 各类商业银行在新农村金融机构改革中的作用. 经济研究导刊, (8): 73-74.

王永龙. 2004. 中国农业转型发展的金融支持研究. 北京：中国农业出版社: 15-19.

王子健. 2014. 我国西部地区农村金融排斥的实证研究. 重庆：西南大学硕士学位论文.

温涛, 冉光和, 熊德平. 2005. 中国金融发展与农民收入增长. 经济研究, 40(9): 30-43.

沃尔特·亚当斯，詹姆斯·布洛克．2003．美国产业结构．第10版．罗宇，译．北京：中国人民大学出版社：84．

吴韡．2013．农村金融生态环境的评估及优化：以湖北省为例．农业经济问题，34(9): 51-57．

吴晓灵，中国金融学会．2003．中国金融年鉴2003．北京：中国金融出版社：612．

吴晓灵．2013．发展小额信贷，促进普惠金融．新产经，27(6): 4-11．

吴永兴，唐青生．2013．西部地区农村金融与农村经济协调发展研究：基于2001～2010年数据的实证分析．云南财经大学学报，29(2): 80-87．

夏书亮．2008．日本农村金融体系的运行范式及经验借鉴．金融发展研究，(6): 52-55．

肖东平，陈华．2006．美国的农村金融体制及借鉴意义．当代亚太，(6): 23-29．

肖宗富，鲍大慧，王宏滨，等．2007．激励机制与创新路径：农业担保公司个案研究．金融理论与实践，(2): 33．

谢家智，冉光和．2000．中国农村金融制度变迁的路径依赖．农业经济问题，21(5): 25-28．

谢平，等．1992．中国的金融深化与金融改革．天津：天津人民出版社．

谢平，徐忠，沈明高．2006．农村信用社改革绩效评价．金融研究，(1): 23-39．

谢平，徐忠．2013．新世纪以来农村金融改革研究．北京：中国金融出版社，56．

谢平．2003．金融腐败：非规范融资行为的交易特征和体制动因．经济研究，38(6): 3-13．

谢琼，方爱国，王雅鹏．2009．农村金融经济发展促进农村经济增长了吗．经济评论，(3): 61-68．

熊德平，等．2009．农村金融与农村经济协调发展研究．北京：社会科学文献出版社，37．

熊学萍，阮红新，易法海．2007．农户金融行为、融资需求及其融资制度需求指向研究．金融研究，(8): 167-181．

熊学萍．2012．中国农户融资制度变迁与征信体系建设研究．北京：科学出版社，58．

徐更生．2007．美国农业政策．北京：经济管理出版社．

徐少君，金雪军．2009．农户金融排除的影响因素分析．中国农村经济，(6): 62-72．

徐璋勇，王红莉．2009基于农户金融需求视角的金融抑制问题研究．西北大学学报(哲学社会科学版)，39(5): 47-54．

许如宝．2014．传统农村金融机构现状分析及政策建议．大庆师范学院学报，34(3): 89-92．

许英杰，石颖．2014．中国普惠金融实践发展、现状及方向．西南金融，(6): 28-30．

许玉晓，王家传．2007．中国农业信贷制度构建：基于金融抑制理论的分析．金融理论与实践，(9): 13．

杨有振．1997．金融创新与深化．北京：企业管理出版社．

姚凤阁，董晓红．2013．传统与新型农村金融机构垄断竞争博弈分析．学习与探索，(10): 103-106．

姚先斌，程恩江．1998．小额信贷的概念、原则及在中国的实践．中国农村经济，(4): 52-58．

殷本杰．2006．金融约束：新农村建设的金融制度安排．中国农村经济，(6): 38-42．

殷俊华 . 2006. 金融缺口、非正规金融与农村金融制度改革 . 金融研究 , (8): 103-110.

尹晓琴 . 2014. 农村商业银行可持续发展能力评价 . 重庆：西南财经大学硕士学位论文 .

于春敏 , 孟飞 . 2013. 农村合作金融组织的发展及对其草根性的规制 . 上海财经大学学报 (哲学社会科学版), 15(6): 32-39.

于明霞 . 2007. 中国农村金融组织体系完善研究 . 长春：东北师范大学硕士学位论文 .

余子鹏 , 李明 . 2005a. 中国财政政策与民营企业经营环境分析 . 理论月刊 , (12): 93-95.

余子鹏 , 孙晖 . 2005b. 中国农村政策金融的发展及其功能分析 . 湖北农村金融研究 , (6): 44-47.

余子鹏 . 2006. 中美农产品国际竞争力比较 . 改革 , (1): 66-71.

约翰·格利 , 爱德华·肖 . 2006. 金融理论中的货币 . 第 2 版 . 贝多广 , 译 . 上海：上海三联出版社 , 上海人民出版社 : 68.

约翰·梅纳德·凯恩斯 . 2002. 就业、利息和货币通论 . 高鸿业 , 译 . 北京：商务印书馆 : 26-34.

张帆 , 戎娜 . 2007-10-09. 林毅夫：破解中国农村金融短板 . 中国经济时报 .

张杰 . 1998. 中国金融制度的结构与变迁 . 太原：山西经济出版社 .

张杰 . 2003. 中国农村金融制度：结构、变迁与政策 . 北京：中国人民大学出版社 : 57.

张军 . 2013. 公司治理视阈下金融控股公司治理结构策略选择 . 企业经济 , 5: 174-177.

张世春 . 2010. 小额信贷目标偏离解构：粤赣两省证据 . 改革 , (9): 63-68.

赵志刚 , 巴曙松 . 2011. 我国村镇银行的发展困境与政策建议 . 新金融 , (1): 40-44.

中国赴美农业保险考察团 . 2002. 美国农业保险考察报告 . 中国农村经济 , (1): 68-78.

中国金融学会 . 2002. 中国金融年鉴 2002. 北京：中国金融出版社 .

中国人民银行成都分行课题组 . 2003. 民族地区经济发展的金融支持问题研究 . 西南金融 , (1): 4-18.

中国人民银行固原市中心支行课题组 . 2011. 农村互助资金组织和资金互助社发展问题研究——基于中国西部地区 12 省 (区、市) 的实证分析 . 青海金融 , (11): 50-53.

中国人民银行合作金融机构监管司赴德国考察团 . 2000. 德国合作金融的特点及启示 . 中国金融 , (2): 29-30, 43.

中国人民银行洛阳市中心支行课题组 . 2006. 区域金融生态环境评价指标体系研究 . 金融研究 , (1): 167-177.

中国网 . 2016-05-23.《中国农村金融发展报告 2015》发布金融机构涉农贷款渐向最基层下沉 . 凤凰财经 .

中华人民共和国农业部 . 2002. 中国农业发展报告 2002. 北京：中国农业出版社 .

周国良 . 2007. 农村金融供给短缺的成因分析及危害透视 . 开发研究 , (2): 61-65.

周家龙 . 2009. 农村金融发展中的主要矛盾与协调发展 . 中国金融 , (23): 43-44.

周立 , 王子明 . 2002. 中国各地区金融发展与经济增长实证分析 . 金融研究 , (10): 1-14.

周立 . 2004. 中国各地区金融发展与经济增长 1978-2000. 北京：清华大学出版社 .

周脉伏, 稽景涛, 左臣明. 2004. 解决三农问题的根本出路：农村市场化改革. 农业经济问题, 25(5): 56-57.

周妮笛 2010. 基于 AHP-DEA 模型的农村金融生态环境评价. 中国农村观察, (4): 10-19.

周小斌, 李秉龙. 2003. 中国农业信贷供给的区域分析. 调研世界, (5): 22-24, 42.

周小川. 2013. 全面深化金融业改革开放加快完善金融市场体系. 理论导报, (12): 5-7.

周艳丽, 卢秉福. 2011. 农村可持续发展主要影响因素的辨识与分析. 中国农学通报, 27(6): 410-414.

邹帆, 李明贤. 2006. 农村金融学. 北京：中国农业出版社.

Allen F, Qian J, Qian M. 2005.Law, finance, and economic growth in China. Journal of Financial Economics, 77(1): 57-116.

Barro R J, Mankiw N G, Sala-i-Martin X. 1992. Capitalmobility in neoclassical models of growth. Working Paper, No. 4206, National Bureau of Economic Research.

Barro R J. 1991. Economic growth in a cross section of countries. Quarterly Journal of Economics, 106(2): 407-443.

Beck T, Levine R. 2004. Stock markets, banks and growth: Panel evidence. Journal of Banking & Finance, 28(3): 423-442.

Bencivenga V R, Smith B D. 1991. Financial intermediation and endogenous growth. Review of Economic Studies, 58(2): 195-209.

Berger A N, Udell G F. 2002. Small business credit availabilityand relationship lending: The importance of bank organizational structure. The Economic Journal, 112(477): 32-53.

Besley T, Coate S. 1995. Group lending, repayment incentives and social collateral. Journal of Development Economics, 46(1): 1-18.

Boucher S R,Carter M R,Guirkinger C. 2008. Risk rationing and wealth effects in credit markets: Theory and implications for agricultural development American Journal of Agricultural Economics, 90(2): 409-423.

Braverman A, Guasch J L. 1986. Rural credit markets and institutions in developing countries: Lessons for policy analysis from practice and modern theory. World development, 14(10-11): 1253-1267.

Burgess R, Pande R. 2005. Do rural banks matter? Evidence from the indian social banking experiment. American Economic Review, 95(3): 780-795.

Chan S. 2004. Financial Exclusion in Australia//The Third Australian Society of Heterodox Economists Conference. University of New South Wales,23.

Claessens S. 2006. Access to financial services: A review of the issues and public policy issues. The World Bank Research Obserber, 21(2): 207-240.

Demirgiic-Kunt A. 2004. Financial Structure and Economic Growth: A Cross-country Comparison of Bank, Markets, and Development. Cambridge: MIT Press.

Department for International Development. 2004. The Importance of Financial Sector Development for Growth and Poverty Reduction. Policy Division Working Paper, (2): 54.

Dollar D, Kraay A. 2002. Growth is good for the poor. Journal of Economic Growth, 7(3): 195-225.

Drabenstott M, Meeker L. 1997. Financing rural America: A conference summary. Economic Review-Federal Reserve Bank of Kansas City, 82(2): 89.

Fry M J. 1979. The cost of financial repression in turkey /le cout de a repression financiere en turquie. Savings and Development, 3: 127-135.

Fry M J. 1980. Saving, Investment, growth and the cost of financial repression. World Development, 8(4): 317-327.

Fry M J. 1984. Financial Saving, Financial Intermediation and Economic Growth, In Improving Domestic Resource Mobilization through Financial Development, Vol. II, Manila: Asian Development Bank.

Fuentes G. 1996. The use of credit scoring on small -business lending. Journal of Development Studies, (2): 188.

Ghatak E M, Luchtenburg P, Ren L, et al. 1999. Microfinance in Myanmar Sector Assessment. CGAP/IFC.

Gibson F. 2008. Financial and Consumer Credit Issues for Older Consumers in Central Victoria. http: //arrow. latrobe. edu. au: 8080/vital/access/manager/Repository/latrobe: 26769[2016-09-23].

Giné X. 2005. Access to capital in rural Thailand: An estimated model of formal versus informal credit. World Bank Policy Research WorkingPaper, (3502).

Goldsmith R W. 1966. The Determinants of Financial Structure. Paris: DECD.

Goldsmith R W. 1969. Financial Structure and Development. New Haven: Yale University Press.

Granger C W J. 1969. Investigating causal relation by econometric models and cross-spectral methods. Econonmetrica: Journal of the Econometric Society: 424-438.

Gurley J G S, Shaw E S. 1960. Money in a Theory of Finance. Washington DC: The Brookings Institution.

Hicks J R. 1950. A Contribution to the Theory of the Trade Cycle. New York: Oxford University Press.

Hoff K, Stiglitz J E. 1990 Introduction: Imperfect information and rural credit markets: Puzzles and policy perspectives. The world bank economic review, 4(3): 235-250.

Iqbal F. 1986. The Demand and Supply of Funds Among Agricultural Households in India//Singh I, Squire L, Strauss J. Agricultural Household Models: Extensions, Applications and Policy.

Baltimore: John Hopkins University Press: 183-205.

Karlan D S. 2001. Microfinance impact assessments: The perils of using new members as a control group. Journal of Micro finance, 3(2): 75-85.

Kempson H, McKay S, Collard S. 2005. Incentives to save: Encouraging saving among low-income households//Final report on the Saving Gateway pilot project, Bristol: University of Bristol.

King R G, Levine R. 1993. Finance and growth: Schumpeter might be right. The Quarterly Journal of Economics, (3): 717-737.

Kochar A. 1997. An empirical investigation of rationing constraints in rural credit markets in India. Journal of Development Economics, 53(2): 339-371.

Kon Y, Storey D J. 2003. A theory of discouraged borrowers. Small Business Economics, 21(1): 37-49.

Leyshon A, Thrift N. 1993. The restructuring of the UK financial services industry in the 1990s: Aresersal of fortune Journal of Rural Studies, 9(3): 223-241.

Link C. 2004. A report on financial exclusion in Australia. Melbourne, ANZ Bank: (12)76-83.

McKinnon R I. 1973. Money and Capital in economic development. Washington DC: Brookings Institution, 38(4): 679-702.

North D C. 1990. Institutions, Institutional Change and Economic Performance. Cambridge: Cambridge University Press.

Pagano M. 1993. The flotation of companies on the stock market: A coordination failure model. European Economic Review, 37(5): 1101-1125.

Pal S. 2002. Household sectoral choice and effective demand forrural credit in India. Applied Economics, 34(14): 1743-1755.

Patrick H T. 1996. Financial development and economic growth in underdeveloped countries. Economic Development and Cultural Change,14(2): 174-189.

Peachery S, Roe A. 2004. Access to finance: A study for the world savings banks institute. Oxford Policy Management, (6): 198.

Pitt M M, Khandker S R,Chowdhury O H, et al. 2003. Credit programs for the poor and the health status of children in rural Bangladesh. International Economic Review, 44(1): 87-118.

Quinones Jr B R, Seibel H D. 2000. Social capital inmicrofinance: Case studies in the Philippines. Policy Sciences, 33(3-4): 421-433.

Roy Morgan Research. 2003. ANZ Survey of Adult Financial Literacy in Australia. (4): 111.

SagrarioFloro M, Ray D. 1997. Vertical links between formal and informal financial institution. Review of Development Economics, 1(1): 34-56.

Shaw E S. 1973. Financial Deepening in Economic Development. Oxford: Oxford University Press.

Stiglitz J E, WeissA. 1981. Credit rationing in markets with imperfect information. American Economic Review, 71(3): 393-410.

van Bastelaer T, Leathers H. 2006. Trust in lending: Social capital and joint liability seed loans in Southern Zambia. Would Development, 34(10): 1788-1807.

van Bastelaer T. 2002. Does social capital facilitate the poor's access to credit. Understanding and Measuring Social Capital: A Multidisciplinary Tool for Practitioners, 237-264.

Varghese A. 2004. Bank -moneylender credit linkages: Theory and practice. Bush school Working Paper, The Bush School of Government and public service. (45): 234.

von Pischke J D, Adams D V, Donald G. 1987. Rural Financial Markets Developing Countries. Baltimore: The Johns Hopkins University Press.

World Bank. 2001. Informal financial markets and financial intermediation. Africa Region, 79.